丸木舟の時代

びわ湖と古代人

(財)滋賀県文化財保護協会 編

近江八幡市水茎B・C遺跡（第１次調査）
２号丸木舟（滋賀県教育委員会提供）

近江八幡市水茎B・C遺跡（第１次調査）
１号丸木舟（滋賀県教育委員会提供）

近江八幡市水茎B・C遺跡（第１次調査）１号丸木舟調査状況
（滋賀県教育委員会提供）

近江八幡市水茎B・C遺跡（第２次調査）
１号丸木舟（滋賀県教育委員会提供）

近江八幡市水茎B・C遺跡（第２次調査）２号丸木舟（滋賀県教育委員会提供）

近江八幡市水茎B・C遺跡
（第２次調査）３号丸木舟
（滋賀県教育委員会提供）

近江八幡市水茎B・C遺跡（第２次調査）４号丸木舟
（滋賀県教育委員会提供）

近江八幡市長命寺湖底遺跡丸木舟

保存・修復処理が施された長命寺湖底遺跡出土丸木舟・櫂

彦根市松原内湖遺跡１号丸木舟（滋賀県立琵琶湖博物館提供）

彦根市松原内湖遺跡11号丸木舟（滋賀県立琵琶湖博物館提供）

米原市入江内湖遺跡 1 号丸木舟

米原市入江内湖遺跡 2 号丸木舟

米原市入江内湖遺跡５号丸木舟

米原市入江内湖遺跡４号丸木舟

湖北町尾上浜遺跡丸木舟
（滋賀県教育委員会提供）

安土町竜ケ崎A遺跡出土櫂
（右端の長さ136.7㎝）
（滋賀県教育委員会提供）

発刊にあたって

滋賀県のシンボルであり、わが国最大の淡水湖、琵琶湖は、いにしえから現在に至るまで生活の舞台として、本県の特色ある歴史性には欠かすことのできないフィールドでもあります。その特徴の一つとしてあげられるのが、昭和三九年に近江八幡市水茎内湖から発見されて以降、三〇艘近く出土している縄文時代の丸木舟です。

水茎内湖での丸木舟の発掘調査は、本県における丸木舟調査・研究の出発点であると同時に、木質遺物の保存処理科学における意義ある一歩を踏み出した瞬間でもありました。それから約四〇年間、国内最古級である米原市入江内湖遺跡出土の丸木舟を初めとして、多くの丸木舟の保存処理を行い、展示などに活用できるようになりました。

そこで、琵琶湖周辺の湖底遺跡や内湖周辺の遺跡から出土し、保存処理が完了した丸木舟を一堂に集めて展示し、丸木舟を「作る」技術と「使う」生活の二つの側面から、丸木舟が活躍した縄文時代の湖と人々の関わりを考えてみようということで、財団法人滋賀県文化財保護協会では調査成果展として、また、安土城考古博物館では第三二回企画展として、「丸木舟の時代―びわ湖と古代人―」を開催しました。縄文時代前期から後期の丸木舟十三艘を同時に見ることができるような展示は、まさに湖国・滋賀県ならではの歴史性・地域性を大いにアピールするものと自負しております。また、これに併せて平成十八年八月十三日には関連シンポジウム「びわ湖と古代人」を開催、博物館講座として七月二三日に丸木舟の保存に係る手順や技術について当協会職員が講演し、九月一〇日には長谷川嘉和氏（滋賀県教育委員会文化財保護課参事）に、民俗学的な見地から琵琶湖の漁労習俗についてご講演いただきました。

シンポジウムでは、縄文時代における丸木舟の役割を探るために、福井県鳥浜貝塚での調査・研究を始めとして縄文時代研究の第一線でご活躍の網谷克彦氏（敦賀短期大学教授）に、世界史的・民族誌的な調査研究も含め、丸木舟の製作に関わった丸木舟研究のための視点について基調講演をしていただきました。当協会調査担当者からは、発掘調査成果から見えてくる湖国の縄文時代の動向に関する最新の調査成果を報告いたしました。

今回、これらの内容を記録として残し、より多くの皆様に活用いただけたらとの願いから、シンポジウム・講座記録を中心とした『丸木舟の時代―びわ湖と古代人―』を発刊することになりました。発刊にあたっては、昭和三九年当時、滋賀県教育委員会文化財保護課技師として水茎内湖の丸木舟の調査に当たられた水野正好氏（奈良大学名誉教授）に、当時の調査秘話も含めて特別にご寄稿いただきました。また、丸木舟の製作や生活環境として重要な縄文時代の琵琶湖周辺の植生環境について、高原光（京都府立大学大学院教授）・佐々木尚子（総合地球環境学研究所プロジェクト研究員）両氏に解説していただきました。

本書が、琵琶湖とともに歩み、刻まれてきた湖国・近江の歴史・文化やその豊かな自然環境に触れ、次代へ受け継いでいかなければならない歴史的文化遺産の大切さを知り、人と自然とのあり方を見つめ直す契機となれば幸いです。

最後になりましたが、シンポジウム・博物館講座の開催ならびにこの記録集の作成に際し、格別のご協力を賜りました講師ならびに執筆者の先生方をはじめ関係機関・関係各位に厚くお礼申し上げます。

平成十九年三月

財団法人滋賀県文化財保護協会
理事長　小川啓雄

目次

〔凡　例〕

●本書は、平成一八年七月一五日〜九月一〇日まで滋賀県立安土城考古博物館で開催した財団法人滋賀県文化財保護協会調査成果展・滋賀県立安土城考古博物館第三二回企画展『丸木舟の時代—びわ湖と古代人—』に関連するシンポジウム及び博物館講座の記録集である。第一部として平成十八年八月十三日に滋賀県立安土城考古博物館で開催したシンポジウム「びわ湖と古代人」の記録、第二部として七月二三日と九月一〇日に同博物館で開催した博物館講座の記録と関連論考論文を所収し、巻頭に特別寄稿文を掲載した。

●本書の作成にあたっては、シンポジウム・博物館講座に出講いただいた網谷克彦・長谷川嘉和両氏 ならびに寄稿頂いた水野正好・高原光・佐々木尚子の各氏（掲載順）のご協力を得た。

●掲載写真は、滋賀県教育委員会・滋賀県立琵琶湖博物館・奈良県立橿原考古学研究所・北海道開拓記念館・米原市教育委員会・守山市教育委員会・栗東市教育委員会・湖北町尾上区の各機関のご協力を得た。

●講演・報告・講座で引用された写真・図・表については、出典・所蔵等を明記して本文中に適宜挿入した。なお、明記のない遺物写真については図録『丸木舟の時代—びわ湖と古代人—』に掲載されているものであり、その他の写真とともに財団法人滋賀県文化財保護協会、滋賀県立安土城考古博物館が所蔵している。

●講演・報告・講座で引用された文献資料は、本文中に適宜挿入した。

●本書の編集は、財団法人滋賀県文化財保護協会、滋賀県立安土城考古博物館が共同してあたった。

特別寄稿

湖国最初の丸木舟発掘
——水茎内湖干拓地の人々と七隻の丸木舟——

水野正好

一、水茎内湖丸木舟発掘——プロローグ

近江八幡市水茎内湖干拓での縄文時代丸木舟の発掘調査は、私の人生にとって非常に大切な思い出の調査であった。昭和三七年五月一日付けで滋賀県教育委員会社会教育課技師として採用された私は早々の調査で蒲生郡安土町竜石山古墳群で特色ある横口式石室を発掘、大津市日吉、穴太古墳群では穹窿頂持送り横穴式石室に竃形炊飯具三点セットを納める事例を確認し渡来系氏族の色濃い近江集住現象を把握、また七月には野洲市小篠原で銅鐸一〇鐸の発見と息つぐひまもない重要なデータのラッシュ、こうしたこともあり昭和三八年四月、社会教育課は独立し、文化財

保護課の設置となった。昭和三八年度は一層忙しい年となった。指定文化財建造物の多い滋賀県は建造物修理を担当する建造物係十三名、対する史跡名勝天然記念物を担当する記念物係は係長含め二名、私はその二名中の一人、埋蔵文化財・民俗資料・国有財産・刀剣審査等を分掌していた。折しも東海道新幹線工事たけなわ、急速に進展する開発工事も多く史跡南滋賀町廃寺跡の現状変更（家屋改築）も相ついでいた。

そうした中、発掘調査には立命館大学、同志社大学、京都大学の皆さんの応援があった。調査地は県内各地に分かれそれぞれを担当して頂く。一日二・三の調査地をめぐり、それぞれの調査地で一・二日分の調査スケジュールを相談し、お互いにその日その日の成果を確かめ合う。前日夕刻水浸しておいた遺物を点検、掘って下さる地元の方にも作業工程を伝え、出勤を確かめては調査地を離れ、次の調査地へ、国鉄の駅に出るといった日々であった。膝上に小板をのせ、駅でも車中でも記録をつくり報告原稿を書く日々、夕刻、帰庁した私の姿を見ると報道機関の各紙記者が集まり、調査の成果や見聞した文化財の取材、そこへ調査担当の学生さんも帰室、話はずみ大阪市内の両親の居る家に着くのは夜十二時、翌朝は五時起床、六時四五分大阪発新津行、大津七時四五分着、入庁七時五五分という日課であった。独身だから出来ることと多くの人に言われ、私もそうだなと思っていた。そうした私にも結婚話が、そして結婚しようということになった。

結婚式は昭和三九年二月九日。県庁に一週間の新婚旅行を含む休暇願いを出した。藤澤一夫先生、遠藤順昭さんにも出席して頂き無事挙式後、神戸青木港を出て、別府・阿蘇・大分・宮崎・

青島・鹿児島をめぐり、高槻市古曽部の新居に落ちついた。一週間後、二月二三日、坪井良平・藤澤一夫・浅野清・杉山信三・辻村泰圓・坪井清足先生肝煎りの結婚祝賀会が大阪戎橋で開かれ、都出比呂志さんは「ズック靴精神万才」の言葉、伊藤久嗣さんは「ずぼん・ふく・くつをあまり泥まみれにしないように、奥さんが困りますから」の言葉をアルバムにのこして下さった。当時、私は庁内でも調査地でも終始背広姿、ズック靴で走り回る昔の姿を知る都出さんは背広姿の私に、そのころの精神、生きざまを重ねて励まして下さったのであろう。どこで誰と会っても衿を正し、想えば直ちに行動をという言葉を体骨柱にしていただけに嬉しい言葉。坪井清足さんは「カイロードーケツというめんどうくさいことにふみきった御二人の前途に幸あれ」の言葉に見事な木葉文を添えて下さった。

二、水茎内湖丸木舟発掘―第一次調査

一週間たった三月二日、県農林部農地開拓課の佐藤宗男さんが文化財保護課を訪ねられた。農地開拓は農業立県を標榜する谷口県政の基幹事業。名神高速道路、東海道新幹線の敷設で農地を失う対案としての田畑の新耕地造成が開墾・干拓の形で推進されており、佐藤さんはそうした事業の中心人物、最も現地を熟知し自らその事業に立ち合い、設計指導する中核人物であった。昭和三八年十月、庁内の開発部局に「周知の遺跡内での開発工事の事前協議、不時発見遺跡の発見同時の届出と取扱い協議、事業中発見遺物の警察署への届出」を通知した際、佐藤さんは「周知

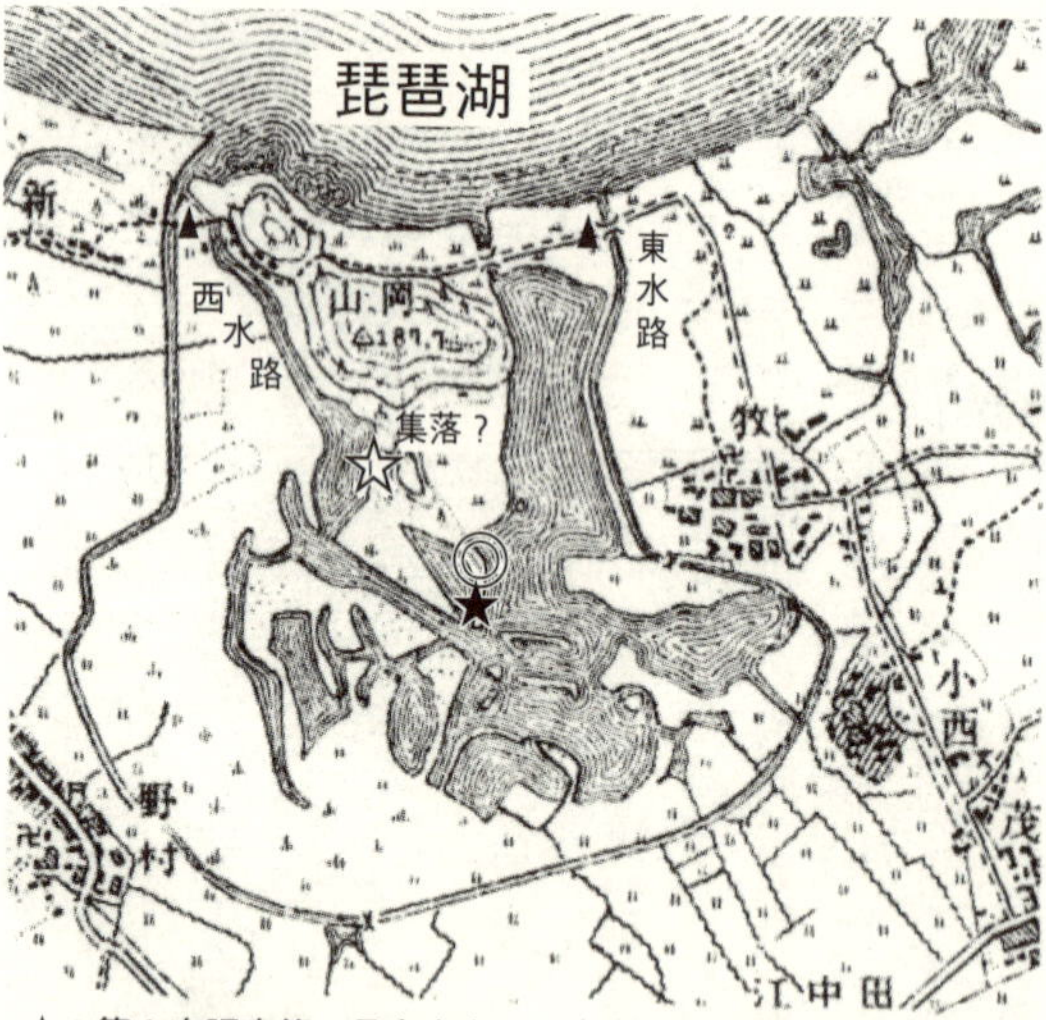

★：第１次調査第１号丸木舟　☆：第１次調査第２号丸木舟
◎：第２次調査第１～５号丸木舟

図１　調査地点位置図

の遺跡の範囲は示されているのか」・「不時発見の場合工事はどれ程の期間中止せざるのを得ないのか」とにここ笑い乍ら問いかけ、従前、開拓事業地の数個所で遺物を採集、一部農地開拓課、事業事務所に保管していることを告げられた。課へ寄ると新旭町大宝寺跡の白鳳期の屋瓦類が十数点、私がその一点一点を説明するとたちまち意気投合、結果、水茎内湖丸木舟発見の早々の情報提供となったのである。

三月四日、近江八幡駅からバス本町駅で下車、二〇分歩いて牧を経て水茎へ。佐藤さん、開拓事業組合代表の降旗克彦さん、土地所有者の木村三郎さん達と丸木舟かと推定される材の埋まる水路に立った。南北に流れる用水路の西壁。水面上に切断された薄い板材が横たわり、北側に突帯、板材の湾曲が認められたので丸木舟である可能性が大となった。予測される所であったが佐藤さんの喜びは大きかった。興奮した降旗・小林さんは今回実施した用水路工事の断面を踏査すること、小林さんの記憶する「電信柱」の埋まっていたとする地点を確認することを約束された。一方私は直ちに文化庁に事態を報告、丸木舟とした場合、既に露呈し、用水路の水量が上ると破損必至、既に乾燥し脆弱化現象を生じている現状から早急な県直営調査の必要を連絡し、併せて用水路断面に露呈する本事例には即刻対応したい旨を伝え、了解を得た。

課長と共に教育長・副知事・知事への事態説明は「琵琶湖の息づく様子を語るもの」・「漁撈と交通の彩りを伝える」・「全国でも稀例」という言葉で十分、結局、「新年度経費に計上した県単費の緊急発掘調査費を早々充当して事に当たるように」との指示を得た。見事な連繋であった。ただ、教育長は丸木舟数が大きく増加する場合は国庫補助対象事業としての採択を依頼しておくようにと付け加えられた。現地に立って驚いたのは水茎内湖は極めて浅い内湖で用益する集落も少なく干拓に適する内湖と考えられたことから、第二次世界大戦後、干拓が進捗、昭和二五年刊の五万分の一図にはその進展途上の水茎内湖が描かれていた。私の立った昭和三九年には干拓事業はすでに完了し、排水の良くない地域に農業用水路を掘穿する事業に転じていた。元水茎内湖の呼称どおり内湖の周辺の砂嘴や砂洲、流入する小川や葦原は削平されたり埋められ、また刈りとられ、一面、広域区劃の平坦な水田風景が拡がり、旧状を推察するよすがの全てを失っていた。丸木舟はこうした縦横にめぐる用水路から姿を現したのである。

年度は変わり昭和三九年度を迎えた四月五日、水茎内湖の丸木舟推定材の発掘調査を開始した。

調査には立命館大学の学生丸山竜平・葛原克人・伊藤晃君達の支援を得、また近江八幡市の江南洋さんや、私の前任西田弘先生の参加を得て始まった。地元の降旗さん、木村さんの勧誘もあり干拓農家の方々が労力を提供、佐藤さんが横で皆さんを和ませ語る日々が始まった。私は一時間程、調査の指示や所見の確認をすると次の現場へ赴くという中で着々と調査は進捗した。用水路脇の農道を削りこむために広面積の調査は不可能、板材全体を浮かび上らせる最小限の面積に止めての調査となった。上面からの掘り下げは困難もあったが用水路断面に見えるだけに調査は容易、掘るにも内湖々底の堆積層は砂質土層の互層で労少なく調査は進展した。やがて板材は見事に内湾した丸木舟特有の形を示しはじめ、北端の突起は舟体内の突帯であること、内底の所々に焼痕や削整斧痕が見られることが確かめられ、この板材が丸木舟であることの確証が得られた。ここに湖国最初の発見となった栄誉ある第一号丸木舟が誕生したのである。

写真1　第1次調査状況（滋賀県教育委員会提供）

顕現した丸木舟は傾いた姿で横たわっていた。何故かが問われた。丸木舟の接地面を検討すると地盤が南側高く北側低い事実が窺えた。高い南側には薄い水平堆積層四層が斜切される形で見られ、波浪によりこの四層が斜切された上に舟体が乗り上げる形となっており、舟体北部内底に堆積した層は北部に舟体を埋めていった別の砂層であることを知った。このようにして小砂嘴の縁辺傾斜面に上げられた事実が確かめられると次の問題は舟体の形状復原であった。舟体北端は幸いに残存するが、南端は後世、水平に削損され残存せず、東側縁は今回の用水路掘穿で半裁され残存しない。しかし、樹心の通りを検討すると舟体南端は北端に比べて幅広く、厚みも大、従って舟体は南端を舟頭、北端を舟尾、舟尾に突帯をもち、復原全長は七メートル前後、舟頭は幅五五センチ前後、舟尾は幅五〇センチ、内高は一五センチの形状・規模をもつ丸木舟と推定されたのである。調査終了時の用水路断面の検討で一〇〇メートル南方、舟体上面を覆う白色土層の下面で数点の彦崎KⅡ式土器を含んだ平坦な微高地形をたしかめた。

この一隻の調査中、降旗・小林さんは離れた西北方の用水路で「電信柱」の埋没があったという情報を得て佐藤さんを通じて私に教えて下さった。丸木舟発見のニュースは水茎内湖干拓地入植の人々の大きな話題となったからである。通報された用水路屈折コーナーでの調査が始まると、向かい合う断面の二面に内湾した丸木舟の切断面が削り出された。第二号丸木舟の発見である。水路コーナーという難しさはあったが、舟体の前後の残存は十分予想されるというので関係者の関心は高揚、見事に二班に分かれて掘穿、その全容が把握された。面白いことに屈曲する用水路の影響で舟体中央はL字形に大きく失われているが、舟体の前後は極めてよく残され、十分本来の姿を復原できる状況であった。全長六・九メートル、幅五六センチと広く厚い西端は内高一一センチを測る舟頭、幅五〇センチ、薄く内高一五センチを測る東端を舟尾とする一隻であった。舟底の厚さは五センチ、側縁端の厚さは二センチ、舟体の安定が意図されているとの感がつよく、舟体全体の左右均斉が巧みに果されていることもあり、多くの人々を感激させる一隻となった。

ところで、この舟で注目されたのは舟尾の構造である。舟尾は舟頭のように厚く反り上ることなく、丸木舟底部がそのまま抜け、しかも側縁と舟底の間に「刳り」を切り、一見、側縁と舟底中央を弧状に突起させるという特異な形体に作られているのである。この場合、舟尾端の反り上り部分を損失した結果の加工と見なすか、それとも造舟当初の設計であるかが問われる。水茎内湖発見の残存度のよい丸木舟全てが舟頭・舟尾を厚く反り上らせている事実からすれば前者と見倣すべきかと考えられた。この場合、舟体の浸水は必至。物資の積載には支障を来たし易いが、漁撈や人の往来、物資の舟頭積載のみであれば十分用益できたのであろう。本舟の旧規は残存長の六・九

写真2　第1次調査第2号丸木舟の船尾
（滋賀県教育委員会提供）

メートルに欠損部も加え七〜八メートル前後に復原されることになるのではないかと考えられた。

この二隻は、元興寺仏教民俗資料研究室でアクリルアマイド含浸法による小形木製品の保存処理に携わって来た経験を踏まえて保存を検討したが、一号丸木舟は腐朽甚だしく一旦取り上げた後、微細片に破損、保存は至難であることから断念、やや保存度の高い二号丸木舟は頭部のみ処理を江南洋さんに依頼、江南洋さんは京都国立博物館の景山春樹さんと協同しその姿を今日に伝えることに成功された。この調査中は靴もズボン裾も泥々、駅で洗い落としても泥色は去らず、新婚家庭だけに泥に気づかい、妻の目も気づかう日々であった。

三、水茎内湖丸木舟発掘――第二次調査

第一次調査中、第一号丸木舟の北方の木村三郎さんに割当てられた田地で暗渠配水溝の掘穿中、同様な「電信柱」の埋没事例のあったことが伝えられ、学術上必要ならば調査に協力するとの申入れがあり、佐藤宗男さんも農林部内で協議、その発掘調査を支援するとのこと、私も教育委員会内部で、電信柱が丸木舟とすればすでに開穿され空気に触れ腐食が進捗し舟体の環境は悪化する一方、従って国庫補助金の交付を受けて調査を実施する方向で話をまとめ、賛意を得て昭和四十年度事業採択を文化庁に要望、早々にその内意を得た。その間、寒気迫る比叡山延暦寺西塔で、奥比叡ドライブウエイの広範囲の堂坊調査に携わるなど極めて多忙、長男の誕生とあわせて人生

の記念すべき一冬を過ごした。新年度の開始と共に文化庁に早々の調査着手を打診、その意を得て、立命館・同志社大学学生諸君の応援のもとに、昭和四十年五月一日から五五日間の調査に入った。

第二次調査は木村三郎さんの所有田地、三十メートル四方、九〇〇平方メートルが提供された。この用地に八米間隔で四本の暗渠配水溝が東西に掘穿され三隻の丸木舟（電柱）が存在するとの情報が寄せられていた。今回の調査は配水溝部分の調査ではなく全面調査、旧地形を求め丸木舟の環境を浮かび上らせたいと考えていたので周囲の水田にまで掘穿土を置く結果となったが心よく同意頂いた。全面発掘調査の結果、用地内に西南から東北にのびる小砂嘴を発見し、この小砂嘴の東縁は緩傾斜、西縁はやや急傾斜、小砂嘴稜央上は湖流の影響もあってか平坦であった。ただ、調査用地の北方では小砂嘴は西北に伸び、南外側では幅を減じて南折しつづいていたとの降旗・小林さんの施工時の所見もあり、この砂嘴が昭和二五年刊五万分一地形図に示される岡山（水茎岡）東端南にのび、東に広い水茎本湖、西に小入江、南端は湖面に沈む幅狭い小砂嘴であり、その中央屈折部の南に該当することを確かめた。

この調査用地で発掘された丸木舟は五隻。第一号丸木舟は小砂嘴東北縁で南に舟頭を配し、中央を用水暗渠で切断されるが完全に旧規を伝える。灰白色砂層堆積中に沈み、その後、黒色有機質砂層が堆積、なお舷側は層上に突出、その後の灰白色砂層の堆積が舟姿全体を覆うが、舟内は黒色有機層上に間層として乳白色砂層の堆積が見られる。舷側に遮ぎられての間層であろう。漸次的な舟体の埋没が推定される。丸木舟は南端—頭幅一メートル、内高〇・五五メートル、尾幅〇・七五メートル、内高〇・三メートル、中央部〇・七五、内高〇・五五メートル、全長七・九メートルを測るが頭尾両端の欠損部を勘案すると八・二メートル前後となる。舟体外表は表皮を剥ぎ僅かに調整、舟体内部は厚さ五センチ、所々にブロック状の焼痕をのこし石斧により削整されている。舟底は湾曲し頭端から〇・八五メートル、尾端から〇・七メートル入った部分に幅五センチ、高さ二センチ程の隆起横帯を削り出し舟内を三区分する。中央の広い六・三五メートルは漁撈、載荷の空間、舟尾は操櫂の場に宛てられると見てよく、舟底に接し長さ二・四八メートル、径三センチの棹と見られる自然木が横たわっていた。

第二号丸木舟は小砂嘴西北縁で南に舟頭を配し、中央を用水暗渠で切断されるがよく旧規をとどめる。大きく西へ傾斜する淡青灰色砂層上に舟底をおくため舟体は頭高尾低の傾斜を示し、舟頭は乳白色砂層で埋まり舟尾はのちに堆積した二層で覆われ、全体の埋没には時間を要している。舟体は南端—頭部幅は〇・五九メートル、内高一五センチ、尾端幅は〇・五メートル、内高一七センチ、中央部幅〇・五メートル、内高二〇センチ、全長八・二五メートルを測るが尾端を欠失、旧規は八・三五メートル前後と推測される。舟体中央部厚さ四センチ前後、舷上縁厚二センチ前後、舟底に隆起横帯はつくらず頭端は内面に稜を立て鋭角に仕上げる。恐らく尾端も同巧と想像されるが、欠損後も漕運されていた可能性が大である。舟尾外底、頭部南二メートルの両地点では舟底ののる淡青灰色砂層上に縄文時代後期初頭彦崎KⅡ式土器片多数、東舷東一メートルの地点から石錘、また舟尾を埋める黒色有機質砂層中にも同期の土器片を発見、その用益、埋没の時期を教える。

第三号丸木舟は小砂嘴稜央上に舟頭を南に配置されている。北西に下る青灰色地山粘土層上に舟底をおき、灰色砂層・黒色有機砂層・青灰色砂層が舷側、内面に堆積している。東舷全体を剥離で失い、西舷はその殆どを損じ廃棄された舟である。舟頭現存幅四五センチ（復原六〇センチ）現存内高一三センチ（復原二〇センチ）、現存長五・六メートル（復原長八メートル）を測る。外面は表皮を剥ぎ丁寧に削整し、舟内底はやや平坦、中央での厚みは五センチ、上舷縁端二センチに仕上げている。内底には焼痕多く石斧調整痕が顕著に見られる。本舟も舟頭より一メートル内部で彦崎KII式土器片、東舷東方青灰色地山粘土層上でも同式の土器片を採集し、その所属時期が判明した。

第四号丸木舟は小砂嘴稜央上に第三号丸木舟と六メートルの間隔をもって平行、同様舟頭を南に配置する。舟尾と西舷を早く失い、干拓に伴う用水暗渠で舟体南端近くを、また耕作で西舷上縁を失っている。青灰色粘土層上に舟底をおき、堆積する黒色有機質砂層、灰色砂層の堆積が舟姿を覆っていく過程が辿れる。舟頭現存幅五八センチ（復原七〇）、現存内高一七センチ（復原二五）、現存長五・六メートル（復原六・五）を測る。舟体外面は表皮を剥ぎ削整仕上げ、舟内底はやや平坦気味、中央での底厚五センチ、舷縁上端三センチに仕上げている。舟頭より五五センチ入った底面に幅五センチ、高さ二センチの隆起横帯が見られるが舟尾部分を欠くため、舟尾近くの隆起横帯の存否は残念ながら確かめられなかった。本丸木舟は舟尾東方一五センチ、埋没化中の堆積層黒色有機質砂層中で彦崎KII式土器を発見、その属する年代の一端を知ることができた。

第五号丸木舟は、第四号丸木舟の北東一六メートル、小砂嘴中央稜央部やや東寄り地点で発見されたが、現存長一・七五メートルの舟底部の一片である。旧規を伝えるものではなく廃棄された廃舟材である。

四、水茎内湖丸木舟―環境の復原と回想

第二次調査で発掘された五隻の丸木舟の位置と小砂嘴の関係を検討すると興味深い事実がいくつか浮かび上がる。第一・二号丸木舟は使用中―現役の、日々用益されていた舟木舟。ともに小砂嘴の東・西両縁にみられる内湾の奥部に引きこみ、砂嘴に引き揚げるかのように頭部を寄せられている事実がそれである。縄文時代後期の人々の「舟泊り」観が表現されていると見てよいであろう。第一号丸木舟の舟底の棹は舟泊りの出入りに供するため舟底にのこし、櫂や魚篭などは各自が持ち帰る姿が浮かぶのである。第二号丸木舟の舟尾の湖底には若干の石塊が見られたが、丸木舟付近で石塊を発見したのはここだけ、網の錘石・舟の碇石（イカリ石）を思わせた。

一方、第三・四号丸木舟は小砂嘴の稜央に運び上げられた廃舟であり、ともに舟頭を南へ向け平行配置、舟運資材や漁具の収納、漁獲物の加工などの他目的に転用された廃舟と見られる。第

五号舟は舟体のごく一部に過ぎず遺棄されたものと推察された。こうした廃舟三隻の存在は、彦崎KII土器の用益される時間の中で造舟―用益―損壊―廃棄―新舟製作―新舟用益という過程のあること、第五号丸木舟の存在を考えるあわせると三次にわたる丸木舟用益がこの小砂嘴の同一地点―舟泊りで展開したことが推察されるのである。

いま一点注目される事実は、小砂嘴東・西縁の内湾する舟泊りに寄せられた第一・第二号丸木舟は第一号丸木舟の頭・尾に隆起横帯を見るが第二号丸木舟はこれを欠くという相異がみられるが、一方、砂嘴上に揚げられた廃舟―第四号丸木舟に隆起横帯が舟頭に（舟尾欠損）あり、第三号丸木舟はこれを欠き、用益中の第一号丸木舟と陸揚げされた第四号丸木舟が、用益中の第二号丸木舟と陸揚げされた第三号丸木舟が対応していることに気付く。隆起横帯の有無は丸木舟の用途、性格の相違に基づくのか、用益する二隻に二家族を想定すれば、家に伝わる舟形の違いとなる。二隻を一家族の用益と想定すれば舟自体の用途・性格の相違と推察することが可能であろう。

なお、昭和二五年刊の五万の一地形図と調査用地を重ねて検討すると、北側の岡山（水茎岡）の南麓には広い平地が拡がり、その南に拡がる内湖の水は岡山の東・西麓の水路で琵琶湖と繋がること、内湖の西側、昭和三十九年調査地の―第一次調査第二号丸木舟西水路に面し、西水路を利用する舟泊りであり、第一次調査第一号丸木舟と第二次調査の第一～第五号丸木舟は広い内湖、東水路を利用する舟泊りであることが知られる。さらに詳細に検討すれば、第一次調査第一号丸木舟の舟泊りは直ちに東内湖に出入りできるが、第二号丸木舟の舟泊りは一旦砂嘴の西の小さい湖面に出て南下し東内湖、東水路へ出入りせざるを得ない立地である。ただ第二号丸木舟を第一号丸木舟舟泊りへ人手で運べば第一号丸木舟同様の出入りとなる。二隻間の距離は一三メートル、砂嘴を横断させることは難しいことではない。ただ、その場合は舟泊り用益の在り方が改めて問われることになるであろう。当時、私は縄文時代集落を分析し、「二棟一家族」―一家族は戸主とその妻・独立しない家族の一棟と独立した戸主の子の一棟（独立―新戸主となる子が増加すれば棟数は増加する）で構成される制を考えていたので、第一・二号丸木舟と二つの舟泊り、そして廃舟二隻の取扱いは第一号丸木舟・舟泊りを所有する戸主と第二号丸木舟・舟泊りをもつ新戸主の語る関係と理解し、この地点は一家族用益の地と考えていた。今日も変わらぬ理解である。昭和三九年の第一次調査は調査面積が丸木舟の周囲にとどまり、このような検討は

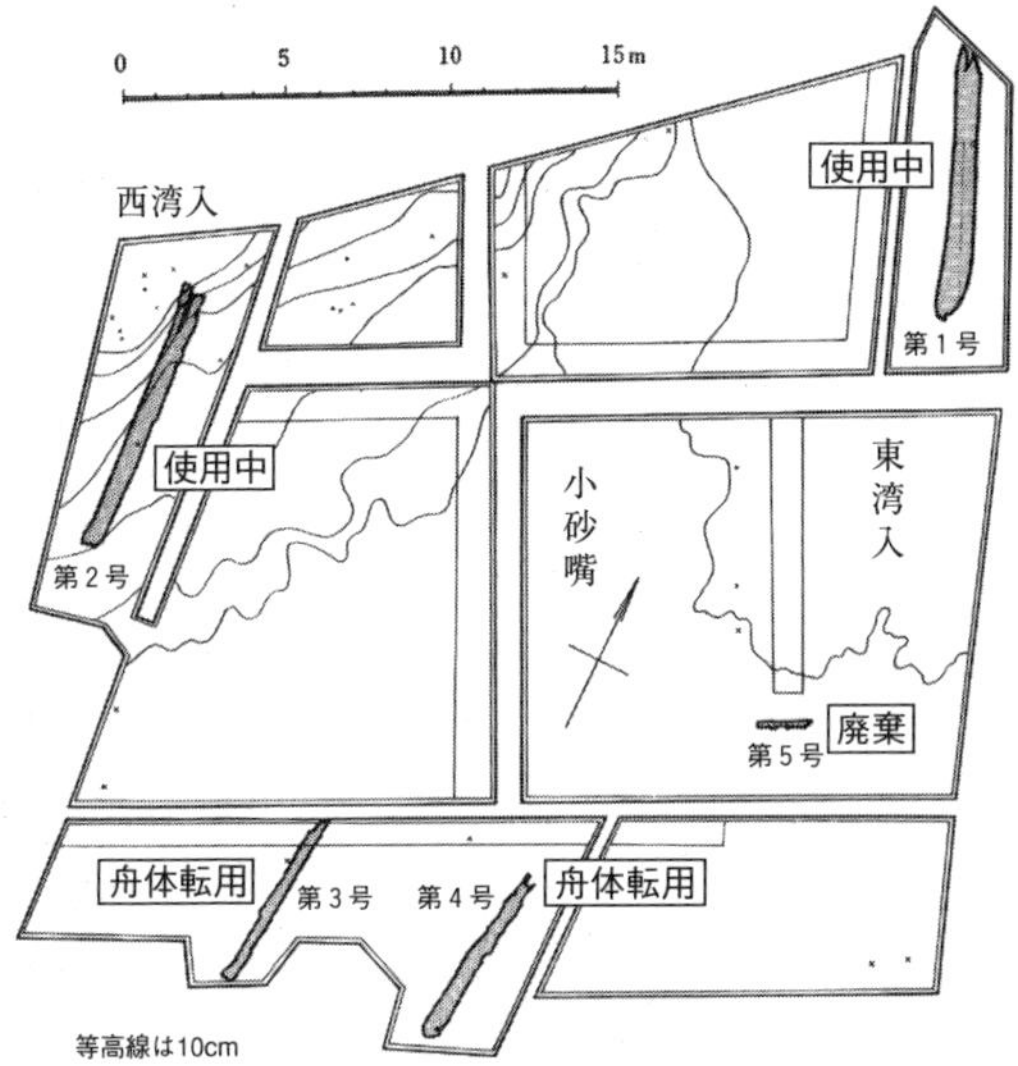

図2　第2次調査第1～5号丸木舟発見状況

行えなかったが、この地点でも一家族の用益する湖面と舟泊りが存在したことは確実である。水茎内湖内には、多くの砂嘴が展開しており、同様な用益地が場所・場所に見られたことは言うまでもない所である。二年間の調査で得られた舟泊り、丸木舟周辺の土器は縄文時代後期、―彦崎KII期にかぎられ、その破片は散布にとどまる。舟泊り周辺での作業、舟の出入りの時の食事や魚油採取などの際の土器であろう。集落の存在を想わせるデータは皆無、恐らく岡山南麓―東水路・西水路に挟まれた広い平地に居住する集落が営まれていたものと推察している。彦崎KII期の内湖、本湖の水位などについても今後の検討が必要であろう。水位は後の大中の湖南遺跡でも検討課題となった。

水茎内湖第二次調査時には長男も誕生しており、広汎な調査面積ということもあり靴の泥も余り目立たず、参加の立命館・同志社大学の諸君も成果に満足。ただ残念なのは、丸木舟の腐朽甚だしく、調査中各舟とも側壁が崩れ落ちるケースが続出、写真に映らぬように支棒を数多く挿し維持させる日々であった。昭和三九年調査の第一・二号丸木舟は苦心惨憺してとり上げPEG処理を施した。木村三郎さんの農小屋を借用、とりあえず二〇%溶液に含浸、管理に当たったものの処理経費は補助対象外、以後の含浸溶液予算の交渉に手間取り、夏を迎えた。管理中の舟体の腐朽は甚だしいものの際立った異常はなく、進捗したものの、含浸槽の一部に亀裂が生じたり溶液が汚濁、変質し始め、管理維持に失敗、結局その舟影は江南洋さんが手当して下さった舟頭の一部をのこすのみという結果に終わった。私は滋賀県奉職前、奈良市元興寺極楽坊境内で発掘した中世仏教民俗資料をアクリルアマイドを用いて保存処理したが、その経験が丸木舟という大形木材の前には役立たなかったのは残念である。大阪府藤井寺市三ッ塚古墳周湟発見の「修羅」は私の文化庁在職時の最大の木製遺物であった。保存処理への理解と技術開発の急速な発展に援けられて保存処理事業発祥の地・元興寺文化財研究所での処理を決定。小林行雄・坪井清足先生の指導のもと、十余年の時間をかけてこれを完了したが、この処理作業の背景には、時代が早すぎた水茎内湖丸木舟への鎮魂と学会や社会への贖罪の想いが常に胸中にあった。調査から四十二年、財団法人滋賀県文化財保護協会は調査成果展・第三二回企画展として安土城考古博物館で「丸木舟の時代―びわ湖と古代人―」展を開催され、水茎内湖丸木舟以降発掘された多くの丸木舟を所狭しと並べ、縄文時代のびわ湖の饒わいを強烈に印象づけられた。よくぞここまで保存処理法が発展確立したものと喜ぶ一方、私の失った水茎内湖丸木舟への悲しい想いは深まる。想いを汲んでこの稿を需めて下さった方々のお心づかいや援助下さった多くの方々に改めて感謝したい。しかし、想えば七隻の丸木舟は反省を伴うものの実に楽しく学ぶことの多い文物であった。

第一部　シンポジウム「丸木舟の時代」

一　縄文時代の丸木舟研究のために

網　谷　克　彦

網谷と申します。よろしくお願いいいたします。

私に与えられました仕事は、「丸木舟」に関する話題を提供しなさいということですので、特に丸木舟の製作という面から若狭湾の丸木舟や民族誌で取り上げられた丸木舟を見て、普遍的な道具として世界各地に存在する丸木舟が世界の中でどんな関心をもって研究されているのか、といった話題を述べさせていただきます。

はじめに―丸木舟研究の現状―

縄文時代の丸木舟が発掘調査で最初に見つかりましたのは、千葉県の加茂遺跡、昭和二十三年のことで、慶応大学の調査でした。それから六十年あまりが経過して、百二十例ぐらいの丸木舟が全国で発見されているようです。この滋賀県でも三十例出ていて、ここ二十年ぐらいでも十例以上増えたということで、近年至極、事例の集積が進んでおります。

しかし、丸木舟そのものの研究に関しては、昭和二十三年ごろ加茂遺跡を調査され、その後丸木舟研究をなされた慶応大学の清水潤三先生（故人）のお仕事から、それほど進展があるようには見えません。

丸木舟をどのようにしてつくっているのか、どういう工程を経てつくっているのか。それから、われわれは編年と申しますが、時間軸上で形はどう変わっていったのか、もちろん海や川、湖、そういった水域環境に伴っての変化、そんなことも当然あったであろうと思いますし、地域差、例えば関東の丸木舟と琵琶湖の丸木舟はどのくらい違うのかというようなこと、そのような研究はほとんど進展していません。

そういった停滞現象の原因として、丸木舟そのものは、元々が水辺に限定される道具ですから、どこからでも出てくるものではない、ということがあります。もうひとつ、木質のものが保存されるためには、日本では低湿地の遺跡でなければなりません。こうした限定された環境でしか断片的に出てこないので、たいてい丸木舟は極めて保存の状態がよくありません。壊れていて、あるいは土圧で変形して出てまいります。ですから、形すらわからないことが往々にしてあるのです。

例えば、現時点で一番古そうなのは島根大学の構内から出てきた丸木舟です。縄文時代前期の初め、早期の末ぐらいのものです。スギ製ですけれど、これなどは本当に真っ平らな板です。その板の年輪を追いかけていきますと、内刳りの板目がきれいに見えてきて、本来は丸木舟であったと認識できるようなものです。

丸木舟は木製品ですから、非常に脆弱です。なおかつ困ったことには、かなり大きいのです。大きくて脆弱なものは極めて取り扱いに困りまして、観察すら容易ではありません。簡単にひっくり返すこともできないから、裏側を見たいけれども、見るわけにはいかないというのが丸木舟の出土状況です。ですから、周到な観察をして、その上で記載して、形態研究の基礎データを得るということが非常に困難な遺物である、というようなことが丸木舟そのものの研究停滞の原因になっているのではないかと思います。

「丸木舟は何に使ったのか?」魚捕りはもちろん移動や輸送、交易、さまざまな面で使われただろうと皆さんも推測されると思います。われわれ考古学を勉強しているものも似たり寄ったりです。常識的な枠組みからちっとも出ないのが、丸木舟の機能・用途に対する見方であります。この面に関しては今後とも、きっと実証不可能で、具体的に明らかにすることはまず難しかろうと思います。また、丸木舟そのものが個人所有なのか、村全体の共同所有なのかというような所有の在り方も、これもやはり推測の域を出ません。

以上のように丸木舟というのは、すこぶる研究しにくい対象でありまして、ここでも話せることは少ないわけです。それでも考古学にとって重要な研究対象でありますから、丸木舟に対してどのように研究できるか、もしくはすべきか、どんなふうなアプローチの仕方ができるだろうかということを話題にいたします。

ひとつは考古学が対象とする遺物ですから、遺物研究のための仕事をしっかりやるということになります。しっかり観察し、記載し、実測して図にあらわすといった基礎データの集積をしっかりやる必要があります。そのうえで、時の流れのなかで、モノはどのように変化し、その変化の背後にある社会の動き、人間活動の変質、そんなものが何であったかを見極めようとする型式学的研究において、丸木舟もまたその対象としなければいけません。

先ほど申しましたように、丸木舟は脆弱で大型でとてもやっかいなものです。こんなのが出てきますと最近の調査では、すぐ写真測量に逃げてしまい、調査担当者は実測をしないという状況があるように私には見えます。ですから、きちんと観察するというような基礎的かつ重要な作業も、かなり手が抜かれているのではないかと思います。ぜひ担当者が観察し、実測するということをやっていただきたいと思います。

若狭湾地方の丸木舟

ではまず、若狭湾の丸木舟からご紹介していきます。ここでは、型式学的な操作から、若狭湾では丸木舟にこんな変化が見える、というお話をしたいと思います。図2—1の丸木舟は、舞鶴湾の湾口の東側、大浦半島の西端にある舞鶴市浦入《うらにゅう》遺跡から出土したものです。舞鶴湾のちょうど出口にあたり、すぐ鼻を回りますと、若狭湾の外海が広がっているという所です。ですから、この丸木舟は確実に外海を航行した丸木舟だと言えます。

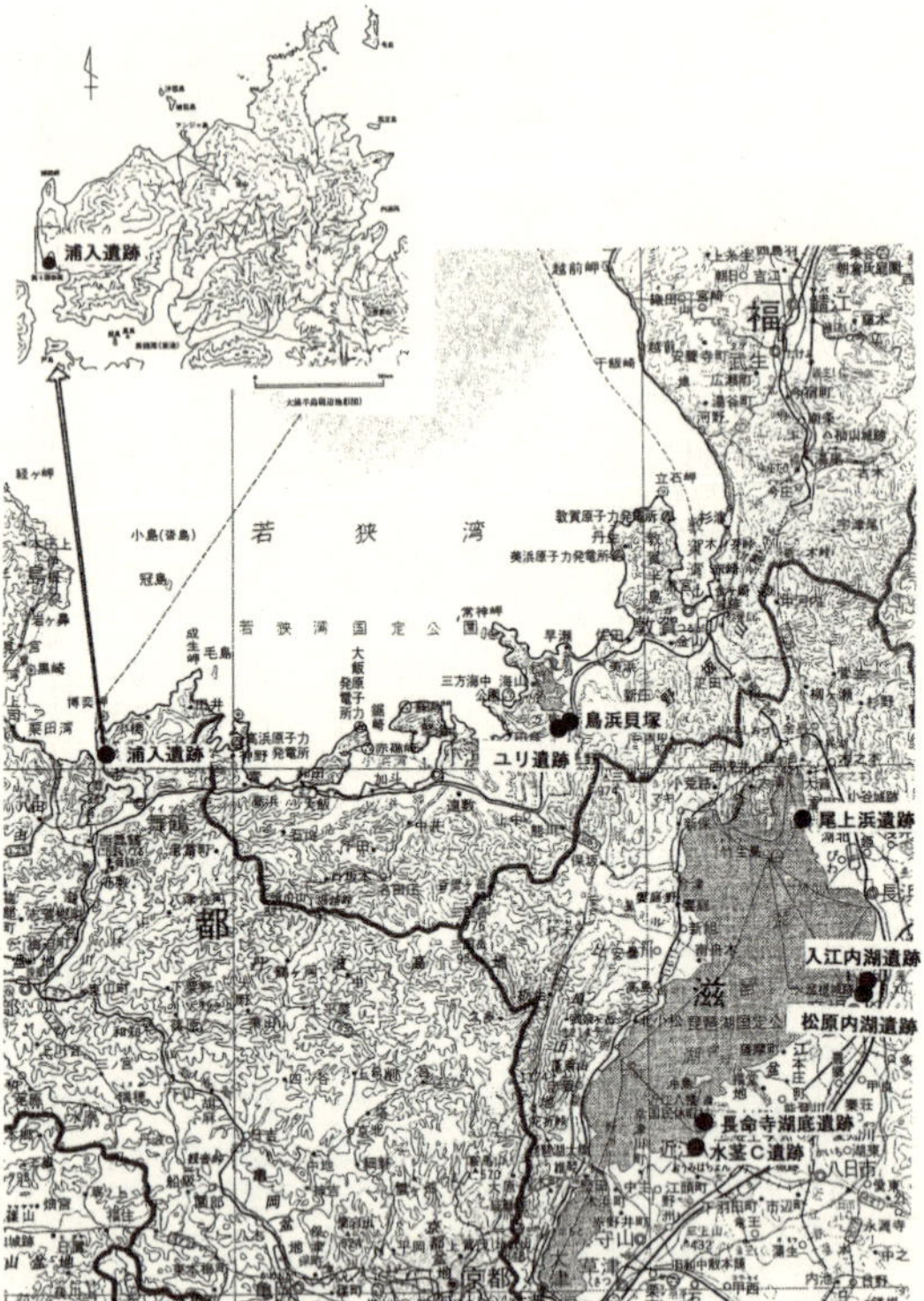

図1　若狭湾・琵琶湖周辺丸木舟出土遺跡位置図

ほぼ同時期、縄文時代前期中頃のものに、やはり若狭湾の福井県鳥浜《とりはま》貝塚で出ております一号丸木舟（図2―2）がありますが、形態はまったくよく似ております。違うのはサイズです。浦入遺跡の方がふた回りぐらい大きいのではないでしょうか。保存処理したあとの復元長で、最大幅が九十センチ弱あります。鳥浜貝塚の一号丸木舟は幅六十センチぐらい、深さが二十センチぐらいのものですが、浦入遺跡の丸木舟は四十センチぐらいの深さがあると考えられます。

鳥浜貝塚の丸木舟というのは、もちろん湖で機能したものです。ですから縄文時代前期中ごろ

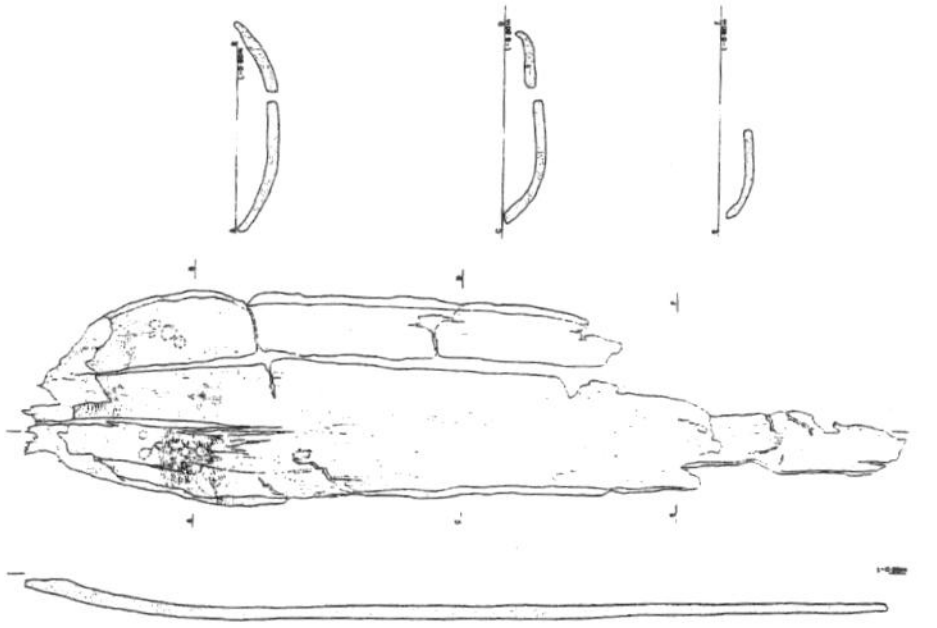

1

京都府浦入遺跡（前期中葉）　**「京都府遺跡調査報告書第29冊　浦入遺跡群」(2001)より**

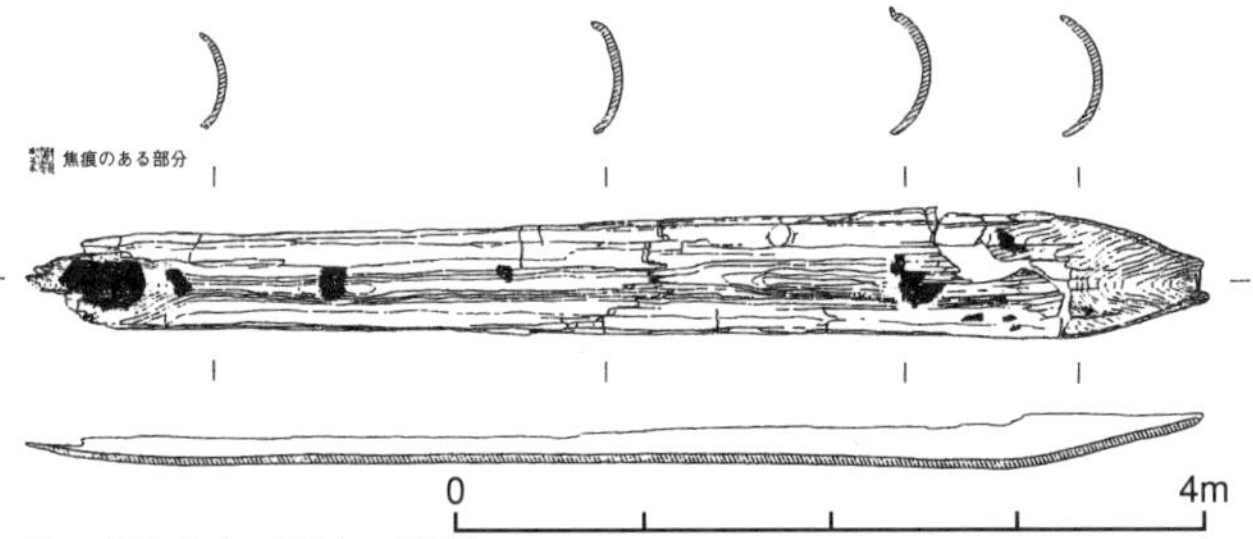

2　第１号丸木舟（縄文・前期）

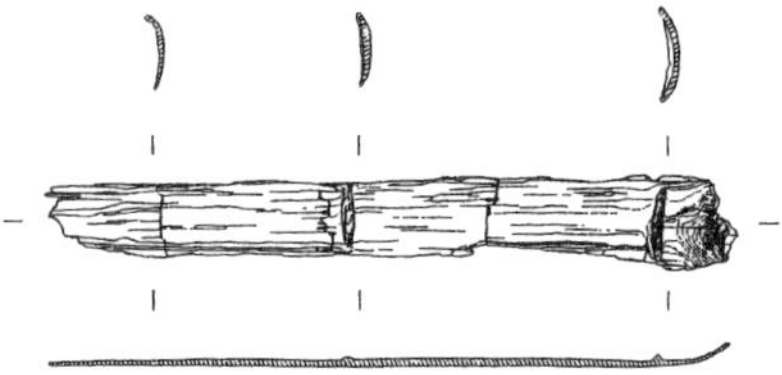

3　第２号丸木舟（縄文・後期）

福井県鳥浜遺跡（前期・後期）　**「鳥浜貝塚－1980～1985年度調査のまとめ－」(1987)より**

図２　若狭湾岸の丸木舟（1）

の若狭湾地域においては、外海の舟も湖の舟も形に差はない。どうも同じような形をしている。ただし、外海のほうはずいぶん大きい。二回り、三回り大きいのだ、と言えそうです。

現在、舞鶴市の方たちが一所懸命、石器で丸木舟の復元作業に取り組んでおられます。静岡県産の径一メートルぐらいのスギからつくろうと頑張っていらっしゃいます。でも、辺材がぼろぼろと崩れて、なかなかうまくいかない。私が出土した丸木舟を観察した結果では、丸木舟は辺材、丸太周辺の白太《しらた》を利用してつくっています。復元した例はみな赤身でやっていますので、ぜひ舞鶴では白太の利用でやりましょうと声をかけました。でも、「白太はいけない。ぼろぼろ崩れて、できたものではない。」という連絡が来ました。それで行って見たのですけれども、やはりそうでした。ぼろぼろささくれだって崩れていきます。

これはどうしてだろうか？　と。今も私は縄文時代の丸木舟は白太利用で間違いないと思っているのですけれども、なぜか崩れていきます。どうもとことん乾燥して、切ってから相当日時が経過していることが原因ではないかと思います。そういった取り扱いの差が、こうした状況を生み出しているのではないかと推測しています。だが確定的なことはわかりません。

鳥浜貝塚のすぐ近くにはユリ遺跡があり、ここから四隻の丸木舟が出ております。この中では縄文時代後期初めぐらいのユリ一号丸木舟（図3―1）は、非常に残りがよく、ほぼ完品で出てきた珍しいものです。船底に三列の横帯、横稜が残っております。四号丸木舟（図3―4）は、横帯はなく、非常に平べったいものです。この二隻、それから鳥浜貝塚で出ております一号、二

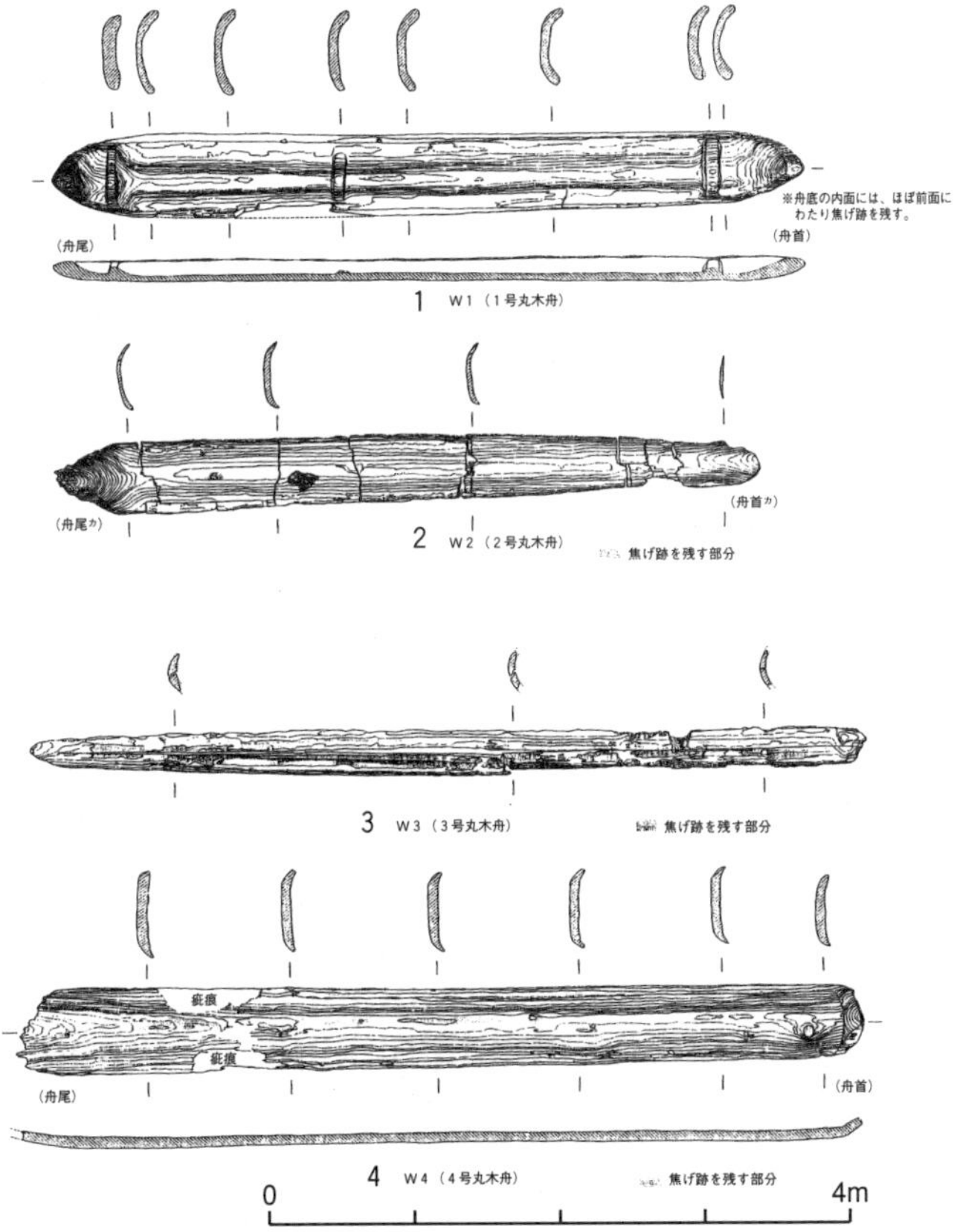

福井県ユリ遺跡(1～2号:後期・4号:晩期)

「三方町文化財調査報告書第14集 ユリ遺跡」(1996)より

図3　若狭湾岸の丸木舟（2）

表1　三方五湖縄文時代丸木舟の請属性

	現存サイズ（長×最大値×最大深×厚）	樹種	出土状況による年代	C14年代測定	備　考
鳥浜1号	608×63×21×4㎝	スギ	前期中葉		
鳥浜2号	347×48×？×3～4㎝	スギ	後期？	液体シンチ 3780±50BP	船底横走隆帯
ユリ1号	522×56×10×4～6㎝	スギ	後期	AMS法 3600±80yrBP	船底横走隆帯
ユリ2号	490×48×7.5×3～5㎝	スギ	後期	AMS法 2800±90yrBP	
ユリ3号	580×30×？×5㎝	スギ	後期中葉以降	AMS法 3170±80yrBP	
ユリ4号	587×57×？×6㎝	スギ	晩期	AMS法 2680±80yrBP	

号の二隻（図2―1～2）、もうひとつユリ遺跡の二号丸木舟（図3―2）というのを足しまして、それらのなかで何が見えてくるかということであります。

簡単にC14年代測定法で、いっぺん並べてみて、あと形態的な特徴を見ていくということになります。もっとも古いのは鳥浜貝塚一号丸木舟ですけれども、これは断面形が円弧形をしておりまして、船底のほとんどは樹皮を剥いだだけの面（樹皮剥ぎ面）を大きく活用していて、舷側《げんそく》の立ち上がりのところだけ上へ削り出してつくっていると観察しました。

同じ断面形のものが鳥浜貝塚二号丸木舟（図2―2）で、横帯を持っています。そしてユリ一号、やはり横帯を持っている丸木舟ですが、実は船底の外面を削っています。船底をどうも平らにしたいという意識が生まれてくるのか、削るようになります。内面はそういった削りが見えなくて、円弧状をしております。それがユリ遺跡の二号丸木舟になりますと、内外両面ともにやや平らに削り出すということになりまして、最後の晩期のこの四号丸木舟になりますと、完全に平たく成形されています。内外面ともに平たく成形して、かつ厚みが八センチぐらいで、それまで四センチ前後の厚みを持ったものが、急激に厚くなっています。舷側が残っていませんので、確定的なことは言えませんが、可能性としては断面形が円弧形から箱形＝コの字形へ移っていったという可能性が高いだろうと思っています。

鳥浜遺跡・ユリ遺跡の前面には、かつては「古三方湖」というのが広がっていて、縄文時代をとおして、さらに弥生時代、古墳時代にかけてどんどん沖積化が進んでいって埋まっていったという状況にあります。まず、丸木舟の形態変化がこの沖積化との兼ね合いによって生じるというのは、当然考えられることであろうと思います。ユリ遺跡のほうは鳥浜貝塚よりさらに内側にへこんだところにありますので、よりいっそう沖積化の進行にしたがって湖沼環境から沼沢、もしくは湿地環境へ移行していった可能性が高く、それに対応して丸木舟の形態を変えていったということは充分考えられることだと思います。

一方、縄文時代晩期のものは相当重くなっています。これは推測ですけれど、軽量型から重量のあるものへ、断面円弧形から箱形へというようなことを考え併せますと、広域に高速で移動し、場合によっては持ち運ぶというような舟の機能を重視することから、狭い範囲で安定して作業をするような舟へと、舟の性質を変えた、ないしは舟の使われ方が、そのように変わったという可能性を考えたいと思っております。

北西海岸インディアンの丸木舟

次に、民族誌の情報として、北西海岸インディアンの丸木舟について紹介します。

北西海岸インディアンはここ二十年ぐらい、とみに日本の縄文時代と比較対照されるネイティブ・アメリカンのひとつです。場所はアラスカの南部からカナダの太平洋岸を経て、イチローのおりますシアトルの、あのワシントン州にかけての地域にいる諸族の総称として、北西海岸インディアンと呼ばれております。

彼らは背後にロッキー山脈を背負い、海では日本海流が北米大陸の北西海岸まで回っていっております。この影響によって比較的温度が高く、かつ高湿だというような気候環境のなかで、針葉樹の林が発達しています。

特にシーダー(ceder)、レッドシーダーとかイエローシーダー。シーダーの訳語を辞書で見ますとヒマラヤ杉とか訳されたりしておりますし、小山修三先生はアメリカネズコという名前を使われておりますが、ちょっとよくわかりません。ここではシーダーとそのまま呼んで、スギの仲間だろうと思って話を進めようと思います。

この北西海岸インディアンを非常に有名にしたのが、狩猟採集民でありながら階層性社会だということです。首長と首長の縁戚、つまり上層の人々、貴族的な人々と言ってもいいかもしれませんが、そういう人たちがいて、平民がいて、奴隷がいる。その奴隷はどうも戦争捕虜が奴隷化されるようですが、すなわち戦争もやっているということです。トーテム以外のものもいろいろ描くし、機能も多様なので、いまは総称してポールと呼んでいるようですけれど、このトーテム・ポールでも有名な人々です。トーテム・ポールを立てるきっかけのひとつにもなります行事として、ポトラッチという習俗があります。これは結果として富の再分配につながるのだそうです。持てるものは適当にどこかで散財しないと首長や富裕層の地位を保てない。ため込むばかりではいけないのだそうです。

この北西海岸インディアンは、シーダーをさまざまなことに用います。針葉樹ですから当然、建築材料、ポール、丸木舟、それに各種の木器の材料としても使います。それから繊維製品。樹皮の内側の内皮の繊維を取り出し、糸なり、紐なりに撚って、布を編み、衣類も作ります。衣類すらもこのシーダーで作られているというような世界であります。

彼らは、土器は持っておりません。煮炊きには曲げ物の精密な木箱を使います。この中に水を入れ、焼き石を入れて、沸騰させて煮立てるというようなことで土器の代わりをさせています。また、シーダーや他樹木・植物の根の繊維を撚って、編み物の容器をこしらえています。これも非常に緻密につくられているために、水漏れしないのだそうで、木製の箱の代用品にもなるのだそうです。北西海岸インディアンはこういった人々でありますが、その生業は極めて水産資源に依存した生業活動をやっております。

森林資源をシーダーに集中的に依存し、あらゆる生活物資にシーダーを多用する。そして水産

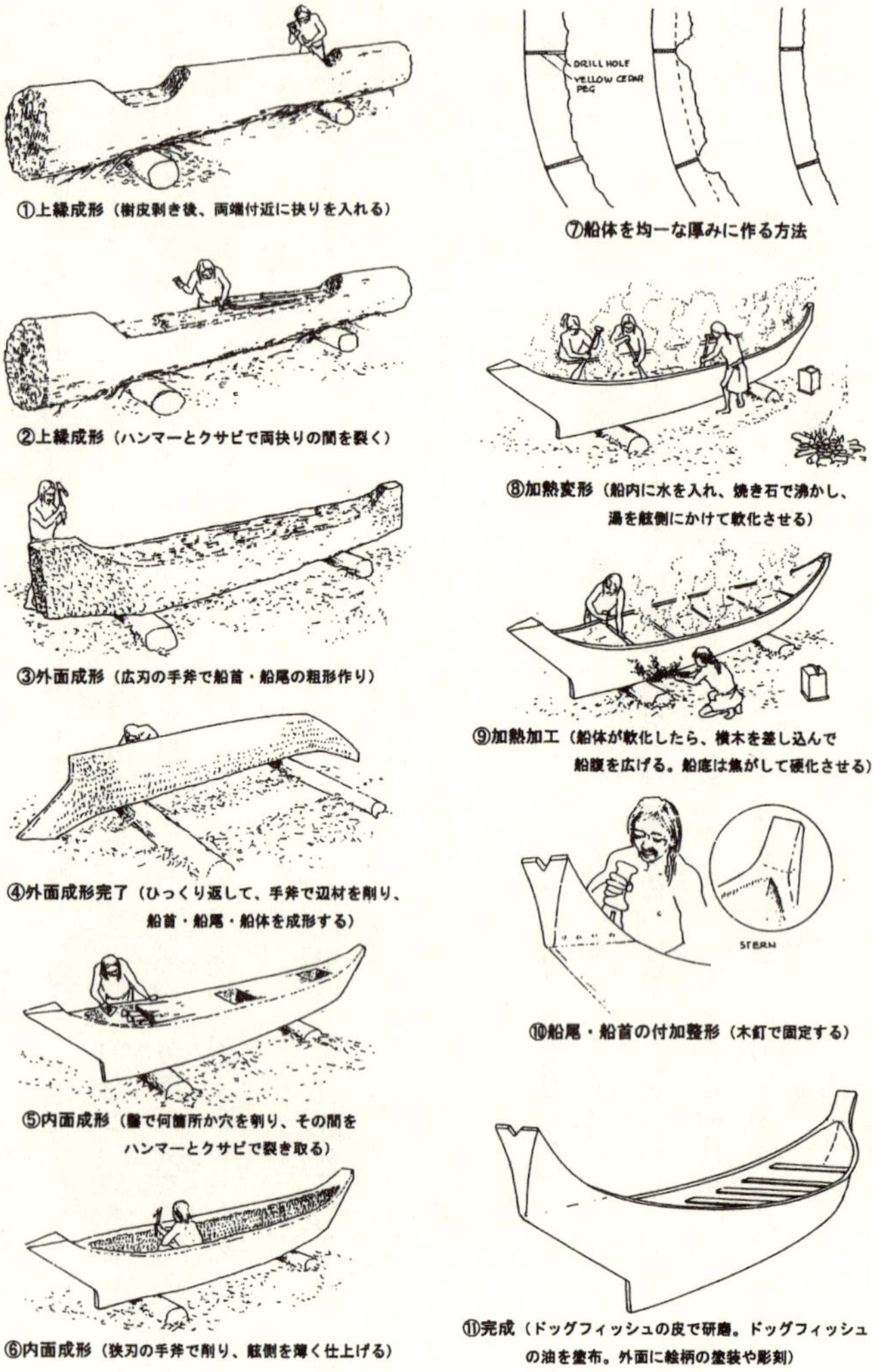
DRILL HOLE
YELLOW CEDAR PEG
STERN
①上縁成形（樹皮剥き後、両端付近に抉りを入れる）
②上縁成形（ハンマーとクサビで両抉りの間を裂く）
③外面成形（広刃の手斧で船首・船尾の粗形作り）
④外面成形完了（ひっくり返して、手斧で辺材を削り、
船首・船尾・船体を成形する）
⑤内面成形（鑿で何箇所か穴を刳り、その間を
ハンマーとクサビで裂き取る）
⑥内面成形（狭刃の手斧で削り、舷側を薄く仕上げる）
⑦船体を均一な厚みに作る方法
⑧加熱変形（船内に水を入れ、焼き石で沸かし、
湯を舷側にかけて軟化させる）
⑨加熱加工（船体が軟化したら、横木を差し込んで
船腹を広げる。船底は焦がして硬化させる）
⑩船尾・船首の付加整形（木釘で固定する）
⑪完成（ドッグフィッシュの皮で研磨。ドッグフィッシュ
の油を塗布。外面に絵柄の塗装や彫刻）

図4　北西海岸インディアンの丸木舟つくり

資源に依存する。こういった人々がどんな舟のつくり方をしているのだろうかというのが、図4の舟づくりの模式図です。この一連の資料は、ヒラリー・スチュアートという方の『Cedar（シーダー）』いう本から取ってきて使わせてもらいました。ヒラリー・スチュアートさんは、民族誌家と呼んだらよいのだと思います。そのスチュアートさんには、『海と川のインディアン』という雄山閣から出ている翻訳書もあります。

内容は非常に興味深いものです。ペーパーバックスで出ておりますので、これから狩猟採集民の木製品や木工技術を勉強しようと思われる方は、ぜひ一度読んでみてください。

スチュアートさんの記載は自分でその子孫たちがやっている姿を観察したり、実験したり、十八世紀、十九世紀の白人の記録が元になったりしております。ただ、十八世紀、十九世紀の北西海岸インディアンの木工技術に関して気を付けなければいけないのは、白人との接触、交易、交換が急速に進行したことによって、実は十八世紀、十九世紀にものすごく木工技術が進展したのだというような話がありますので、どの程度遡っていくのかということでは、気を付けなければいけない面があるのかもしれません。

一方、ビーバーの皮との交換品として手にした鉞《まさかり》型の斧ですが、わしらはずっと手斧《ちょうな》型の斧を使ってきたから使い勝手が悪いとして、それを手斧型に作り替えて使ったという記載があります。かなり伝統に固執したところがあるわけで、そういう点では十七世紀以前、白人と接触が頻繁化する以前の状況を、かなりとどめているとも思えます。

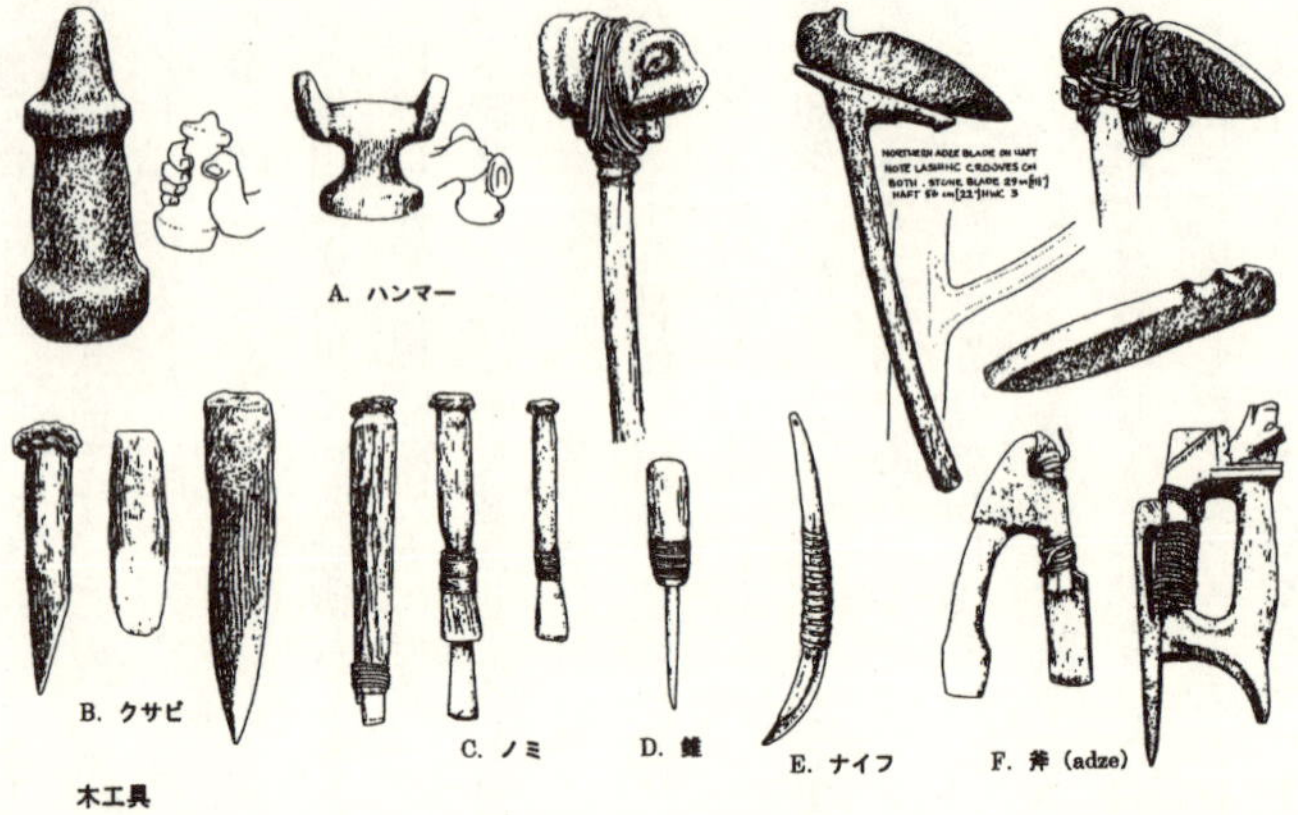

図5　北西海岸インディアンの木工具

さて、この本によりますと、北西海岸インディアンたちの木工技術の道具は極めてシンプルでして、使っているものは、図5にありますけれども、ハンマーとくさびと、あとは斧《おの》です。斧でも手斧《ちょうな》だけです。日本考古学では佐原真さん以来、鉞《まさかり》のような斧を縦斧と言い、手斧《ちょうな》のような刃の付け方をするのを横斧と呼んでいます。縄文時代の途中からは確実に併用しているわけですが、先にも話しましたが、北西海岸インディアンは手斧だけで、鉞型の斧は持っていません。基本的にはハンマーとくさびと手斧型の斧と、それに少々鑿《のみ》が加わるといった組み合わせで、すべての木工を成し遂げているようで、舟もまたそれでつくります。

丸木舟つくりの記述の中で一番興味深いのは、丸木舟は職人とその助手とでつくるのだということで、丸木舟職人がいるのだと言っています。その人たちは渡り職人でありまして、注文主から注文があ

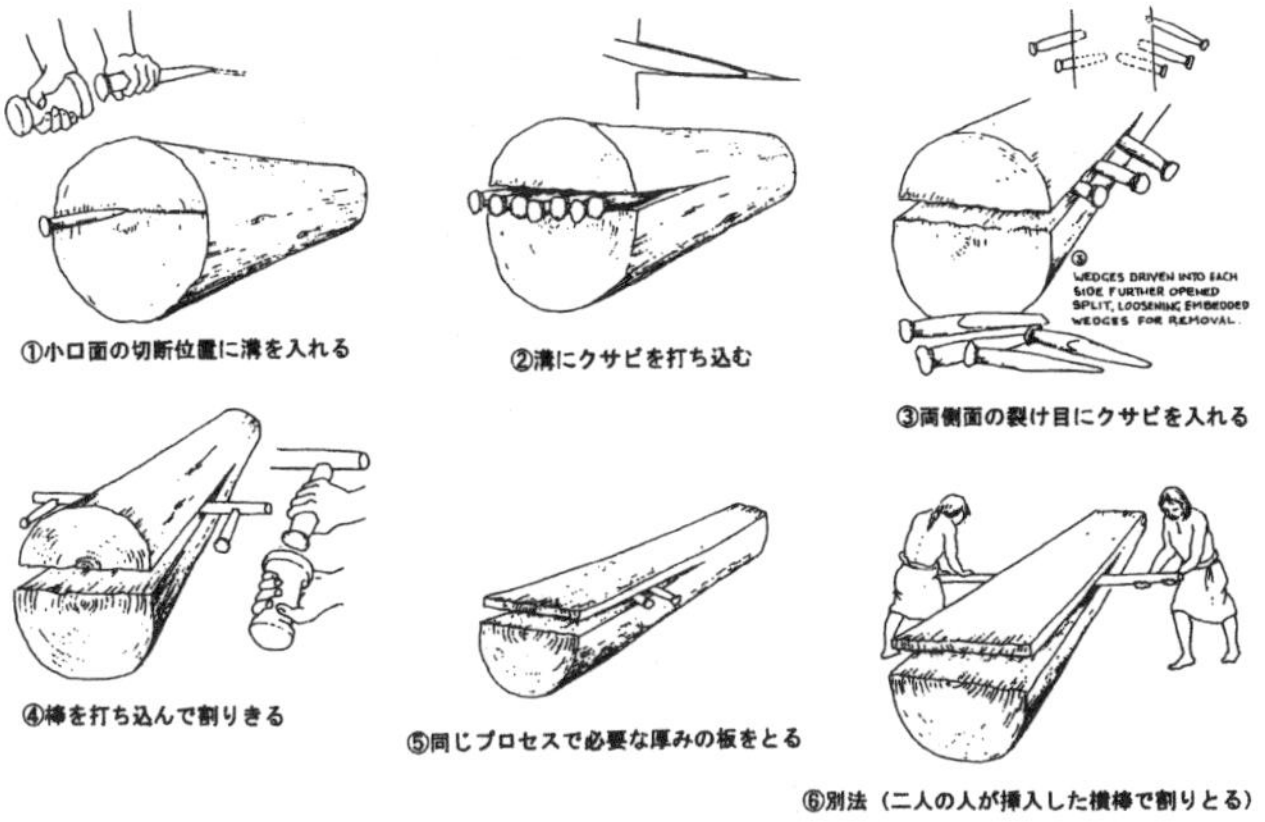

①小口面の切断位置に溝を入れる
②溝にクサビを打ち込む

③両側面の裂け目にクサビを入れる
④棒を打ち込んで割りきる
⑤同じプロセスで必要な厚みの板をとる
⑥別法（二人の人が挿入した横棒で割りとる）

図6　北西海岸インディアンの板材の取り方

ると、その村へ移り住んで、一定期間作業をするというやり方で丸木舟をつくっているようです。

さらには、用材の選択や特定のこの木にするとかという選択は丸木舟職人がするのだと言っております。その用材を選定するための基本的考慮点というのは、水辺からの距離、材の大きさ、直線性、生育状況、そんなことが考慮の対象になるのだそうです。水辺からの距離は、若狭湾沿岸ではそれほど問題ではありませんけれども、琵琶湖沿岸ではどうなるでしょうか。琵琶湖沿岸で平野部と内湖のあたりと山麓部、そんなところで用材をどのように獲得したのか。できるならば平野部の森林植生のデータというようなものを把握したいものです。用材を選ぶときに水辺からの距離、あとで北西ヨーロッパの話でも出てきますが、これがかなり重要な意味を持つようです。

これも読んでいて面白かったのですが、木材は幹の南側が軽い。軽いというのは比重が軽いということなのでしょう。あとで丸木舟にしたときに比重の差で斜めにかしいでしまうことを恐れて、生育時の東西方向で割って半割材から丸木舟をつくる、つまり生育時の状況が丸木舟の製作時に考慮されるということです。われわれの丸木舟づくりの実験では、ほとんど生育時どっちを向いていたかなんてことを考えて実験している人を聞いたことはありませんが、そんなことも大事なのかもしれません。

製作工程ですが、伐採して倒したあと一定の長さに裁断し、樹皮をむき、辺材を除去すると記載しております。はたして辺材を除去したのかどうか。僕は琵琶湖の資料を見ても辺材を使っていると思っておりますので、辺材を除去するかしないかは地域によるのかもしれません。伐採、裁断、辺材除去について外面の成形をやります。上縁部の成形、それから舟の外のかたちの成形、そういった粗い初期加工を、すでにその段階で連続的にすますようですが、ここにはまだ乾燥という段階は入っていません。これは夏の終わりから秋の作業のようです。彼らは樹液の多い期間の伐採は木材の腐敗を招くというようなことを言っており、夏の終わりから春先までが伐採期間だそうです、日本の縄文時代の切り方とはひょっとすると異なっております。そうやって外面加工をしたあとで、いかなる意味を持つのかはさっぱりわかりませんが、「材の熟成」といってとにかく冬期間、森の中で放置します。

その後、次の年の春になって内面加工をします。内刳りは鑿とハンマーでやる地域もあれば、焼いた石を併用して焦がしながらやる地域もあるのだそうです。

内面を削ったあと、再度仕上げの成形をやる。もう一度外面を削り、内面の仕上げ加工をやって均一な厚みを達成して仕上がります。面白いのは、均一な厚みを達成するのに、木釘《くぎ》法というのを使っております。外側から穴を開けて、仕上げたい舟体の厚みの長さの木釘を打ち込んで、内側から削っていったときに、木釘の頭が見えたところで止める。そんなことをやって舟体の厚みを知るということです。そればかりではなくて、テクニックのある人は、そんなものは使わなくて、手のひらや指の感触で均一な厚みを達成します。

それから最終の成形加工として、加熱によって幅を広げます。これは北西ヨーロッパの話でも出てきますけれども、日本の丸木舟の例では、これが確認されたという話は、もしあれば後で教えていただきたいのですが、私自身は聞いたことがございません。実は世界的に例の多いものであるようです。民族例には、たくさん出てまいります。

加熱処理による拡幅加工、ここではスティーミングと呼んでいて、蒸気変形加工です。安定性と積載量を増すのだと言っています。舟体の中に水を入れて焼き石を放り込み、水を熱して、そのお湯とそこから沸き上がる蒸気で舟体を柔らかくすると自重で広がっていくのだそうです。もうひとつは、横木を押し込んで強制的に広げる二つの方法があると書かれています。

もしこの方法が日本の丸木舟にとられていたとすれば、後者の場合は、舷の残りさえよければ確認可能だと思います。前者の自重で自然に広がっていく方法では、もしやっていたとしても痕跡を見つけることは非常に難しいと思います。丸木舟を観察するときには、そんなことも念頭に

写真１　浦入遺跡丸木舟の復元作業（2006年８月）

置いておく必要があろうかと思います。そのあと最終仕上げとして外面を焦がすとか、研磨する、油脂を塗って塗装する、彩色する、そんなことが行われて丸木舟が完成します。

外面の焦がしは、仕上げの段階で行われます。内面の焦がしというのは、内面を刳るときに使われるのが北西海岸ではより一般的なようです。でも北西海岸と言っても、アラスカからアメリカ合衆国の北までものすごく広域を指します。当然、地域差が存在するでしょうから、どのくらい一般化できるかは判りません。ともかく、何のための焦がしかというような識別も大事でしょう。ところで、若狭湾の外海の舟と内海の舟で何が違うかというと、この外面焦がしの有無かもしれません。浦入遺跡の外海を航行したであろう丸木舟は、外面にも焦がし跡が残っていました。それが何のためなのかは判然としませんが、そういった違いはあります。

また、北西海岸インディアンでは丸木舟そのものが重要な交易品でもあったとも述べられています。縄文時代の生活物資は自家生産、自家消費というようなことを考えがちですが、そうではないものも相当あったと思います。特に高度なテクニック、技術を要する品物の場合は、やはり特定の場所、特定の人間がこしらえて、それが流通・交易ルートに乗って広がるのだろうと思います。ですから丸木舟も品物として動くことがあるということも大事かもしれません。

北西ヨーロッパの丸木舟研究

次に、北西ヨーロッパの話に移ります。イギリスのグリニッジ国立海洋博物館にマグレイルという海洋考古学をやっていらっしゃる方がいまして、マグレイルさんが『Ancient boats in North-West Europe』という本の「ログボート（Logboat＝丸太舟）」の章で書かれている内容を紹介します。

このマグレイルさんは、考古学の発掘調査で全部出てきたものではなく、多くは偶然の発見によって出てきているもののようですが、ともかくもヨーロッパの地中から出てきた資料に民族誌のデータを重ね合わせて、かなり一般像が描けるのだというような議論でこの本を書いています。

丸木舟は、基本形から四つの変異形が生まれるのだと言います。一番目はエクスパンディド（expanded）＝拡幅です。北西海岸インディアンの蒸気加工のような拡幅加工をしたものです。もうひとつはエクステンディド（extended）＝拡張。これは別部材を付加するものだと言っています。日本で準構造船と呼ばれるものの中には、これに含まれるものもあるかもしれません。日本で丸木舟から準構造船、構造船へと一系的に技術進展したとは考えがたいので、丸木舟の舷側にちょっと一枚板を当てるぐらいだと、丸木舟の拡張型に分類するほうが、舟の展開を考える上では適当ではないかと思います。

それから面白いのは、拡幅変形すると船首、船尾が持ち上がるのだそうです。そうすると中央の舷が下へ沈みますので、それでそこへ一枚付け足す、舷の板を付加するということをやるのだそうです。この拡幅プラス拡張が三番目です。四つ目はペアド（paired）で、二隻ひっつけるもの。基本形からの変異は、こんなものがあるのだと言っております。

ヨーロッパも断片資料が圧倒的に多いので、丸木舟の断片であるとする判定基準も示しています。（a）現在、もしくは過去の水路の中か近くで発見される。（b）他の航海用人工物と伴出する。（c）少なくとも一端は十分に報告例のある形態に形作られていること。（d）丸木舟にふさわしい付属部品をもつこと。（e）長さが三メートル以上あること。（f）樹皮と辺材とが除去されていること、の六つの条件の内、少なくとも二つ以上満たす必要があると言います。最後の条件（f）に樹皮と辺材の除去がうたわれていますが、別のヨーロッパの舟の文献には、辺材を使ってつくっているとと書いてあるものもありますので、見解が分かれるところです。

「考古学データ」の項目では、地中から出てきた類ですが、年代については信用できないものが多いとあります。丸木舟だと古い、古い、と思われがちで、先史時代のものだと頭から考えがちだけれども、ローマ時代以降、中世のものが半分以上を占めると言っています。それから年輪年代学が適用できるまでは、C14年代測定に頼る以外にないとも言っています。というのは、日本のように年代をかなり精密に教えてくれる遺物とともに出てくることが極めて稀だからです。日本は発掘において同時に年代のわかるものの出土をみることが比較的多いわけで、日本の舟の検出の在り方というのは世界の中では状況がよいと言えそうです。

丸木舟基本形の製作工程については、わずかながらも発掘で出てきた確実な考古資料に、民族誌を批判したうえで適用すると、かなり一般的な丸木舟づくりの様相がわかるのだそうです。伐採、丸太の準備、そして裁断や枝払い、樹皮の除去などと進んだうえで、丸木舟の上下をどう決めるのかという指摘が面白いと思います。ヨーロッパは日照よりも風のことが木に影響を与えるのでしょうか。私には日照の関係で、南を向いているかどうかといった北西海岸インディアンの民族誌のほうがまだ理解しやすいのですが、北西ヨーロッパでは、生育時の風上側がより年輪が狭いから、それを上にするか下にするかして上下を決めるのだそうです。

それから、これは常に考えなければいけないと思いますが、半割して、縦に半分に割ってから舟をつくるのか、それとも丸太のままからつくるのかであります。若狭湾の例で舷側が残っているものは三例だけですが、まず全部芯を外した可能性が高い。芯を外しているということからすると、半割してからつくったと考えるほうが自然であろうと思います。

それに対して琵琶湖沿岸はどうでしょうか。芯がかなり見えるものがありますから、地域的につくり方に差異があって、琵琶湖のものでは、ひょっとすると丸太から削り出しているものもあるかもしれません。浅いのでいい、深いのが欲しい、そんなことで変わるかもしれませんから、一概に言えませんが、時期と地域で、また同じ時期・地域でも変わる可能性があります。

イギリス南部という非常に地域を限定した話ですが、およそフィフティ・フィフティで丸太全体を使うか、半割丸太を使うか、両方が行われているようです。

初期成形は伐採場所で行われて、その後、水辺へ輸送される。水辺からどのくらいの距離にあるだろうかというのが重要な要素だというような話を北西海岸インディアンで紹介しましたが、北西ヨーロッパでもそれが考慮点として扱われています。初期成形の基本的な役目は、減量化だそうです。輸送を容易にするために重さを減らす、そんな役目ではないかと言っています。

われわれは舟の製作では外の成形を先にして、内面の成形をあとにするのが普通だろうと考えます。北西海岸インディアンでもそうでしたが、ここでは両方があるということを熱心に検討しています。なぜだろうかと思うのですが、どうもドイツに珍しい未製品の例が発見されているのだそうです。その未製品の在り方から、ドイツのある研究者は内面の成形、内面の内刳りが先だろうと言っているのだそうです。そんなことも踏まえて、実はその内面の内刳りは、輸送のための初期加工というように考えておくべきだというのが、このマグレイルさんの見解です。一見どうでもよさそうな話ですが、伐採場所、そして最終的に仕上げる場所、その間の輸送。これらは丸木舟づくりにかかわる人間の労働編成などの問題にもなっていきます。社会がどうだったのかということにも関わってくるかもしれませんので、少し頭に置いておく必要があります。

やはり舟体の厚みを均一にするために、北西海岸インディアンと同じように木釘を打つ方法が、ヨーロッパでも行われているようです。イギリス南部では二十例が、こんな特徴を持っているのだそうです。日本では丸木舟の舟体の厚みを知るために、穴を開けて木釘を打ち込んだ痕跡を認識した話は聞いたことがありません。まずないと思いますが、その視点であらためてよく観察したら見つかるかもしれません。

製作工程の中で私が一番面白いと思ったのは、中間段階というのを設定して、未製品の段階で貯蔵保管するということです。少なくとも翌年までは水中に保存される。これはさっきの北西海岸インディアンと同じです。水漬けにして貯蔵保管する期間は、民族誌によってかなり違うようです。十五年から六十年も漬けておくのだというところもあるし、二年間漬けておくのだというような地域もあります。とにかく途中で水漬けで貯蔵して、適当な時期まで置いておく。それが何のためかはっきりとは言えないようですが、そういう工程が存在する可能性があるそうです。

縄文の木器作りとも関連しますが、時間と適当な木材があれば半製品に加工し、そのあと水漬けに貯蔵して必要になったら完成させるというようなことがあったのでないか。できるときにあるところまでやっておいて水漬けにし、必要になったらそれを出してきて完成させる。こんなことが丸木舟の場合にもあったのではないかとマグレイルさんは推測しています。これに類したこととして、日本の縄文時代の縦斧の柄の製作があります。非常に類似した様相が見えます。

船体拡幅の加熱は、日本の丸木舟についても検討してみる必要があります。マグレイルさんは拡幅されていない可能性が高いのはどんな形状を持ったものか、検討しています。例えばさっき見た横帯、舟底にリッジのある類ですが、まず拡幅された可能性はないだろうと言います。それが拡幅の障害になるからです。それから箱形のもの、断面の四角いものは、これもまた拡幅される可能性は極めて少ないと言っております。そうなると、まず若狭湾の系列は縄文前期の一例を除けば、拡幅の可能性は極めて少ない、そういった製作工程はなかったと言えそうです。

さて、北西ヨーロッパの丸木舟の年代ですが、紀元前四千年ぐらいから出土例が急増するのだそうです。日本でも今から六千年ぐらい前、縄文海進期ぐらいから急激に丸木舟の出土例が聞かれるようになるわけで、ヨーロッパとよく似た状況にあります。丸木舟出現の必要条件として、決定的には道具が規定するのではなくて、使える木材が規定したのではないかというのが、マグレイルさんの見解です。道具は後期旧石器時代の道具で充分だ、なぜそれでもできなかったかは、材がなかったのだという話をしています。

縄文時代の木器製作

最後に、縄文時代の木器づくりの話をします。まず一つは、用材の選択性です。鳥浜貝塚のデータでは、自然木約三千三百点、加工のある材もしくは道具千数百点の樹種同定をやりまして、そこから見えてきたのは、この道具にはこの材を使うのだという選択性です。優占樹種は決まっています。

われわれは効率よく作るために、一本の木を切ったら、幹のところからは大きな木器を作って、

表2　鳥浜貝塚での木製道具の用材（樹種同定）

道具名称	同定資料数	同定樹種数	樹種名と出現率
縦斧	148	11	ユズリハ属（83%）、スダジイ（9%）、カエデ属（3%）
横斧ほか鋭角型	21	4	クマノミズキ類（71%）、クヌギ節（14%）
柄純角型	11	4	ヤブツバキ（55%）、クヌギ節（27%）
弓（含飾弓）	15	3	ニシキギ属（67%）　　アカガシ亜属（27%）
尖り棒（前期）	48	7	ムラサキシキブ属（50%）、アカガシ亜属（31%）、ヤブツバキ（6%）
小型弓	30	3	イヌガヤ（93%）
丸木舟	2	1	スギ（100%）
櫂	59	12	ヤマグワ（53%）、ケヤキ（19%）、ケンポナシ属（7%）、ムクロジ（5%）、スギ（5%）
板材	249	15	スギ（84%）、ヒノキ（4%）
杭（前期）	204	31	スギ（22%）、クリ（20%）、スダジイ（15%）、ヒノキ（7%）、トネリコ属（6%）
容器			別掲

枝へいったら細長いものを作って、とことん利用してやろうとします。これは弥生時代以降の木の使い方の基本的な方向性であろうと思われますけれども、縄文人はそんなことはしません。縄文時代全体に普遍化できるかどうか分かりませんが、鳥浜貝塚では容器の皿だったらトチノキ、舟はスギです。櫂はケヤキを使うかヤマグワを使いますが、ケヤキは縄文時代の前半に多くて、後半になったらヤマグワばかりになります。弓はニシキギ属（マユミ）を使います。それから穿孔用の小型弓はイヌガヤを使う。尖り棒は前半はアカガシ亜属を多用し、後半にはムラサキシキブ属ばかりになる。縦斧はユズリハ属が八十パーセントを占めるのですが、横斧の柄はクヌギの仲間とかクマノミズキを使います。全部樹種を変えております。道具の種類で明快に使う樹種が決まっているわけです。

　では丸木舟の場合どうなのか。日本海側はずっと能登より西は全部スギであります。琵琶湖ではどうか、スギにモミというのが混じっているようなデータが今回提示されております。モミというのはどんな在り方をするのか。つまり用材の選び方も製作伝統の範囲にあって、一定の規範があったと思えますので、こんなことも考えてみる必要があろうと思います。

次は製作工程です。伐採用の斧の柄を見ていきますと、半製品の粗形をつくる段階があり、途中で貯蔵し、必要になったら出してきて完成加工して使用する。そして代替わりの時期に余った未製品を廃棄する。そのような作り方をしていると推定しています。そういった集約的な労働というもので、道具づくりを達成しております。

丸木舟でも類似したことが外国の文献で指摘されているわけですが、日本の丸木舟ではどうか。日本の丸木舟では未製品に出会うことはまずありませんので、推定し難いことですけれども、木器の製作一般から見ると、ある時期に集中的に半製品をつくっておいて水漬け貯蔵し、必要になったら出してきて完成加工して使う。そういうことを丸木舟製作にも適用し得るかもしれません。

それからもうひとつ。容器の製作につきましては、漆器も含めて非常に精巧に作られています。鳥浜貝塚でもっとも一般的な存在はトチノキの皿ですが、未製品はまったく出てきません。漆塗りをやっていた形跡はあります。過大に評価しすぎだと言われますが、ひょっとすると鳥浜貝塚では容器の木胎は作らずに、漆塗りだけをやっていた、塗装の村だったかもしれません。すなわち、ものによっては村落間の分業で一個のものが完成されるということがあったのではないかと推測しています。一方、漆の研究者のなかには、この漆工技術の伝統が保持されていくためには、専門職人というようなもの、専門的な工人が存在した可能性を推定する人がいます。

木製容器や漆器の製作をなりわいとする人々—専門的工人がいたと私は考えております。丸木舟に関してもそんなことを考えてもよいのではないか。例えば北西海岸インディアンで丸木舟の職人さんがいて、それが村を渡り歩いて丸木舟をつくっていく。もしくは丸木舟づくりの村が交易品として生産する。そんな像が縄文の丸木舟づくりのなかにも描けるのではないかと密かに思っております。

参考文献

青池　晴彦「4．木製品」『ユリ遺跡』福井県三方郡三方町教育委員会　一九九六

網谷　克彦『縄文時代木製品・木工技術の基礎的研究』平成七年度科学研究費研究成果報告書　一九九六

網谷　克彦「縄文時代の木の利用：福井県鳥浜貝塚」『木の文化と科学V—先人に学ぶ木の利用—』京都大学生存圏研究所　二〇〇六

『京都府遺跡調査報告書第29冊　裏入遺跡群』財団法人京都府埋蔵文化財調査研究センター　二〇〇一

調査成果展・企画展図録『丸木舟の時代—びわ湖と古代人—』滋賀県立安土城考古博物館・財団法人滋賀県文化財保護協会　二〇〇六

能城　修一他「鳥浜貝塚から出土した木製品の樹種」『鳥浜貝塚研究1』福井県立若狭歴史民俗資料館　一九九六

畠中　清隆「鳥浜貝塚出土の丸木舟」『鳥浜貝塚—縄文時代前期を主とする低湿地遺跡の調査3—』福井県教育委員会　一九八三

McGrail, S. Ancient boats in North-West Europe, LONGMAN, LONDON and NEW YORK. 1987

Stewart, H. CEDER, Douglas & McIntyre, Vancouver. 1984

H.スチュワート・木村秀明他訳『海と川のインディアン—自然とわざとくらし』雄山閣　一九八七

二　琵琶湖周辺の縄文社会
―丸木舟の果たした役割―

瀬口眞司

はじめに

この報告でお伝えしたいことは三つあります。その三つとは、①私たちの何気ない日々の暮らしは定住生活であること、②この定住生活は縄文時代の人々の工夫のたまものであること、③その工夫の一つとして丸木舟が大きな役割を果たしていたことです。

ところで、縄文時代の丸木舟はおそらく人類が初めて発明した乗り物の一つです。ちなみにみなさんは、博物館や職場にどうやって行かれますか。近所でなければ、バイクや電車・車を利用される方が多いですよね。乗り物がなかったら大変でしょう。日々の暮らしが成り立ちません。

乗り物とは行動範囲を広げたり、移動や運搬を容易にする役割があります。だから、縄文時代に発明された丸木舟もまた、暮らしの中で大きな役割を果たしていたに違いありません。

今回はこの点に注目しながらお話しします。

縄文時代とは

縄文時代より前の時代を旧石器時代と呼んでいます（岩宿時代と呼ぶ場合もあります）。

当時の動物の化石（写真1）や人類の道具を勘案すると、その主食はナウマンゾウやオオツノシカと呼ばれる大型獣だったと考えられています。この獣たちは、エサのあるところを探しながら、移動して暮らしていました。

ですから、これを主食にしていた旧石器時代の人も、この獣を追いかけて移動していたようです。彼らの住まい方は獣を追いかけてキャンプを繰り返す生活――遊動生活だったと考えられています。このような暮らしは数十万年続きました。

ところが、約一万二千年前に氷河期が終わって気候が温暖化します。

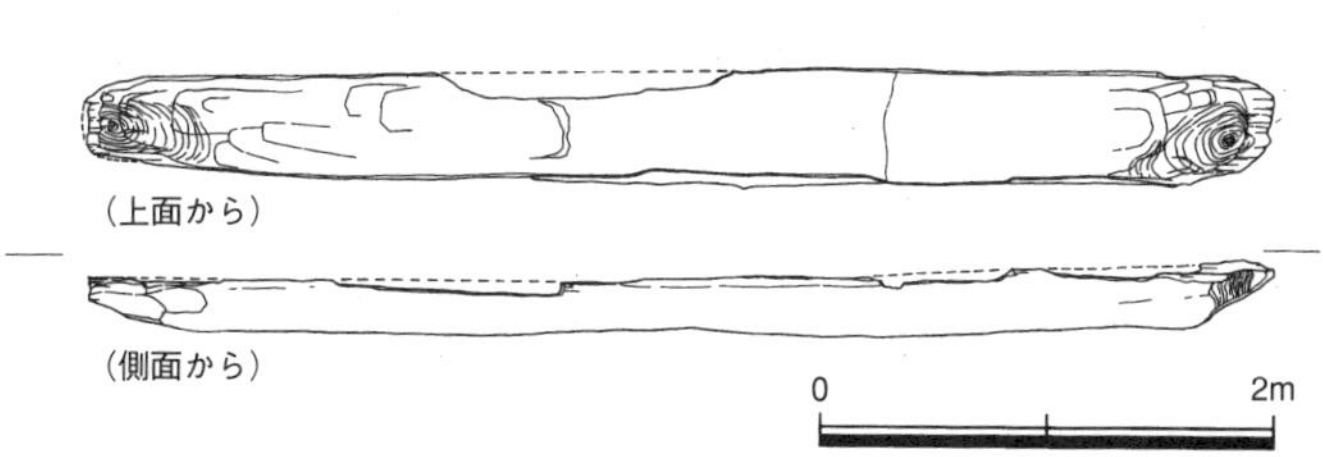

図1　米原市入江内湖遺跡2号丸木舟

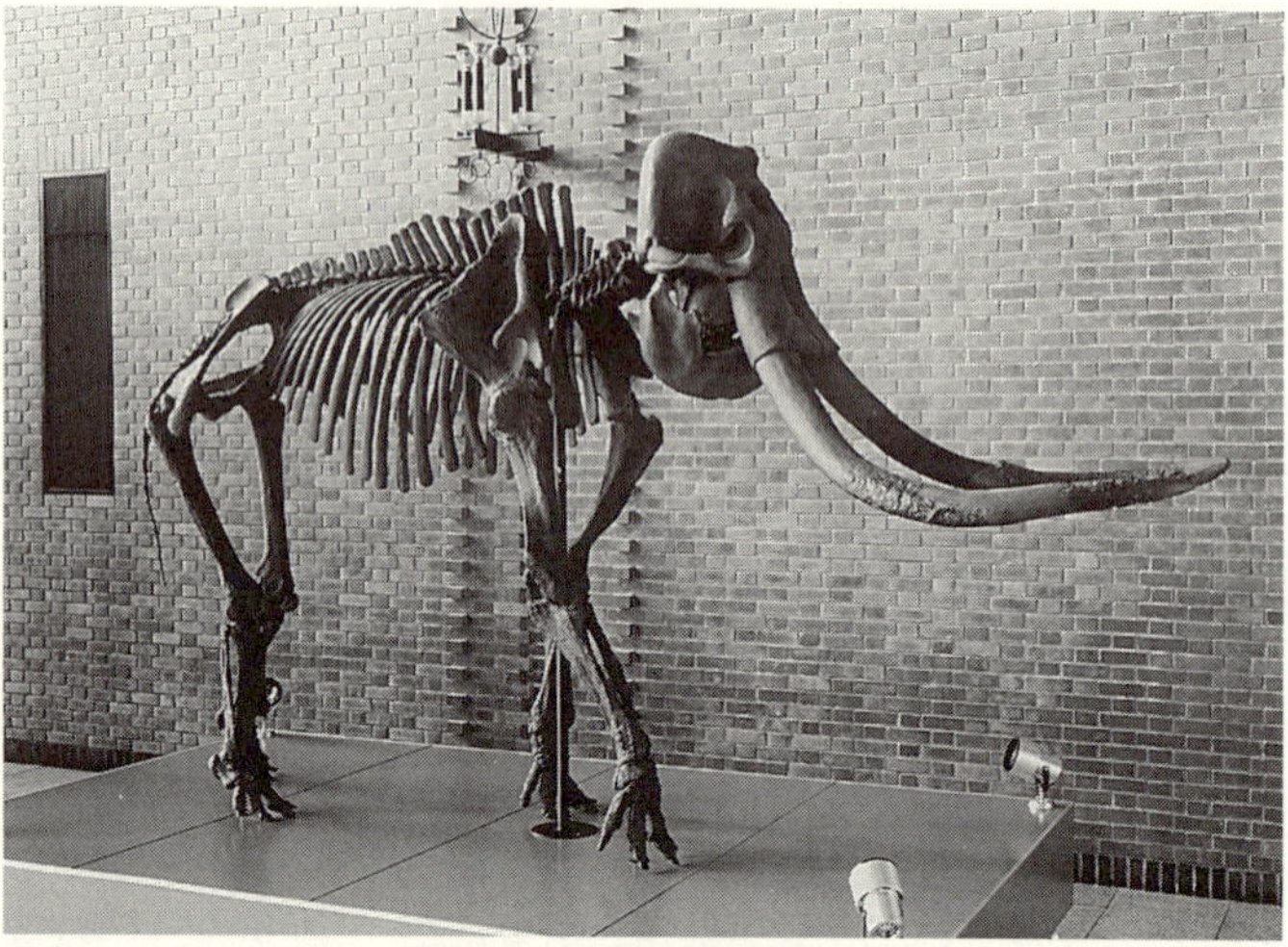

写真１　ナウマンゾウ　骨格標本（北海道開拓記念館提供）

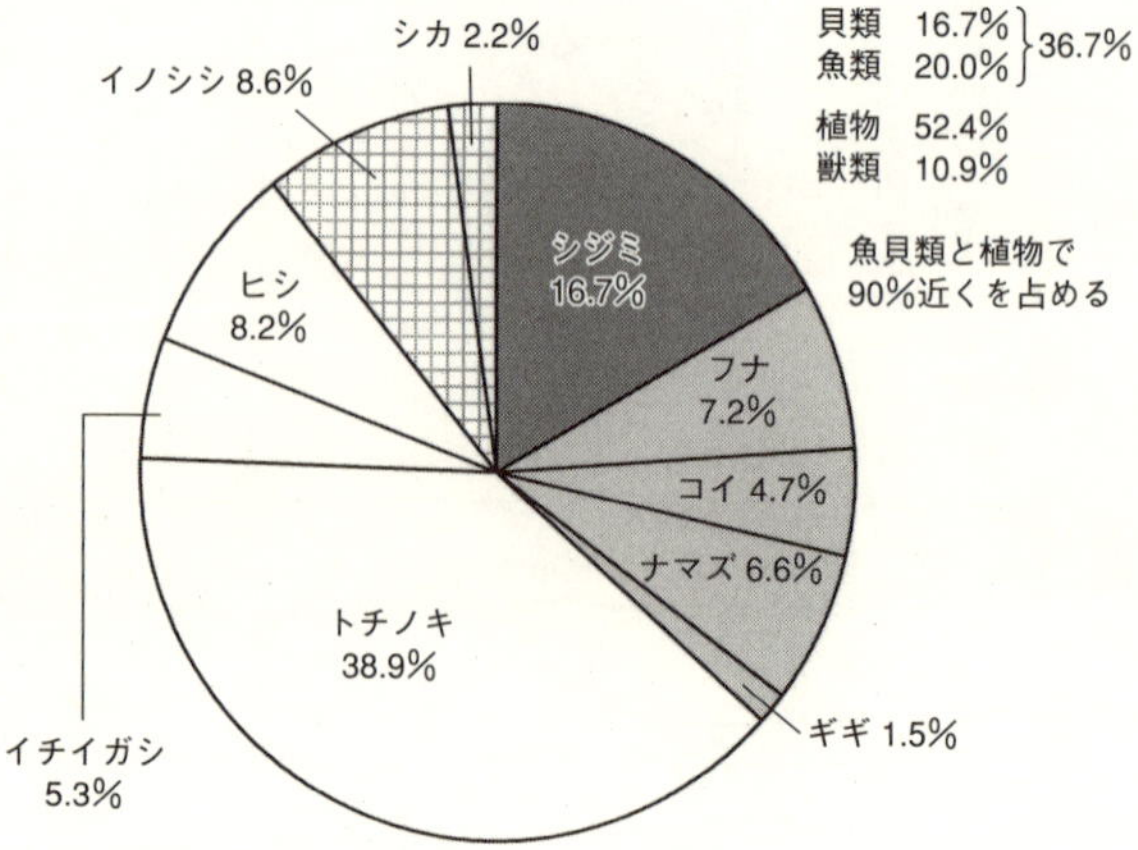

図２　大津市粟津湖底遺跡第３貝塚出土食料残滓の内訳（カロリー換算値）

ここからが縄文時代です。この頃になると大型の獣たちが姿を消しました。代わって何を主食にしていたのか――。発掘調査の結果、魚介類と木の実だと考えられています（図2）。例えば琵琶湖で獲れるコイ、フナ、ナマズ、シジミなどは彼らの大事な食料になりました。大津市の石山や粟津に残された貝塚がその証拠です。

それから、気候の温暖化に伴って、暖かい地域に生える落葉樹や照葉樹が九州地方から中四国地方を経て関西地方にも進出してきました。その結果、寒々とした針葉樹の森からクルミ、クリ、トチ、ドングリが実る森に変わりました。

これらの木の実――堅果類といいますが、これも彼らの大事な食料になりました。その結果、クリ塚（クリの食べかす、つまり皮をまとめて捨てた跡）などが見つかってます。

この縄文時代の長さはだいたい一万年ぐらいです。今回は縄文時代を表1のように分けてお話しします。本当は、早期の前に草創期という古い時代もあるのですが、琵琶湖周辺でははっきり確認できないので今回は省きます。

表1　縄文時代の時期区分とおおよその年代（暦年代未較正）

時代	実年代
草創期	約12,000年前～
早期前葉	約9,000年前～
中葉	
後葉	
前期前葉	約6,300年前～
中葉	
後葉	
中期前葉	約5,000年前～
中葉	
後葉	
後期前葉	約4,000年前～
中葉	
後葉	
晩期前半	約3,000年前～
後半	

定住の始まりとその意味

ところで、みなさんの中で遊動生活をされている方はおられませんよね。みなさんは定住されている。私たちの生活の特徴の一つは定住していることなのです。

遊動生活から定住生活に移行すると大きな変化が起きます。

旧石器時代のような遊動生活では、持ち物や子どもが重荷になってしまいます。私の実家は遠方にありますので、帰省のときは小さな子どもを連れて帰ります。ごった返しの駅や電車の中では必死に子どもを守ります。子どもが何人もいたり、荷物が多かったりするといっそう大変ですよね。妊婦の方のご苦労もひとしおです。

みなさんもそういう経験をされたことがあると思うのですけれど、移動のときは持ち物と小さな子どもたちが重荷になってしまう(ちょっと語弊のある言い方になりますが、ご容赦ください)。だから、移動を頻繁に繰り返す遊動生活では、財産や人口を増やさない傾向が生じます。

一方で定住生活を始めると、頻繁に移動する必要がなくなります。すると、持ち物や幼児が重荷でなくなる。

その結果、持ち物を増やす方向に転じます。出産をいとわなくなりますので、人口も増えていく。たくさんの人と持ち物であふれた現代社会につながっていくわけです。

このような定住生活は、縄文時代に始まったと考えられています。縄文時代より前の遊動生活は数十万年続いていました。一万二千年前に定住生活を始めてくれていなかったら、みなさんもまだ定住していなかったかも知れません（ですから、この定住の始まりは革命的な変化だ、「定住革命」と呼ぼうという意見もあります）。

ただ、発掘調査を通して見ると、どうやら定住の方法にも変化があるようです。縄文時代の人々の工夫の跡もうかがえる。

そこで次に、その変化や工夫の痕跡について、食料資源のあり方や遺跡・遺構・遺物のあり方から迫ってみましょう。

琵琶湖周辺の地形環境と季節

当時の主食料は魚介類と堅果類です。これらの食料資源はどのように分布していたのか。これについて考える前に、地形環境や食料資源の季節的な変化を整理してみましょう。

まず地形環境を整理します。

琵琶湖周辺の地形環境は大きく分けて三つに区分されます（図3）。

第一区分は沿岸部――琵琶湖に面した部分です。

第二区分は氾濫平野と呼ばれる部分です。水がつきやすいので森があまり発達しません。

第三区分は扇状地や山間部と呼ばれる部分です。開墾と開発が進んだので、今でこそ田んぼや住宅が目立ちますが、本来は森林が広く発達していた部分です。

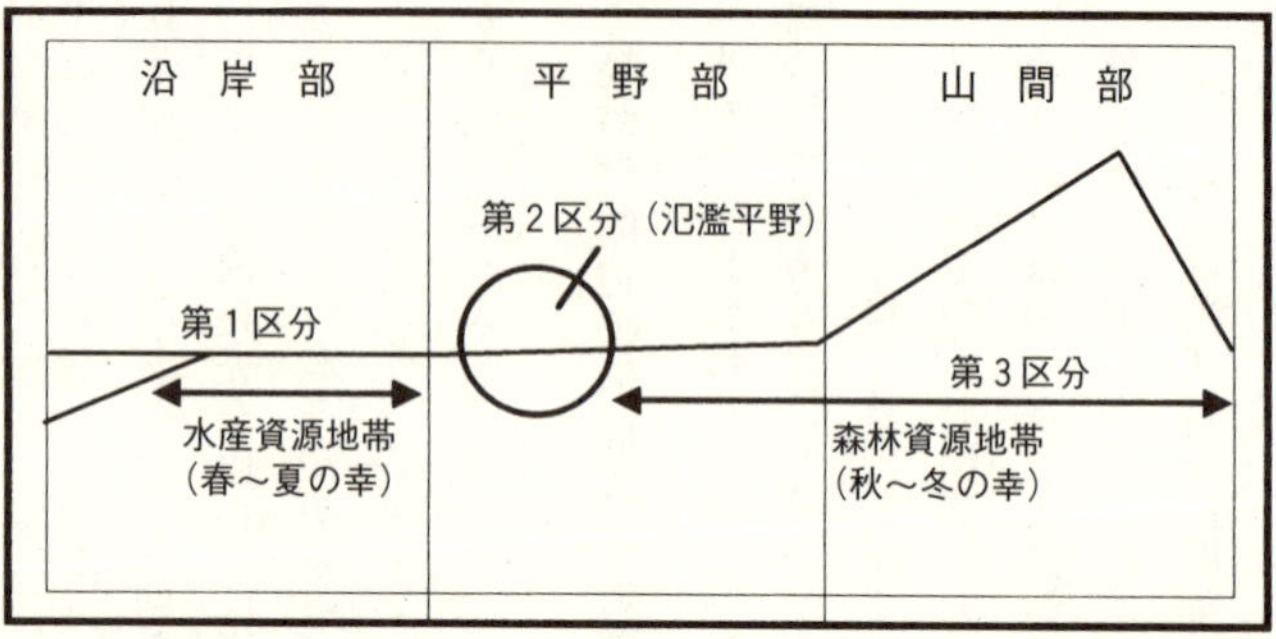

図３　地形環境とその組み合わせ（Ａパターン）

次は季節の変化です。

実は縄文人の暮らしにおいて、季節の変化は大変重大な意味を持っています。というのも、季節の移ろいには二面性——良い面と困った面があるからです。

みなさん、この夏にハモを食べられましたか、スイカは食べられましたか。季節の変化の良い面は、旬の食物を恵んでくれるところです。

困った面は、それと表裏一体です。季節は食料の内容と量を変化させてしまうのです。

例えばコメ。秋になると新米が頂けますが、春や夏に新米を食べることは難しいですよね。今の私たちは、「貯える」ということを当たり前のようにしているから何とかなっています。しかし、本来の自然界では何もしなかったら飢え死にする季節——ピンチの季節があるのです。

季節の移ろいには怖い面もあるのだということを頭に入れて、次のお話をお聞きください。

地形環境ごとで異なる資源の季節性

先ほど、琵琶湖周辺の地形環境をおおむね三つに区分してお話ししました。実はそれぞれで「旬」――食料資源の季節性が違いますので、図3を見ながらお聞きください。

第一区分の沿岸部の特性は豊かな魚介類（水産資源）に恵まれていることです。ただ、この地形区分にもチャンスとピンチの季節があります。

チャンスの季節は春から夏です。そのチャンスは魚介類の季節的な習性が引き起こします。春から夏の暖かい季節になると、フナやシジミなどの魚介類は産卵期を迎えます。産卵期を迎えた魚介類は、沿岸部の浅瀬に大挙して押し寄せてきます。浅瀬に大挙して押し寄せてくれることで、人類にとっては捕りやすいチャンスの季節になります。春から夏の幸です。ご経験の方もあるでしょう。梅雨の時期前後にコイやフナが、田んぼや浅瀬にばしゃばしゃ寄せてくるのです。

一方で秋から冬にはピンチを迎えます。魚介類は寒くなると深場や沖合に去ってしまうからです。ですからピンチを迎えてしまうわけです。

以上が一般的な沿岸部の資源のあり方です。

続いて、第三区分の話を先にします。扇状地や山間部の資源のあり方です。明治時代以前の扇状地や山間部の多くは、豊かな森に覆われていました。

第三区分のチャンスの季節は、秋から冬です。ご推察のとおり堅果類が鈴なりになるからです。豊かな森林資源が秋から冬の幸を恵んでくれる。

一方で、春から夏はピンチになる。木の実は、もうなっていません。季節の変化に伴って、食べ物となるものは少なくなってしまうのです。

その良い例がクマ騒動です。先般（八月初旬）も報道されていました。長野や群馬で、麓の里の方がクマに怪我をさせられていました。夏の山に食料がなくなって、クマが里に下りてくる。雑食性のクマにとっても森の夏はピンチの季節なのです。当時の人間にとってもおそらく同じことだったでしょう。森林では春から夏がピンチの季節なのです。

最後に第二区分の氾濫平野です。ここが当時は一番住みづらい区分だったかも知れません。現代人にとって氾濫平野は住みやすい土地です。というのも、現代の主食はコメで、氾濫平野は水田が作りやすいからです。農耕が導入された弥生時代以降は住みやすい区分です。

ところが森は発達しにくいのです。縄文時代の人の主食は堅果類でした。だから森が発達しない氾濫平野は、彼らにとって肝心の堅果類に恵まれない土地です。

加えて、湖に比べたら魚介類も少ない。だからドングリやコイ、フナ、シジミ、そういったものも主食にしていた縄文人にとっては、ちょっと住みにくい。そういう土地なのです。

写真２　大津市粟津湖底遺跡第３貝塚［湖と森が複合している］
（滋賀県教育委員会提供）

写真３　守山市赤野井湾遺跡遠景

地形区分の組み合わせと食料資源

以上、地形環境の区分と季節から食料資源のあり方をお話ししました。しかし、彼らの暮らしを考えるときは、もう「一ひねり」が必要です。

それは地形区分の組み合わせです。お気づきのとおり、ただの沿岸部と、山の緑がすぐ近くにある沿岸部では、食料のあり方が違いますから、そのお話をします。

組み合わせのパターンにはAとBがあります。

Aパターンは、沿岸部と扇状地・山間部との間に氾濫平野が挟まってしまうものです。先ほどの図3の状態です。つまり春から夏にチャンスを迎える沿岸部と、秋から冬にチャンスを迎える森林地帯の間に、氾濫平野が挟まってしまうのです。琵琶湖東岸の大半の地域がこのパターンに当てはまります。

Bパターンは、沿岸部と山間部が隣接しているところです（図4）。その間に氾濫平野は挟まれない。例えば安土町や米原市の琵琶湖側、大津市の瀬田近辺から堅田辺りまでが該当します。

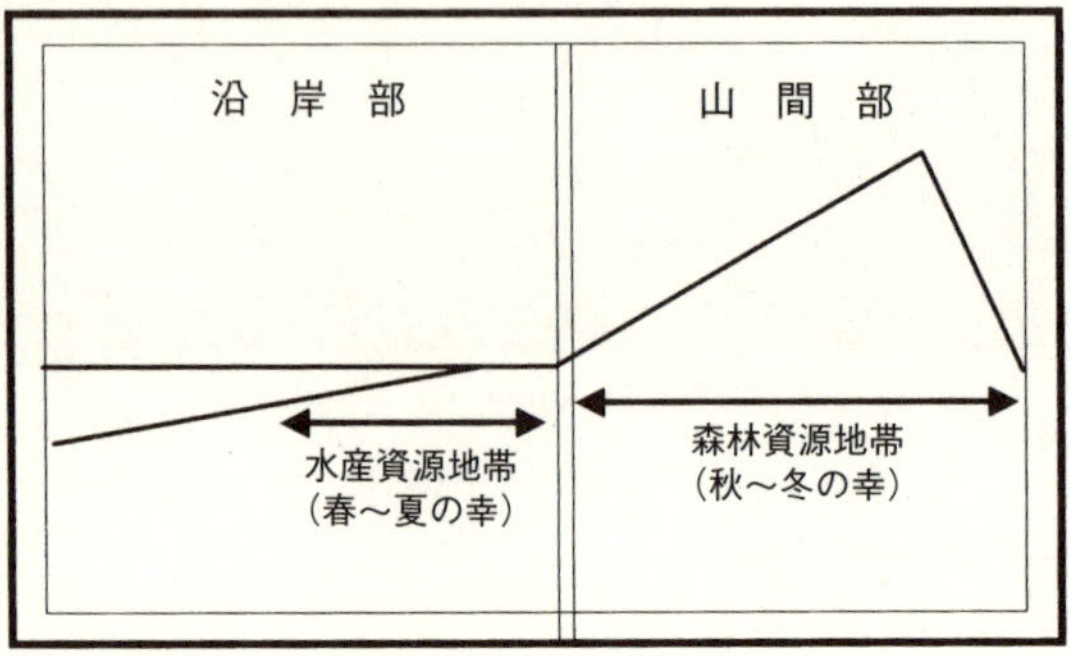

図４　地形環境とその組み合わせ（Ｂパターン）

こういうところは一年中、食料に困らないですよ。なぜ困らないかというと、春から夏のチャンスと秋から冬のチャンスが複合してセットになっているからです。春から夏は目の前の湖に魚や貝が寄ってきてくれています。秋になっても困りません。裏山にドングリがなっているからです。一年中ほとんど困らない。そういった土地です。

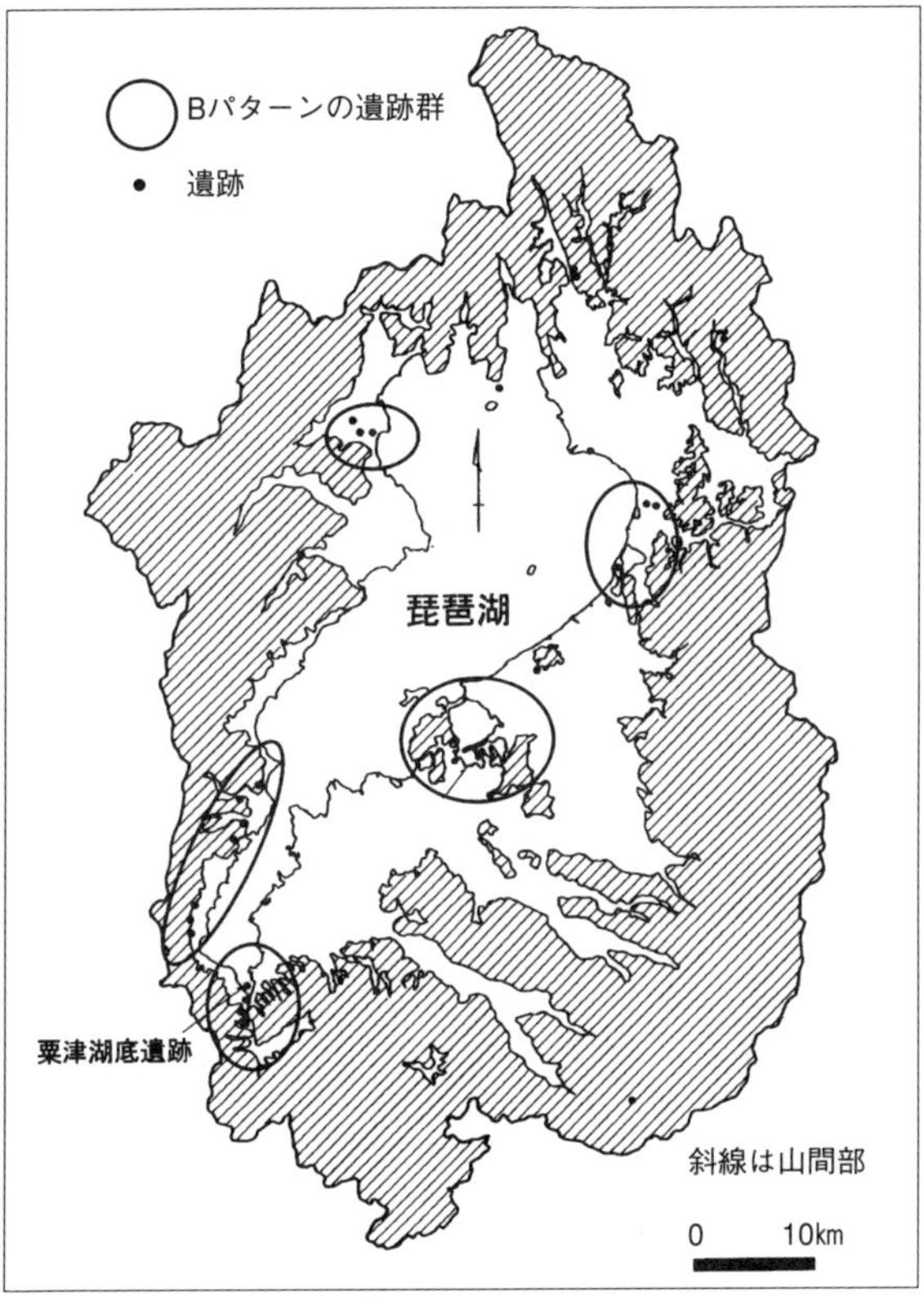

図5　第1段階の遺跡の分布

　みなさんならどこに住みますか。縄文人はどのように暮らしたのでしょうか。

　調査結果を蓄積

していくと、遺跡の立地傾向や、遺跡の内容が変化していることに気が付きます。縄文時代の人々の暮らし方も、一万年の間で変化しているようなのです。

どうやらそれは三つの段階を経ています。順番にお話ししていきましょう。

第一段階の暮らし――複合的な環境に暮らす

第一段階は早期の前葉・中葉です。そのころの暮らし方はどうか。

そのヒントは遺跡の立地の共通性に見いだせます。

この段階の遺跡の大半は、図4のような沿岸部と山間部が接した環境に立地します（図5）。つまり、湖と森が複合する土地です。そこでは春から夏に旬を迎える魚介類と、秋から冬に旬を迎える堅果類がセットで入手できます。こういう環境を好んで第一段階の人々は暮らし始めています（写真2大津市粟津湖底遺跡など）。

春から夏に旬を迎える湖の幸を目の前にし、秋から冬に旬を迎える森の幸を裏山に控えるよう

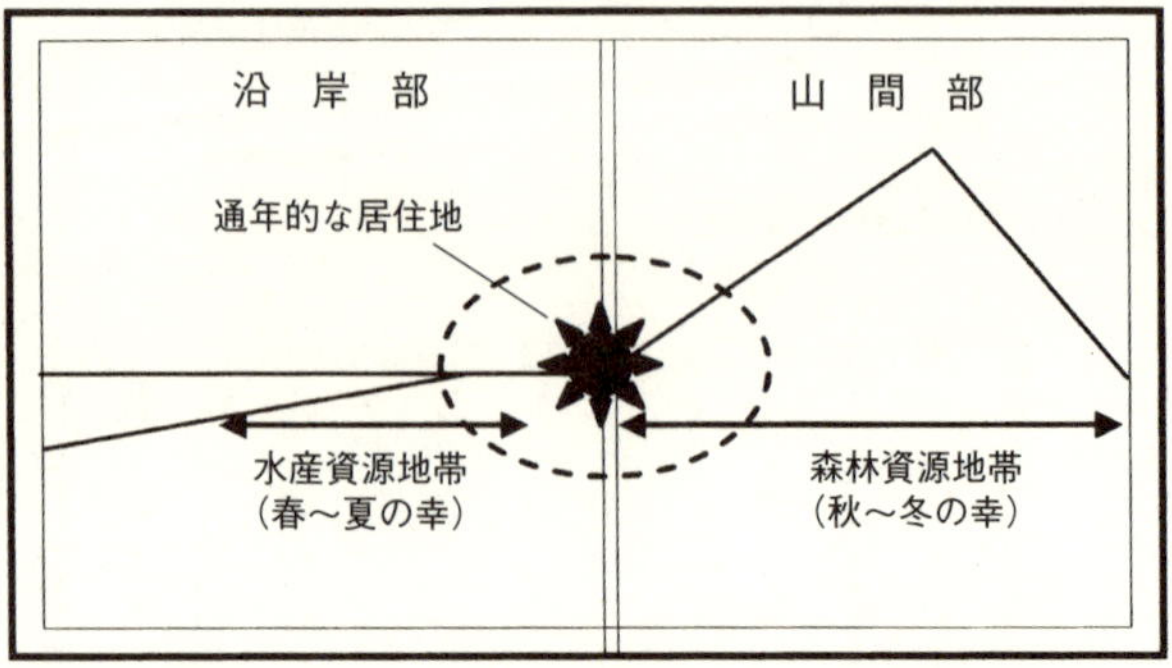

図6　第１段階の暮らし方（より複合的なBパターンの環境に暮らす）

なところは一年を通してピンチの季節がほとんどありません。

このような複合的な環境で通年的に定住する（図6）――これが第一段階の暮らし方です。

第二段階の暮らし――季節的に引っ越して暮らす

第二段階は早期の後葉から中期の中葉にかけての時代です。縄文時代の真ん中頃です。そのころの遺跡の分布（図7）を見ますと第一段階とちょっと違うのです。

第一段階の遺跡は森と湖がセットになっているところに立地していました。しかし、第二段階には変化が見られます。

その変化とは、それまでにない二つの地形環境で遺跡が目立ち始めることです。

その一つは、内陸の森林地帯の遺跡の顕在化です。森と湖が複合する環境から離れて、森林地帯だけの環境に住み始めるのです（栗東市下鈎遺跡など）。

もう一つは、森が近くにない沿岸部への進出です。森と湖が複合する環境から離れて、湖だけの環境に住み始めるのです（写真3　守山市赤野井湾遺跡など）。

これらの変化は第二段階の特徴を示す重要な変化です。

第一段階は一年中ピンチのない複合的な環境に暮らしていましたが、この段階に新しく進出した環境はちょっとリスクのあるところ――半年ごとにピンチに見舞われる環境だからです。

ですから、この遺跡立地の変化の背景には新たな工夫――ピンチを乗り越えるための工夫があったはずです。その工夫を遺跡の内容から読み取ってみましょう。

新たな工夫は、越冬用の施設に着目すると読めてきそうです。そうすると、どうやら冬の村と夏の村を作り分けていること、二つの村をうまく住み変えることでピンチを切り抜けていたことがうかがえそうです。

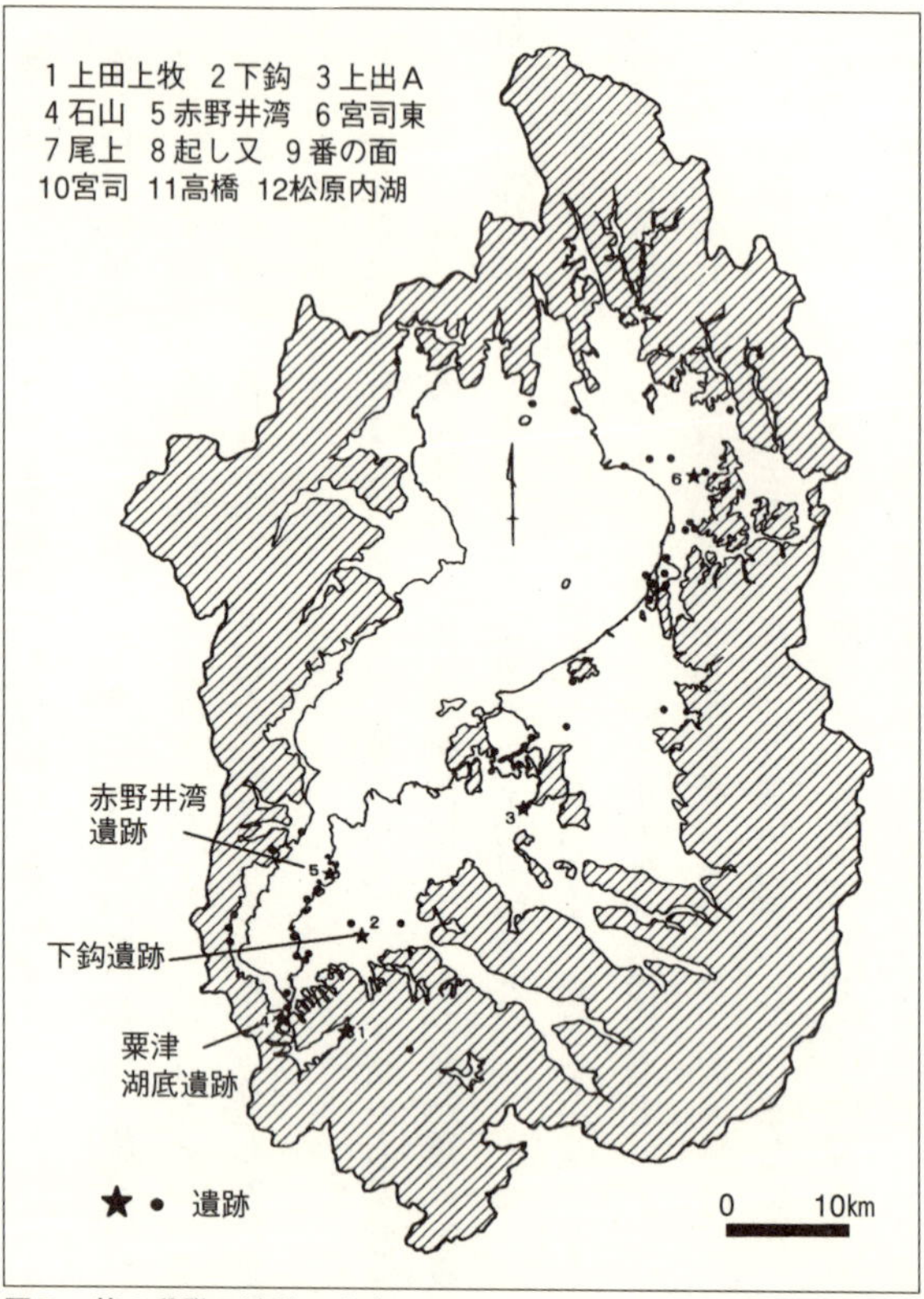

図7　第2段階の遺跡の分布

越冬用の施設には二つあります。一つは竪穴住居です（写真4）。これは地面を掘り込んで竪

写真４　栗東市下鈎遺跡の竪穴住居と貯蔵穴（栗東市教育委員会提供）

写真５　奈良県大宇陀町本郷太田下遺跡の貯蔵穴
（黒い小さなツブツブが遺存していた堅果類・奈良県立橿原考古学研究所提供）

牢に作る半地下式の住居です。半地下式だけに中は暖かい。ただ、湿気が抜けにくいので夏は住みにくいようです。そのため、網谷先生が紹介されていた北米岸北西のインディアンたちは、冬は竪穴住居に住んで、夏はテント状の簡単な施設に住むそうです。つまり竪穴住居とは越冬用の施設なのです。

　もう一つの越冬用の施設は堅果類の貯蔵穴です（写真5）。縄文人はしばしば地面に穴を掘ってその中に堅果類を貯蔵します。琵琶湖周辺では十二月の半ばには堅果類が全て落果します。貯蔵穴はそれまでに堅果類を貯め込んで、後に備えるための施設です。童話の『アリとキリギリス』ではありませんが、生き抜いていくにはそれなりの備えが必要だからです。

　この二つを越冬用の施設としたとき、どんな地形環境の遺跡でこれらが設けられているのか。まず沿岸部の遺跡はどうでしょうか？

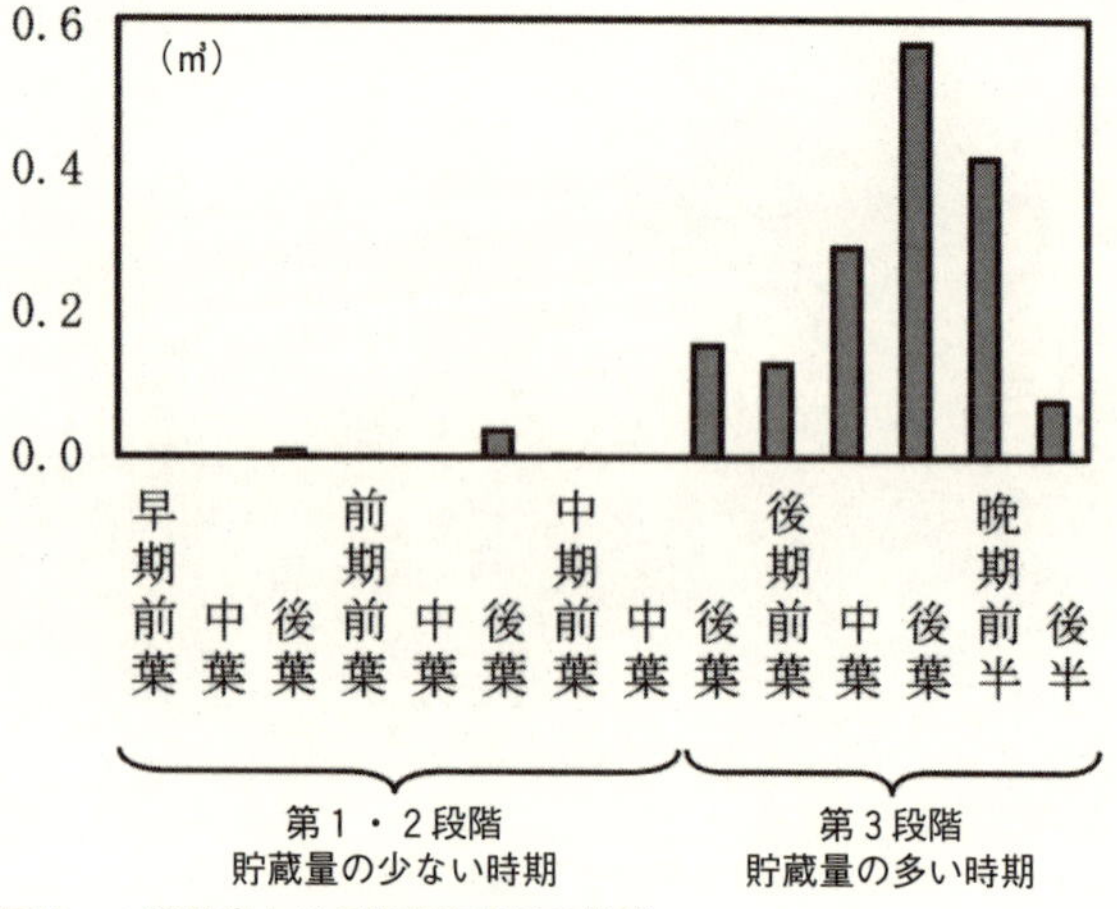

図8　1遺跡当たりの貯蔵穴容量の推移

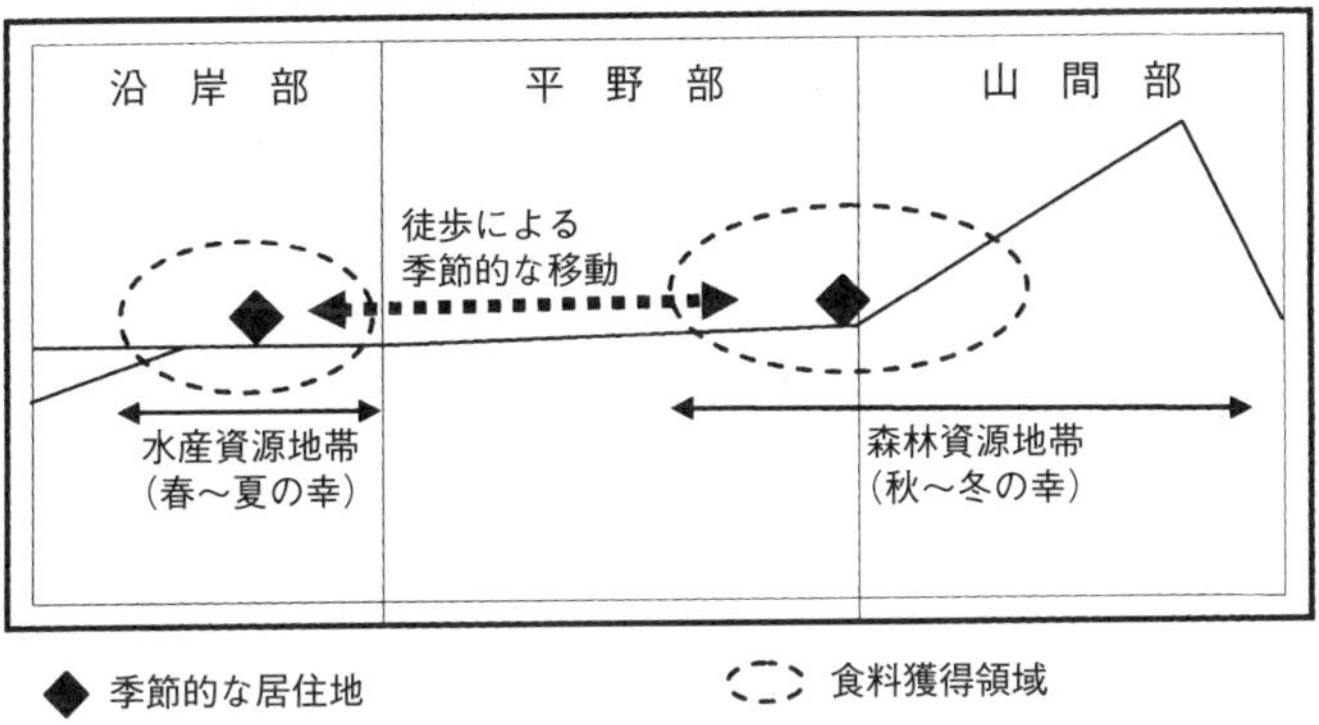

図９　第２段階の暮らし方（季節的に引越して暮らす）

沿岸部は春から夏にチャンスの季節、秋から冬はピンチの季節になるところです。おもしろいことにこの沿岸部では越冬用の施設が見つかりません。土器の破片や漁網の錘はたくさん出るのに、竪穴住居と貯蔵穴は見つからないのです。沿岸部ではどうやら夏用の村しか作っていません。

では、扇状地や山間部にある森林地帯の遺跡はどうか。ここは秋から冬にチャンスの季節が訪れるところです。このような環境に形成された遺跡――例えば栗東市の下鈎遺跡など――では、興味深いことに竪穴住居や貯蔵穴が見つかります、越冬用の施設がここにはあるのです（写真４）。

しかし、それだけではこの森林地帯の遺跡が冬の村とは限らない。夏にも住んでいたかも知れない。そう思われる方もおられますよね。そこで貯蔵量を比べてみます。

一遺跡当たりの貯蔵量を算出してみると、違いが解ります（図８）。後で説明する第三段階は、一年中森林地

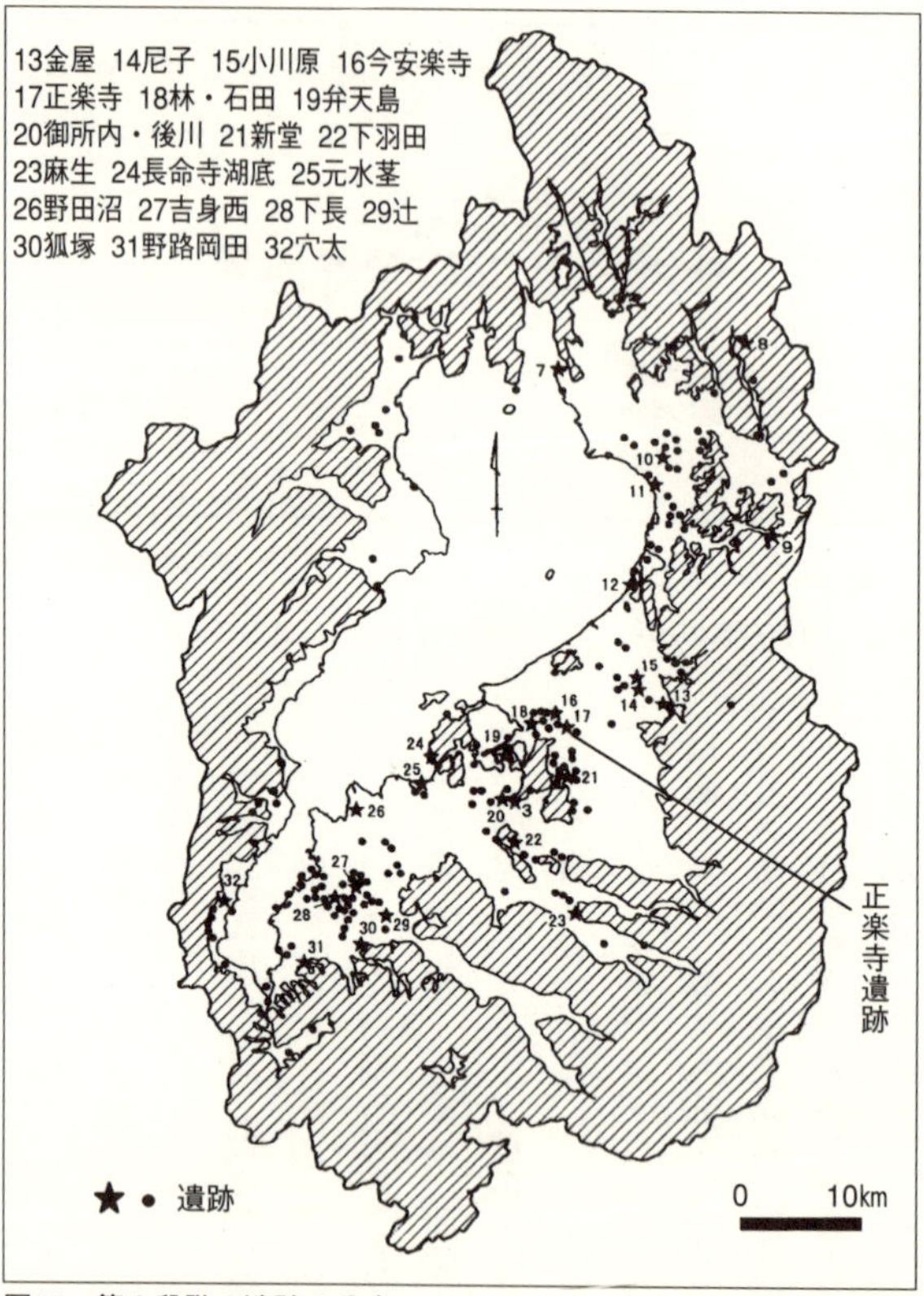

図10 第３段階の遺跡の分布

帯で暮らす段階なのですが、それに比べて第二段階の貯蔵量は、半分以下しか貯蔵していない。貯蔵量が少ないので一年分は貯蔵していないことが解ります。だから、第二段階の村は、どうやら秋から冬だけの村だといえそうなのです。

第二段階というのは、おそらく沿岸部の村を、春から夏にかけての食料を満たすための別荘地として利用しています。そして、秋から冬は森林地帯に本拠地を置くような暮らしをしていたと考えられます。夏用の村と冬用の村の間を季節的に反復移動する、季節的に引っ越しをしながら定住する（図9）――第二段階は、第一段階の暮らし方に加え、そういった新しい工夫も顕在化した段階だといえそうです。

第三段階の暮らし――大量に貯蔵して暮らす

第三段階は中期後葉以降です。縄文時代の最後のほうだと思ってください。

この段階になるといくつかの変化が見られます。

第一の変化は森林地帯の遺跡の増加です。平野部に立地する遺跡の割合が増加します（図10）。

第二の変化はその森林地帯の遺跡における貯蔵量の変化です。先ほども述べた図8のように、堅果類の貯蔵量が大幅に増えました。

第三の変化は、森の遺跡における住居の組み合わせの変化です。第二段階までの森林地帯の遺跡では、冬用の住居しか見られませんでした。ところがこの第三段階になると、森林地帯の同じ村の中に冬用の住居と夏用の住居（掘り込みのない平地式住居・掘立柱建物）を併設し始めます。つまり、同じ村の中で季節的に住み替える形を採用し始めます。

この三つの変化を勘案すると、この段階の人たちが採用した新しい工夫を読み取れます。

それは森林地帯でも通年的に定住するための工夫です。

その工夫とは、秋の実り――堅果類が得やすいところに拠点を置くこと、そこで一年分以上の堅果類を貯蔵したことです。そのため内陸部の遺跡が増え、そこでの貯蔵穴の量が増えるのです。そして、その拠点の村から離れずに、その村の中で季節的に住み替え始めたために、冬用と夏用の住居を同じ遺跡の中で併設するようになるのです。

丸木舟の役割

しかし、そうなると沿岸部の資源が利用しにくくなりますよね。沿岸部から離れ、内陸部に拠点を置いてそこで通年的に定住する。そうすると沿岸部の資源が利用できません。折角、春から夏の沿岸部にはあふれるように食料資源が押し寄せているのに——。

そこで丸木舟が必要になるのです。

第三段階の人々は、内陸に生活拠点を置きながら丸木舟を使って沿岸部に「通勤」し始めた可能性があります。冒頭で申し上げたように、丸木舟をはじめとする乗り物は、行動の範囲を広げたり、移動や運搬を効率化させます。そ

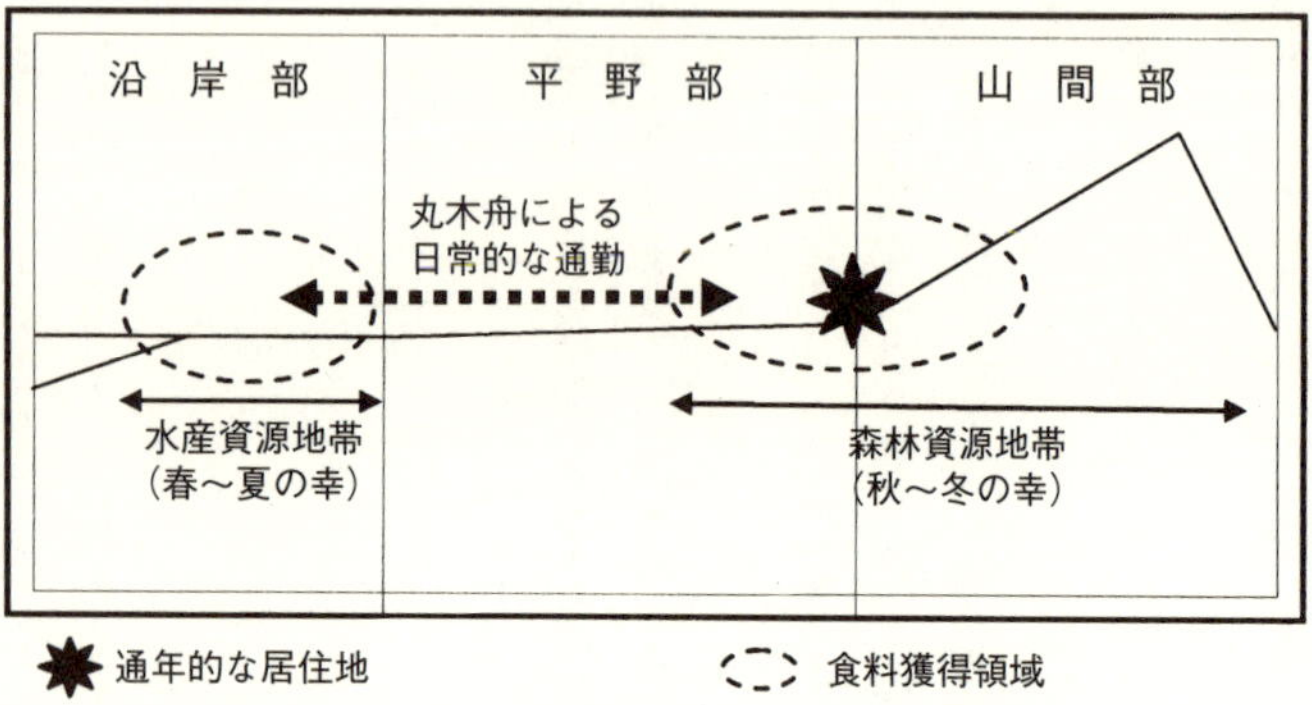

図11　第３段階の暮らし方（森林地帯に定住し、丸木舟で移動して暮らす）

写真6　米原市入江内湖遺跡3号丸木舟

の利点を生かして、沿岸部へ「季節的に引っ越す」のではなくて、図11のように「日常的に通勤」する工夫を始めたのです。

この推察を裏付けるように、第三段階になると琵琶湖周辺では丸木舟の出土数が増大します。

第二段階までの丸木舟はたったの二艘しか出土していません。ところが、第三段階になると三〇艘近くの出土が確認されています。明らかに丸木舟を多用する時代になっています。

それまでは、一年中食料に困らない複合的な環境で通年的に定住したり、季節ごとに旬の食料があるところに移って季節的に定住していました。

これに対して第三段階の人々は、内陸の森林地帯で森の恵みを享受しながら沿岸部の恵みも利用して通年的な定住をするようにしました。

そのときに活躍したのが貯蔵穴と、それから今回のシンポジウムの主役である丸木舟だったのです。現代の私たちも冷蔵庫やトラック、輸送船のおかげで一年中飢えずに暮らしていますが、この暮らし方の原形はこの縄文時代の第三段階にあるのです。

人類は、工夫を積み重ねることで定住できる環境を拡げていきました。丸木舟は、貯蔵穴と共にその工夫の一つとして重要な役目を担っていたのです。

参考文献

『琵琶湖開発事業関連埋蔵文化財発掘調査報告書1　粟津湖底遺跡第3貝塚』滋賀県教育委員会・財団法人滋賀県文化財保護協会　一九九七
『琵琶湖開発事業関連埋蔵文化財発掘調査報告書2　赤野井湾遺跡』滋賀県教育委員会・財団法人滋賀県文化財保護協会　一九九八
『能登川町埋蔵文化財発掘調査報告書第四〇集　正楽時遺跡』能登川町教育委員会編　一九九六
『栗東町埋蔵文化財調査　一九九一年度年報Ⅱ』財団法人栗東町文化体育振興事業団　一九九三
『奈良県立橿原考古学研究所調査報告第八三冊　本郷太田下遺跡』奈良県立橿原考古学研究所　二〇〇〇

三　湖辺の縄文時代遺跡

中村健二

滋賀県文化財保護協会調査整理課の中村と申します。

瀬口さんの軽快なお話のあと、ちょっとゆっくりしたお話になるかもしれませんけれども、お聞きください。

瀬口さんから滋賀県の縄文遺跡についてお話をしていただいたので、私が話すことはないなと思っているのですけれども、瀬口さんのお話よりも具体的に、どのような遺跡が水辺にあるのかということを少し紹介しようと思います。

琵琶湖辺の遺跡とその特徴

湖辺の遺跡とは、琵琶湖のすぐ側の、琵琶湖から歩いて五分か十分ぐらいのところかなというイメージをお持ちではないでしょうか。琵琶湖辺の遺跡の特徴というのは、画面にも書いていますが、最も特徴的なのが湖底遺跡があるということです。湖辺の遺跡を分けると二種類あります。一つ目は、いまも琵琶湖の底に沈んでいる遺跡や、もういま干拓して田んぼになってしまっている旧の内湖付近と言われるところです。二つ目は、先ほどの瀬口さんの発表でいきますと、氾濫平野と言われるような、比較的地下水の豊富なところというもの、琵琶湖辺の遺跡ではないかと思います。

これらの遺跡にはどんな特徴があるのか。先ほど瀬口さんの発表で、扇状地の遺跡などがありましたが、扇状地の遺跡と湖辺の遺跡とどういう違いがあるかというと、湖辺の遺跡では、土器や石器以外に木器があることです。丸木舟などの木器のほかには、ドングリ、貝塚などが見つかります。そういった扇状地などの内陸部の遺跡では残らないものが見つかるというのが特徴的であります。これ以外に、お墓ですね。お墓から人骨が出土する。当時の人の骨格の復元とか身長の復元もできます。

今日紹介させていただく主な遺跡の位置を図1に示し、表1には、縄文時代の放射性炭素測定法による年代、いまから何年前というおおざっぱな年代をあげています。

北からいきますと、琵琶湖の上の方に葛籠《つづら》尾崎《おさき》湖底遺跡というのがあります。縄文時代の早期前半から晩期までの完形土器が、漁師さんの魚捕り用の網で琵琶湖の湖底から引き揚げられている、昔から有名な遺跡です。

東側の対岸付近にいきますと、いま、ちょうど丸木舟が展示されています湖北町の尾上浜遺跡

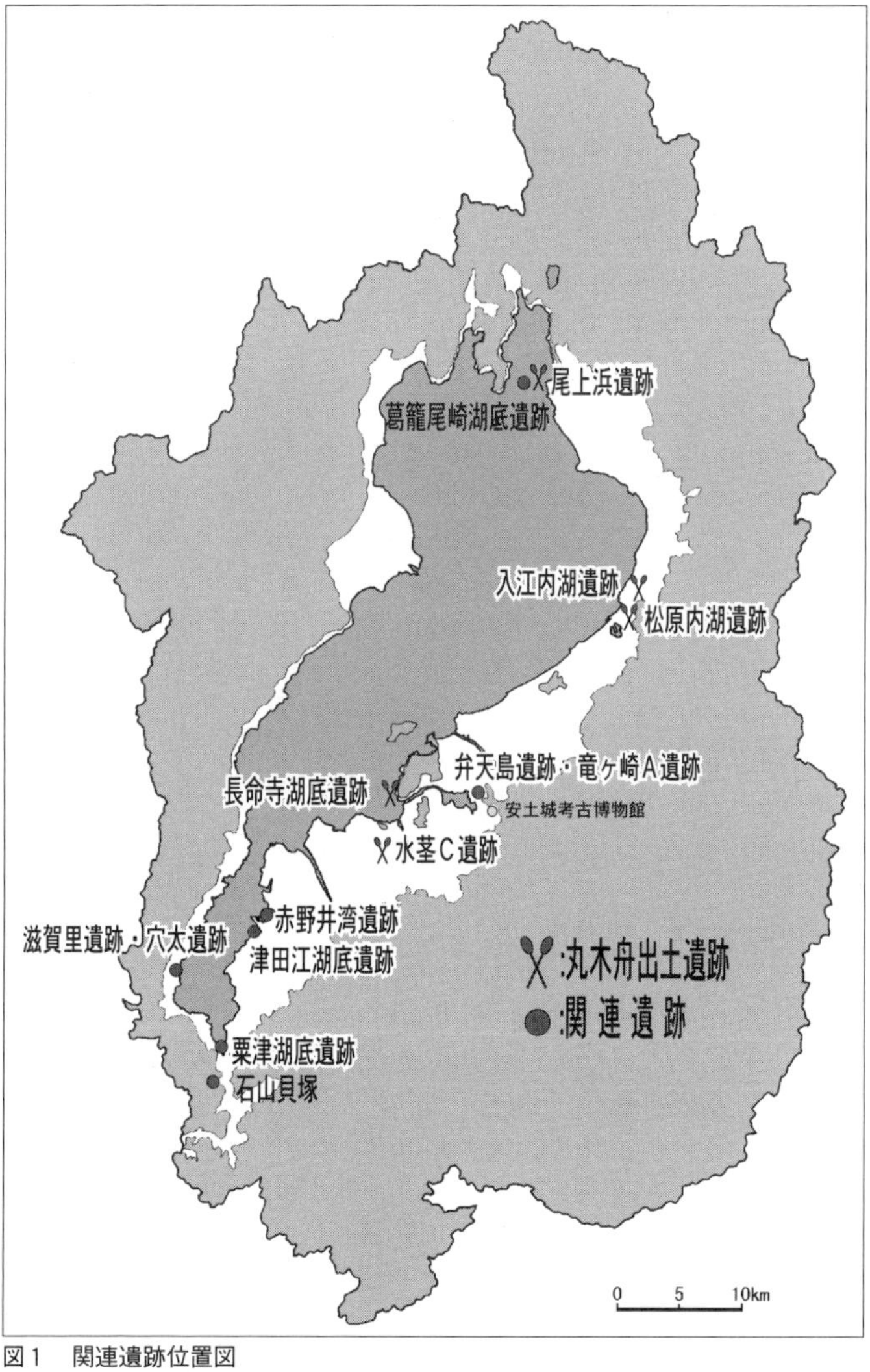
尾上浜遺跡
葛籠尾崎湖底遺跡
入江内湖遺跡
松原内湖遺跡
弁天島遺跡・竜ヶ崎A遺跡
長命寺湖底遺跡
安土城考古博物館
水茎C遺跡
赤野井湾遺跡
滋賀里遺跡・穴太遺跡
津田江湖底遺跡
:丸木舟出土遺跡
:関 連 遺 跡
粟津湖底遺跡
石山貝塚
0 5 10km

図1　関連遺跡位置図

があります。縄文時代後・晩期の丸木舟ですね。この遺跡から南に下がってきますとちょうど米原あたりに入江内湖遺跡があります。滋賀県最古の縄文時代前期の丸木舟が出土しています。磯山を挟んで反対側に彦根市松原内湖遺跡があります。ここも後・晩期の丸木舟が出ております。

安土周辺までずっと下がってきますと、あとで少し説明しますが、弁天島遺跡と言う、縄文時代早期の終わりぐらいから前期にかけての遺跡があります。戦後すぐ（昭和二四年）ぐらいに、発掘調査がなされまして、全国的に縄文時代の研究、特に、土器研究では、近畿地方の縄文時代前期を代表する土器型式名、安土N上層式として全国的にも有名です。

弁天島遺跡に隣接して竜ケ崎A遺跡という遺跡があります。またちょっと下がってきますと近江八幡市長命寺です。最近ニュースで、長命寺付近にある伊崎寺の伊崎の竿飛びが禁止になったと報じられていましたが、その長命寺の湖底から縄文時代晩期の丸木舟が出土しています。長命寺湖底遺跡です。

長命寺湖底遺跡の東に水茎C遺跡という遺跡が、旧の水茎内湖という内湖の付近にあります。昭和三九年の調査で滋賀県初の丸木舟が見つかりました。

どんどん南に下がっていきますと、守山市の赤野井湾遺跡という琵琶湖の湖底から、縄文時代早期の遺跡が見つかりました。

ずっと南に下がって前期の津田江湖底遺跡があります。

さらに南に下がっていきますと、大津市の粟津湖底遺跡というのがあり、これが縄文時代早期の食料残骸や中期の第三貝塚という貝塚が見つかっています。

さらに南に下がっていきますと、瀬田川の右岸の石山寺の境内に石山貝塚があります。あとで遺跡の詳細を紹介したいと思っています。

ちょうど現在のＪＲ湖西線下になるのですけれども、縄文晩期の大津市滋賀里遺跡があります。これもあとで紹介します。

表１の縄文時代の時期区分というところを見ていただきますと、一番古い縄文時代の始まりが約一万二千年前。最近新聞などではもっとさかのぼるというご意見もあるの

表１　縄文時代の時期区分

時代	時期	年代
岩宿時代		
		約１万2000年前
縄文時代	草創期	
		約１万年前
縄文時代	早期	
		約6000年前
縄文時代	前期	
		約5000年前
縄文時代	中期	
		約4000年前
縄文時代	後期	
		約3000年前
縄文時代	晩期	
		約2350年前
弥生時代		

ですが、まだどこまでさかのぼるのか、学会での決着もついていませんので、従来から言われている年代で話をします。

それから、草創期が終わって約一万年前に縄文時代の早期が始まる。六千年前に前期が始まり、五千年前に中期。四千年前に後期。晩期が三千年前。約二千三百年から二千三百五十年前に弥生時代が始まるというようなのが、いまおおざっぱに言われているところなのです。

湖底遺跡と縄文時代の湖岸線

まず、湖底遺跡のお話をさせていただきます。湖底遺跡というのは何で湖の底にあるのか、みなさんご存じの方もいらっしゃるかと思うのですけれども、当然、湖の底と言いますと、人間は水中でずっと生活ができませんので、そんなことあるわけがないのですけれども、湖底遺跡にも大きくは二種類あるのです。ほとんどの湖底遺跡というのは、図2の左が、ちょうど縄文時代早期ぐらいの琵琶湖の湖岸線です。あくまでも推定で、研究者によって若干違いはありますが、この推定線では、琵琶湖の大津周辺から守山、南湖のあたりがすごく狭い。それが縄文時代後・晩期になるとかなり広くなってきています。

古い時代、縄文時代早期には非常に琵琶湖は狭かったということが推定されます。なぜそんなことがわかるのかというと、縄文時代の湖底遺跡の分布を見ていくと、およそこういった湖岸線が推定できるのではないかということです。

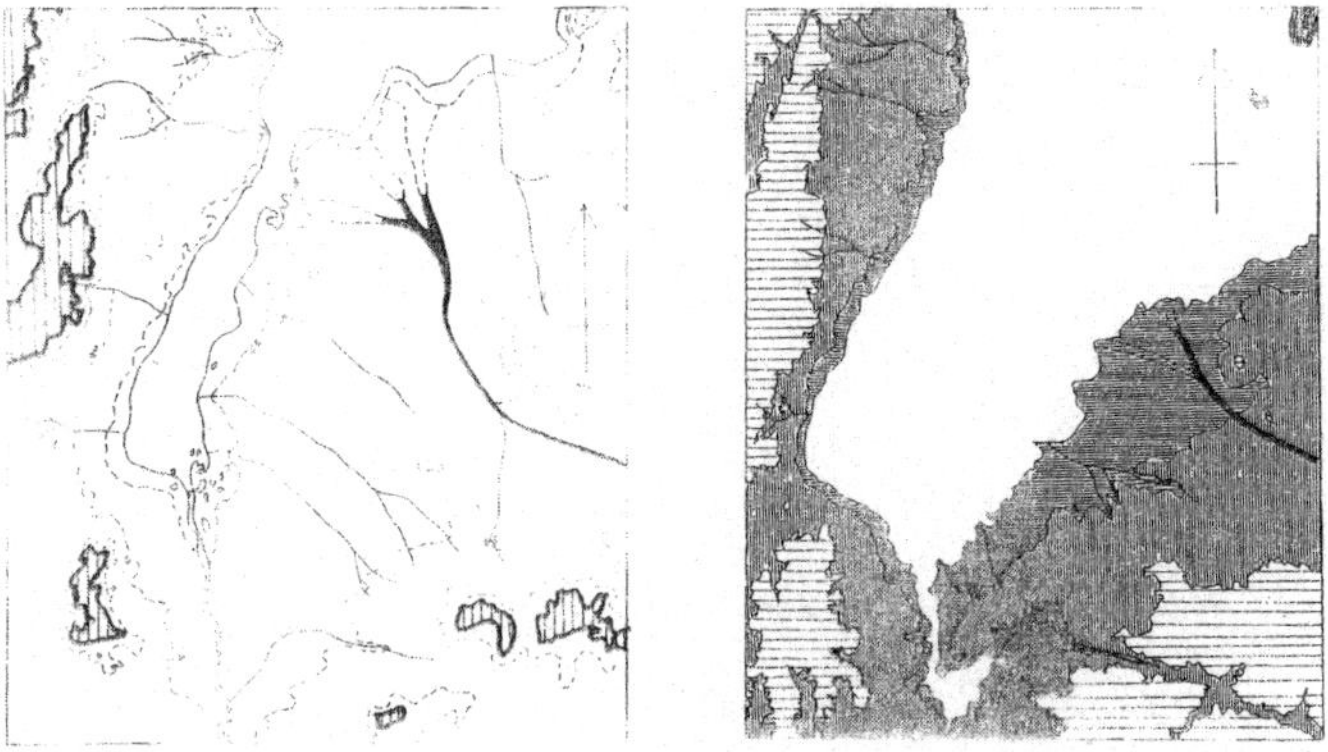

縄文時代早期　　縄文時代後期後半から晩期

図２　琵琶湖の水位想定図（松井順太郎氏作成・『びわ湖と埋蔵文化財』1984より）

湖底遺跡だけからの推定では、おかしいのではないかという意見もあります。先ほど少し言いました守山市赤野井湾遺跡では、縄文時代の早期の終わりごろ、だいたい六千年前より、少し古いぐらいの炉の跡が見つかっています。炉の種類は集石炉と呼ばれるもので、石を焼いて、食料を煮たり、焼いたりする道具です。人間が人工的につくった炉の跡とか掘った穴が見つかっていることを考えれば、明らかに人間がそこで生活しないとできないのです。

　ということは、先ほども言いましたように、水中で火をたいたり、穴を掘ったりできないので、当然、陸地であったと考えられます。このような遺跡を基に、ここに示しているような湖岸線の復元が、全部が全部、正しいかどうかは別として、ある程度正しいのではないかと考えております。

　そののち、徐々に琵琶湖の水位が増えてきて遺跡が沈んでしまう。現在ですと、粟津湖底遺跡や赤野井湾遺跡は、水深下二メートルか三メートルぐらいに存在しているというのが、ほとんどの湖底遺跡の状況ではないかと考えます。

一番初めに紹介しました湖北町の葛籠尾崎湖底遺跡は、葛籠尾崎の東側の湖底にあります。湖底から引き揚げられた縄文土器は、すごく状態の良い土器です。西日本の縄文土器は、破片で出土する場合が多いのです。西日本の縄文遺跡では、完形品がごろごろ出てくる遺跡はあまり見つからないので、こういった点でも非常に珍しいのです。

謎の葛籠尾崎湖底遺跡

写真2は、葛籠尾崎湖底遺跡の湖底の様子で、縄文土器ではなく、新しい時代の土器が写っています。この写真のように完形の土器がごろごろと沈んでいます。この遺跡から出土する完形の土器は、漁師さんの網に引っかかって上がってきたのです。

先ほど湖底遺跡というのは、もともと陸地であったところが、どんどん水かさが増えて沈んだと言ったのですけれども、葛籠尾崎湖底遺跡周辺の地形というのは、一番深いところに土器が最も多く出土するところなのです。図3の断面の横に水深表示がありますが、葛籠尾半島の横が水深が六十メートル、七十メートルと琵琶湖の中でもすごく深いのです。

そこから土器が出土してくるので、六十メートル、七十メートルに、もし昔の人が住んでいて、そのあとに水がたまったとしたら、ものすごい量の水がたまらないと現在のような状況は生まれない。また、湖底の断面図にあるように地形的には、湖底の断面形がV字形ですので、その一番下の部分に人が生活できるような平坦な土地はなく、なかなか住めるようなところでないというので、いろいろな意見はあります。おおよそ半島のどこかに遺跡があって、そこから何らかの要因で転がり落

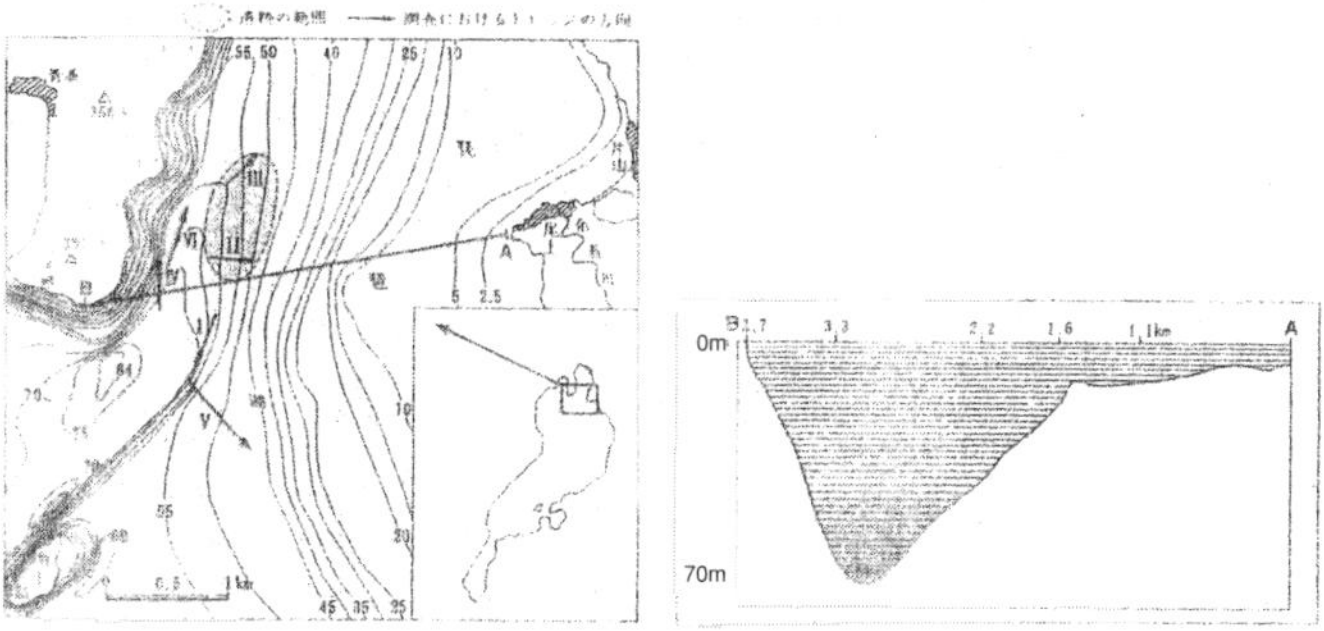

図3　葛籠尾崎湖底等深断面図（『水中考古学入門』1982より）

写真1　葛籠尾崎遠景

写真2　葛籠尾崎湖底遺跡土器出土状況
（滋賀県教育委員会提供）

ちたというふうに考えられております。

縄文時代より後の時代ですと、近くに竹生島がありますので、神さまとの関係などのお祭りに関連して、舟に乗って、湖へ完形を投げたということも考えられないこともないかもしれません。

先ほど丸木舟の話が出たときに、琵琶湖の丸木舟というのは縄文時代前期に出現しますが、ほかの都道府県でも早期までさかのぼる丸木舟はありません。写真3の土器は見にくいのですが、右隅に尖り底の土器が二つあります。これは丸木舟が出現する以前の縄文時代早期の土器です。丸木舟はまだありませんので、丸木舟に乗って湖に投げ込んだということは、たぶんないだろうと思います。

写真3　葛籠尾崎湖底遺跡出土土器

縄文時代の食生活—粟津湖底遺跡—

今度は一変して、すごい南の端までいきます。大津市粟津湖底遺跡です。先ほど報告されました瀬口さんも調査されているのですが、この遺跡は多くの重要な点があります。今回は、二点に絞りお話させていただこうと思います。

写真4は、粟津湖底遺跡の調査区の遠景です。先ほどお話いたしましたように当然、湖の底にありますので、このように矢板で囲って水を抜いて、調査しているわけなのです。調査は平成二、三年だったかと思います。画面は十五年ぐらい前に新聞の一面に載った写真に近いのではないかと思います。現在は、全国的に有名な貝塚になっています。

写真4　粟津湖底遺跡遠景
（滋賀県教育委員会提供）

写真5　粟津湖底遺跡第3貝塚（同上）

写真6はクリ塚というのですが、どれがクリかわからない。しかし、クリを捨てて、たまった縄文時代早期のものです。表1の年表で言いますと、早期の一万年前から、六千年前と長い間ですけれども、前後二つに分けると前半部分のほうです。

このクリ塚の中をよくよく見ていくと、当然ク

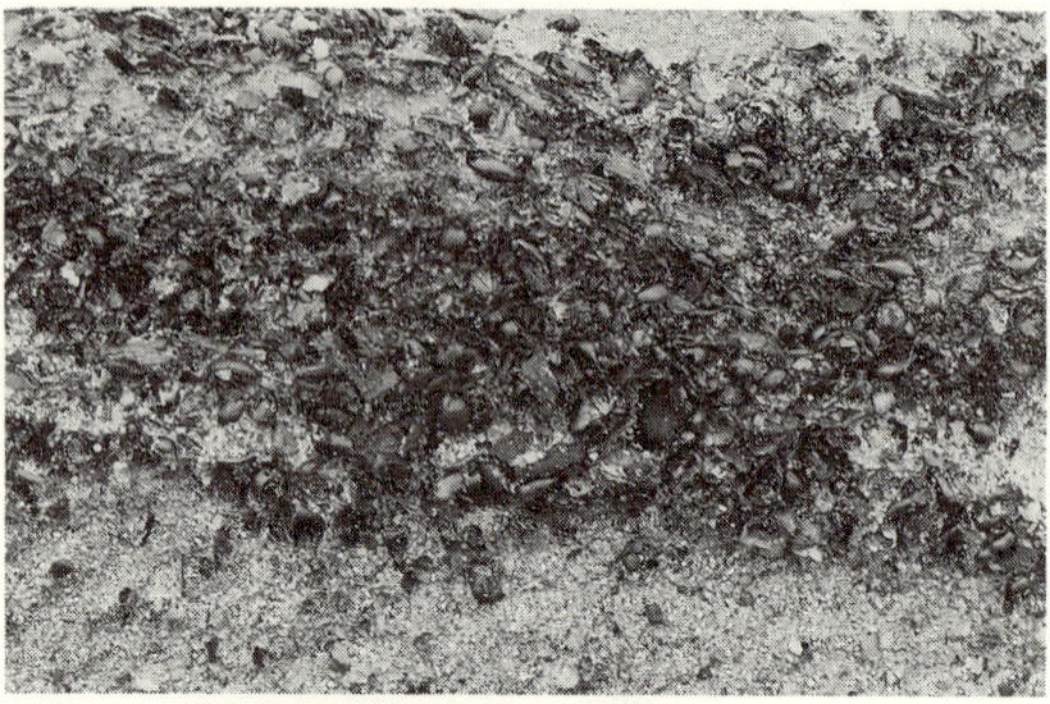
写真6　粟津湖底遺跡第3貝塚　植物層
（滋賀県教育委員会提供）

リがある。それ以外にオニグルミとか、あく抜きの必要なドングリやアラガシ、コナラというものが多く出ています。縄文時代早期の食生活を研究する上で、重要なものです。

二点目は、縄文時代の中期初め、年表には戻りませんけれども、いまから五千年前ぐらいになる第三貝塚では、画面のよう貝、貝殻、貝ばかりが出ているのです。そのなかから貝以外にも、木の実も出ています。貝に関しましては、ほとんどセタシジミです。

ここからが粟津第三貝塚についての、本論になります。図4に粟津第三貝塚の縄文時代中期の人たちがどういうものを食べていたかというカロリー計算された図があります。それをよく見ると、貝塚と言いながらトチの実、ヒシ、イチイガシ、こういうドングリとかトチなどの木の実だけで五十パーセント以上あって、その次にシジミ、ギギ、ナマズ、コイ、フナなどの水産資源が多く、シカ・イノシシなどの動物食というのはほとんどないということが、縄文時代中期の食生活の実態であるということがよくわかったという点です。これはすごい成果でした。

縄文時代早期前半と比べて見ますと、先ほど言いましたようにクリとかドングリ類だけで、中期の貝塚には、ドングリ類に比べて魚が出てきているということが大きな特徴です。さらに木の実の利用にも変化が見られます。図5はドングリをどうやって食べるかということを渡辺誠先生が示したものです。ちょっと見にくいかもしれないですが。

図の上段は、落葉広葉樹林帯といって、葉が秋になったら色が変わって落ちるような森にあるようなドングリです。これらは充分にあく抜きをしなければいけないのです。通常だと水晒《さら》しを行い、あと熱処理ですね。土器などに入れて、加熱するということだけなのです。下段のほうに、先ほど名前のあがったイチイガシは、あく抜きなしで、生食可能です。早期前半に比べて、そのまま食べられるドングリの利用が多くなっています。

トチは、あく抜きが木の実の中でも難しくて、水晒しと加熱のあとに灰などで、アルカリ分で中和しないといけない。先ほど言いましたように、縄文時代早期にはトチの実は利用していないのです。なぜ手間の掛かるトチの実を使うかと言うと、

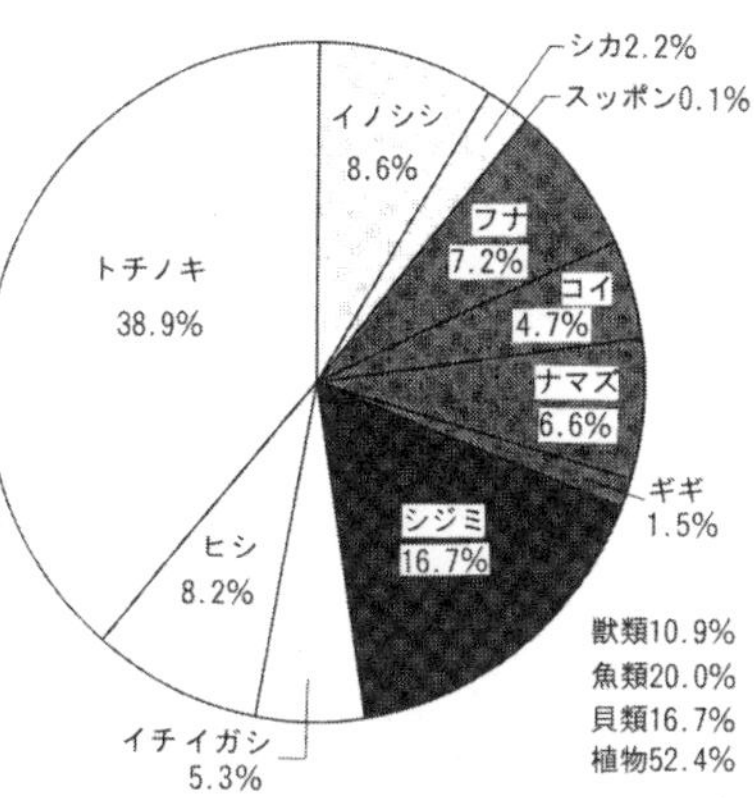

図4　粟津第3貝塚のカロリー比
（滋賀県教委・㈶滋文保1997より）

保存がよく利くということです。
　粟津湖底遺跡と同じ調査区で、縄文時代早期の初めごろですと、クリや若干あく抜きが必要でも、コナラ、ミズナラなどの比較的アク抜きの簡単なドングリを使っていたのが、中期になるとあく抜きの技術も完成され、保存食を持っている。さらにイチイガシという、あく抜きの必要がないものがある。ということは植生や環境変化がみられるということです。そういったことが粟津湖底遺跡のなかでは、よくわかったということです。

琵琶湖の漁業の開始

　湖辺の遺跡を見たときに画期というのが二つあります。一つ目の画期、これは瀬口さんの画期と違うので討論で問題になるかもしれませんが、縄文時代早期末の条痕文土器文化、だいたい六千年前より少し前ぐらいです。写真7には、尖り底の

<table>
<tr><th>民俗分類</th><th colspan="2">属</th><th>種（出土例）</th><th>民俗調査例のあるもの</th><th>森林帯</th><th>他の堅果類</th></tr>
<tr><td>A．クヌギ類
アク抜き伝承の途絶えたもの</td><td rowspan="2">コナラ亜属</td><td rowspan="4">コナラ属</td><td></td><td></td><td rowspan="2">落葉広葉樹林帯（東北日本）</td><td rowspan="2">クルミ
クリ
トチノキ</td></tr>
<tr><td>B．ナラ類
水さらし＋加熱処理</td><td>ミズナラ
コナラ</td><td>ミズナラ
コナラ</td></tr>
<tr><td>C．カシ類
水さらしのみ</td><td rowspan="2">アカガシ亜属</td><td>アカガシ
アラカシ</td><td>アラカシ・シラカシ・ウラジロガシ・オキナワウラジロガシ</td><td rowspan="4">照葉樹林帯（西南日本）</td><td rowspan="4"></td></tr>
<tr><td rowspan="3">D．シイ類
アク抜き不用</td><td>イチイガシ</td><td>同左</td></tr>
<tr><td colspan="2">シイノキ属</td><td>ツブラジイ・スダジイ</td><td>同左</td></tr>
<tr><td colspan="2">マテバシイ属</td><td>マテバシイ</td><td>同左</td></tr>
</table>

図5　ドングリの分類（渡辺1983より）

土器などの土器がいっぱい並んでいます。この土器は海にある二枚貝の貝殻の背部分を使って、文様を付ける条痕文土器と言われる土器なのです。滋賀県だけではなく、近畿地方でいっぱい出土するのです。その土器が出てくる縄文時代早期の終わりになると、先ほど言いました石山貝塚、赤野井湾遺跡、弁天島遺跡というと遺跡のように内湖とか琵琶湖岸周辺、瀬田川周辺でも遺跡の数が多くなります。ここがたいへん重要です。

写真7　赤野井湾遺跡出土条痕文土器

琵琶湖で初めて漁業が始まったのはいつかというと、この時期なのです。粟津湖底遺跡のなかで早期前半のクリ塚がありますね。そこからは魚の骨は出土しないのです。だから本格的に漁業が始まったのは、早期末の約六千年前頃より少し前になります。

その証拠は何かと言うと、当然、滋賀県最古の貝塚である石山貝塚から出た貝や魚の骨もそうですし、赤野井湾遺跡、米原市磯山城遺跡でも魚の骨が出土しています。それが直接的な証拠です。

次に間接的な証拠は何かと言うと、写真8・

写真８　赤野井湾・粟津湖底・水茎遺跡出土石錘

９にある石錘と土器片錘と呼ばれる道具があるのですけれども、網谷先生が民族例という事例で、漁業用の網に発泡スチロールの浮きをつけているとおっしゃられました。それを石でつくったもので、自然の石の両端を打ち欠いて、そこに網の紐をくくりつけ、網の錘《おもり》にします。石以外に土器片錘があります。土器片錘は、土器の割れた破片を丸く加工して、両端に石錘と同様に切目を入れた網の錘です。そういった錘が出てきていることが重要な証拠です。

　次に石山貝塚を見ていると、貝塚出土の貝はほとんどセタシジミなのですけれども、そのなかには海で採れるような二枚貝とか、記憶があいまいですけれども、魚のエイの骨なんかもあったかと思います。そういった海産の貝とか魚の骨が出てくるというのと、玦状耳飾といって、直接中国大陸につながるのかどうかわからないのですけれども、中国大陸に似たものがある耳飾りなんかも出土します。入江内湖遺跡では、時期が違うかと思うのですが、マグロの骨なんかも出ています。

水産資源に対するアプローチの始まったのが早期の終わりであって、その文化というのは琵琶湖だけではなくて、海とのつながりも非常に強いということが特徴となります。この部分を覚えていただければけっこうです。

それでは、縄文時代早期の石山貝塚や弁天島遺跡を紹介していきます。石山貝塚は、滋賀県で一番古い、最古の貝塚です。これより前の時代の遺跡には貝塚はありません。

写真９　弁天島遺跡出土土器片錘

貝塚の中に子どもや大人が屈葬された墓なんかも出ています。これらは滋賀県下、最古の人骨です。滋賀県最古の人骨は石山貝塚のほか、米原市磯山城遺跡でも出土しています。このころの墓のなかには、貝の首飾りなんかも付けていて着装品などもあります。

石山貝塚の貝層には、先ほども言いましたけれども、赤野井湾遺跡と同様に、石を焼いて調理施設として使った集石遺構が見つかっています。この写真10は最近の調査の貝層の写真で、一番いい状態の貝層というのは戦後すぐのとき（昭和二二年から二三年）に発掘調査されたものです。手元に良い図版がなかったので、

写真10　石山貝塚貝層

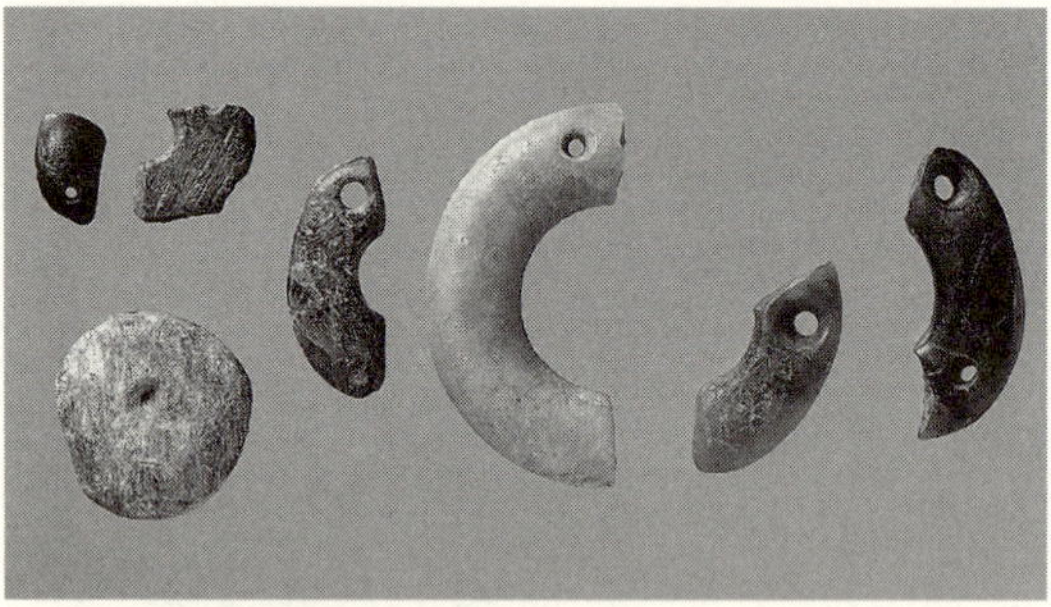

写真11　弁天島遺跡出土玦状耳飾と玉
（滋賀県教育委員会提供）

最近の貝層の写真を使いましたが、石山貝塚は、石山寺の境内にありますので、今はもう貝層は見られないと思います。

安土山ふもとの弁天島遺跡で、玦状耳飾が出土しています。この遺跡では、玦状耳飾が十四点、未成品が一点、その他に玉類が四点出ています。県内での出土数は一番多いです。さらに全国的に見ても、縄文時代早期から前期初頭の福井県あわら市桑野遺跡に次いで多いと言われています。

低湿地型貯蔵穴の登場

ここからは、二つ目の画期の説明にいきます。二つ目の画期というのは瀬口さんのお話のなかにもあった画期ともダブるのですけれども、縄文時代中期の終わりから後期にかけて遺跡が増え、丸木舟の出土数も増えてきます。

その頃の遺跡は、県下のいろいろな場所で遺跡がつくられます。そのなかで水辺の遺跡として、先ほど紹介しました弁天島遺跡のすぐ横に遺跡があります。安土山のふもとの竜ヶ崎A遺跡です。この遺跡では、写真12にありますように縄文時代中期の平面形が丸くて、直径五十センチか六十センチの半分を掘った状態の貯蔵穴が見つかっています。断面形をみると部分的には、袋状になっています。瀬口さんの話に出た木の実の貯蔵穴です。

写真12　竜ヶ崎A遺跡出土貯蔵穴
（滋賀県教育委員会提供）

写真12は低湿地型の貯蔵穴で、穴の底あたりから少し水が湧いているような様子があります。このような低湿地型の貯蔵穴は、地下水位が高いところで水が湧いているところもあれば、山から流れてきて水がたまるところもあり、

ドングリやトチなどを水につけて一時的に貯めておくような施設です。ドングリなどを取り出したあとに壊れた土器の破片を捨てるためのごみ穴として使っています。

この頃になると豊富な木製品が出土するようになります。縄文時代早期の遺跡ですと、木製品はあまり出土しないです。木をちょっと加工したようなものだけなのです。縄文時代中期末から晩期にかけては、木器の種類が増加します。特に後期の終わりから晩期には、様々な漆を塗った弓、篦《へら》状木製品と言われる琴なのか織物の道具なのかいろいろな説がある用途のわからないものなどの特殊な木器が出現します。

最後の遺跡になりましたが、縄文時代晩期の滋賀里遺跡について紹介します。この遺跡を紹介する予定になかったのですけれども、事前の打ち合わせのなかで、網谷先生が木器の製作のことについてお話をされていたので、滋賀県でそのような遺跡がないかと探しますと滋賀里遺跡しかありませんでした。

滋賀里遺跡と木器生産

滋賀里遺跡は、滋賀県有数の縄文時代の墓地であり、写真13にもありますように屈葬人骨が出土する土坑墓、土器の中に新生児の骨を入れたり、二次葬といって遺体を骨にした後、骨を入れた土器棺墓というもので構成されています。全部で百基以上あり、いわゆる集団墓地です。

遺物では、石刀、石棒です。写真14の右側は、石刀ですね。画面では、断面形がわからないのですけれども、刀みたいな刃をもっております。また、断面形が本当に丸い棒みたいなものは石棒といいます。写真14左側にあるように文様があるものもあります。お祭りの道具に使われているというのですけれども、実際どんな使われ方をしたのかというのは、まだよくわかっていません。

土器では、東北地方や北陸地方の土器がよく出土するということです。写真15の中央の土器は、いろいろな文様が入っています。これは、東北地方の大洞式土器という土器の特徴をもっています。ただし、微妙に底のつくり方とかが東北地方の土器とは違うので、この滋賀里遺跡周辺のどこかで作ったということがわかっています。こういった様々な東北、北陸、特に日本海側地域の

写真13　滋賀里遺跡墓地
（滋賀県教育委員会提供）

写真14　滋賀里遺跡出土石棒・石刀

写真15　滋賀里遺跡出土土器

土器がよく搬入されています。

あまり注目されないですけれども、貝塚（層）があるのです。貝塚（層）というと、どうしても先ほど説明しました、縄文時代早期の終わりの石山貝塚が特に有名なのですけれども、この滋賀里遺跡でも貝塚（層）があります。貝塚（層）の規模はすごく小さくなってきて、水産資源への依存度が減ってきています。

貝塚の中から出てくる魚の骨をみますと、縄文時代早期や前期ですと、石山貝塚からエイが出土するとか、入江内湖遺跡からマグロが出土するとか、海の地域のものが出土しています。晩期になると一切出ない（滋賀里遺跡では、海水産のスズキが出土しているが、淀川を遡上した可能性が指摘されている。丸山二〇〇六）。淡水の琵琶湖で採れる魚だけになります。非常に魚への依存度が減ってきているということがわかっています。もうすぐ稲作という、コメを食べるという時期にきていますので、それとの関連があるのかもしれないです。

最後に滋賀里遺跡の特徴というのは、木器の製作工程がわかるということです。写真16は何か木がいっぱい集まっているとお思いでしょう。これは石斧の柄とか、丸木舟を漕ぐときの櫂《かい》をつ

写真16　滋賀里遺跡木材集積場（滋賀県教育委員会提供）

くるための原材料をためている木器の貯蔵場所の写真なのです。こういった木器製作の原材料の貯蔵とか、木器の半成品とかが見つかっているのは、滋賀県内ではここだけです。ほかにはありません。

報告書の観察から石斧の柄の製作方法を見ていくと（図6）、一番始めは、だいたい長さが七十センチから一メートル程度の大きさに木を切りまして、この段階では、断面の形が円形になっています。この状態で貯蔵しているのです。石斧の柄を作る前になると、円形の原材料を八分の一とか四分の一に割って適当な大きさにして、次に全体の形を整えた半製品をつくります。ここでは、まだ石斧を差し込むための穴は貫通していません。最後に使用する直前になって穴を貫通して完成します。完成すれば、穴に石斧を差し込んで伐採します。今まで述べたのは石

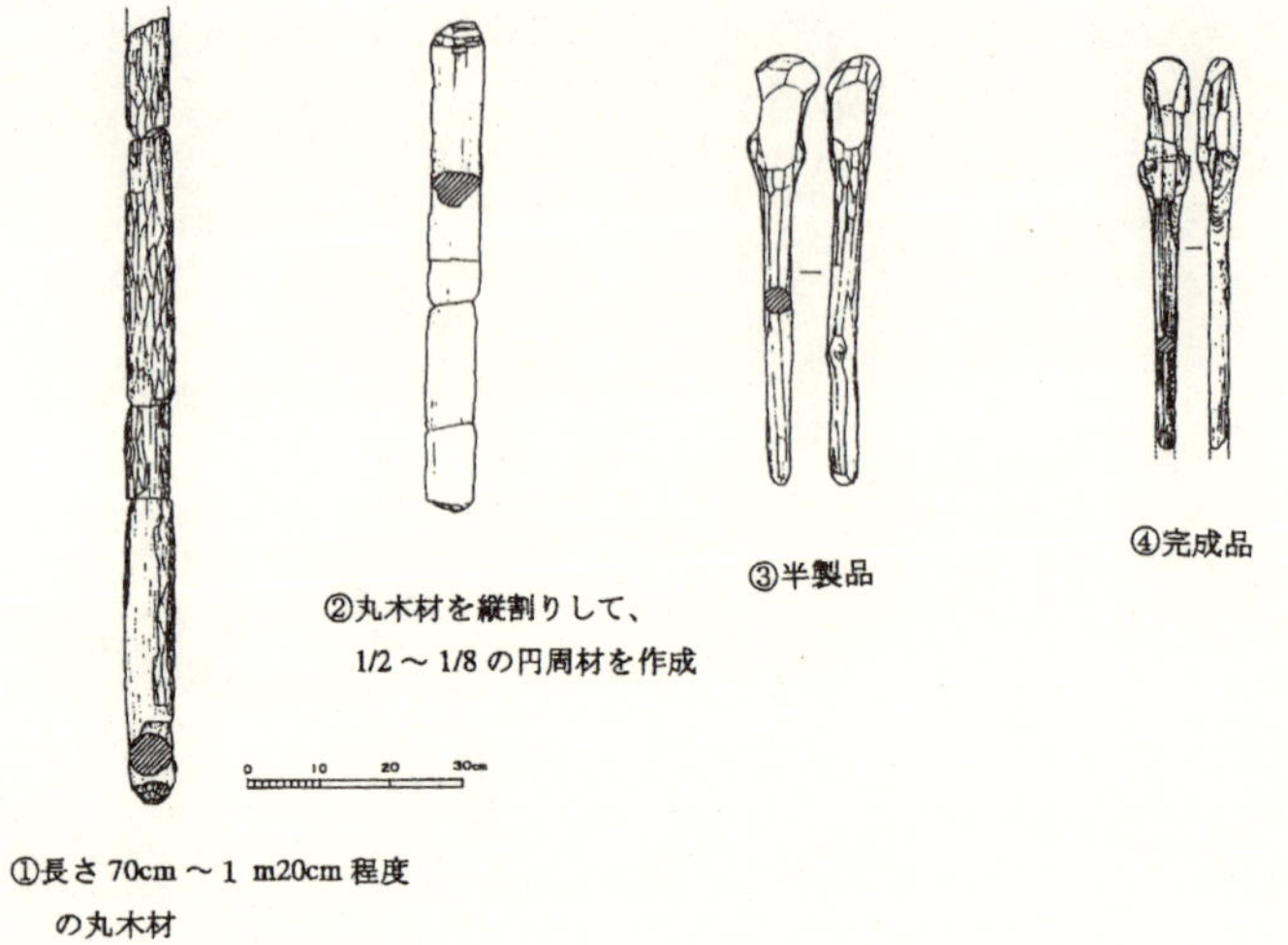

図6　石斧柄の製作工程

斧柄の製作工程ですが、その工程がわかる、そういったものが見つかっています。

伐採用石斧の変遷

図7は、柄に対応する滋賀県下の木を切る道具である磨製石斧の変遷図です。磨製石斧について述べます。磨製石斧というのは、縄文時代では定角式といって、図にありますように、石斧の側縁が平坦で、断面形が四角形を想像していただければいいかと思います。そういう形が定角式の石斧の特徴です。一方、断面が丸くて、刃でなく、基部が三角形になる石斧が乳棒式（形）の石斧で、大きくこの二種類があります。

これらの石斧は、滋賀県下で見ていくと、縄文時代の早期の終わりぐらいでは、この両方ともありません。扁平な石の先端をちょこ

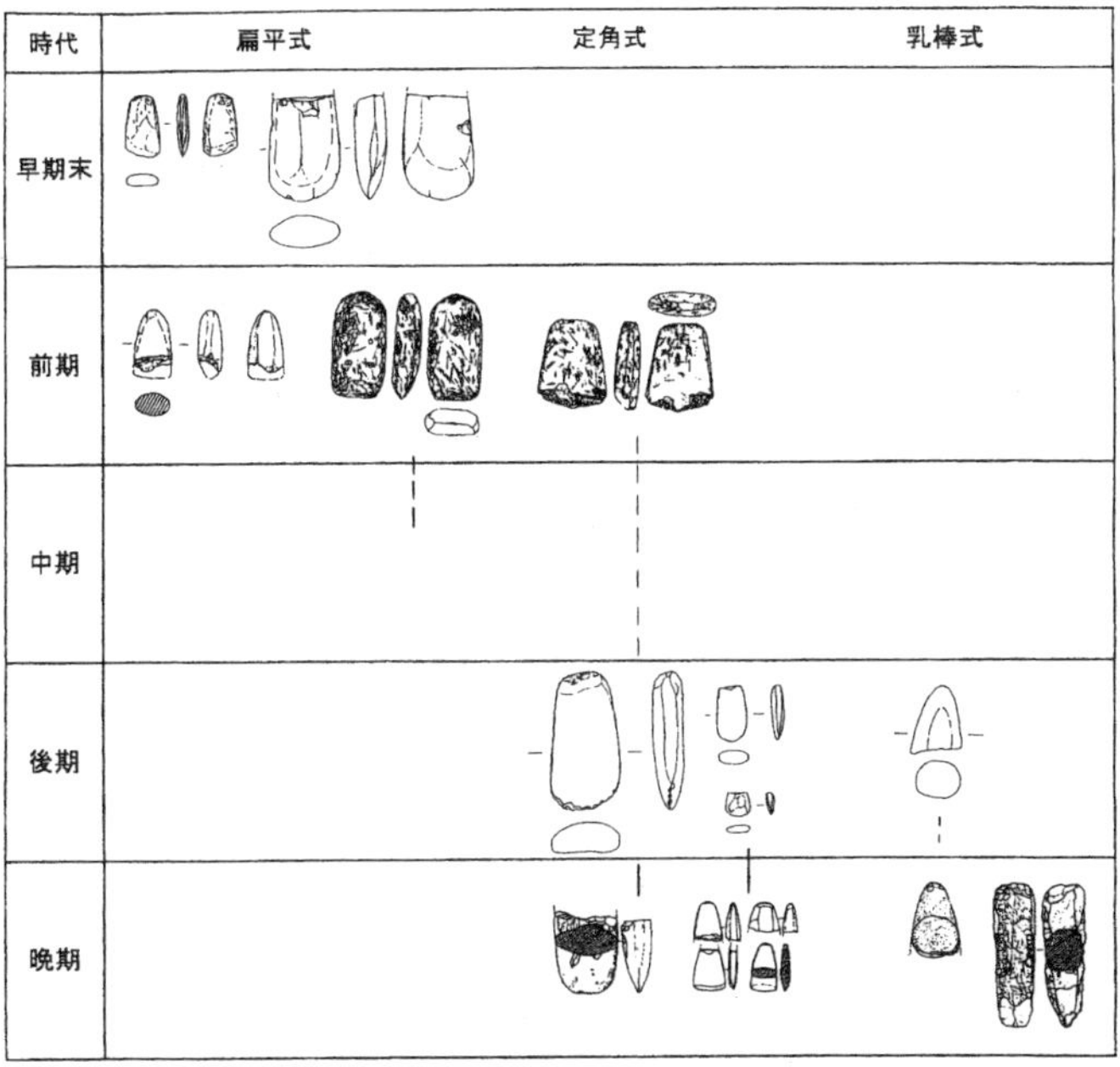

図7　磨製石斧の変遷（早期末：赤野井湾遺跡　前期：上出Ａ遺跡　後期：小川原遺跡　晩期：滋賀里遺跡）

ちょこと磨いてつくったような簡単な石斧で、大きさにしては五センチ、六センチぐらいの小さいものから、少し大きめで十センチ前後です。もう少し大きいのもあるかもしれないですけれど。そういった石斧が早・前期の間はずっと続きます。

　定角式というのは、滋賀県内の遺跡では、作っているかどうかわからないですけれども、縄文時代前期のころには出現しているかもしれません。図の中では縄文時代前期としてある定角式の石斧は、この石斧が出土した遺跡の調査担当者に聞くと、縄文時代中期の終わりのものかもしれないということなので、滋賀県での出現はもうちょっと新しくなるかもしれません。周辺の京都府などを見ますと、前期ぐらいになって、定角式の石斧は出現しているのではないかと考えられます。その後、中・後期の間は、この定角式の磨製石斧がほとんどを占めます。この時期、乳棒式はほとんどありません。晩期になると定角式、乳棒式が増えてくるという傾向にあります。

細かい点については、討論のなかでお話させていただきたいと思います。最後に一つ宣伝だけさせていただきたいのです。先ほど網谷先生の丸木舟のお話のなかで、北西ヨーロッパの丸木舟の研究のなかで、丸木舟と準構造船というもの以外に、部材を付けた丸木舟があるのでないかということをおっしゃられたのですけれども、調査整理課の報告会で、二十日に、その部材を付けた丸木舟を整理課のなかで展示します。もしよろしければ、二十日の日に見にきていただければと思います。

これで終わらせていただきます。どうもありがとうございました。

参考文献

財団法人滋賀総合研究所編『びわ湖と埋蔵文化財』水資源開発公団琵琶湖開発事業建設部　一九八四
大江慶雄『水中考古学入門』日本放送出版協会　一九八二
渡辺　誠『考古学シリーズ4　縄文時代の知識』東京美術　一九八三
丸山真二「近畿地方の動物遺存体」『第七回関西縄文研究会　関西縄文人の生業と環境』関西縄

文文化研究会　二〇〇六
『湖西線関係遺跡報告書』滋賀県教育委員会　一九七三
『琵琶湖開発事業関連埋蔵文化財発掘調査報告書Ⅰ　粟津湖底遺跡第3貝塚（粟津湖底遺跡Ⅰ）』滋賀県教育委員会・財団法人滋賀県文化財保護協会　一九九七
『琵琶湖開発事業関連埋蔵文化財発掘調査報告書2　赤野井湾遺跡』滋賀県教育委員会・財団法人滋賀県文化財保護協会　一九九八
『ほ場整備関係遺跡発掘調査報告書29—1　弁天島遺跡』滋賀県教育委員会・財団法人滋賀県文化財保護協会　二〇〇二
『ほ場整備関係（経営体育成基盤整備）遺跡発掘調査報告書33—1　竜ヶ崎A遺跡』滋賀県教育委員会・財団法人滋賀県文化財保護協会　二〇〇六

四　シンポジウムの論点とまとめ

小竹森　直子

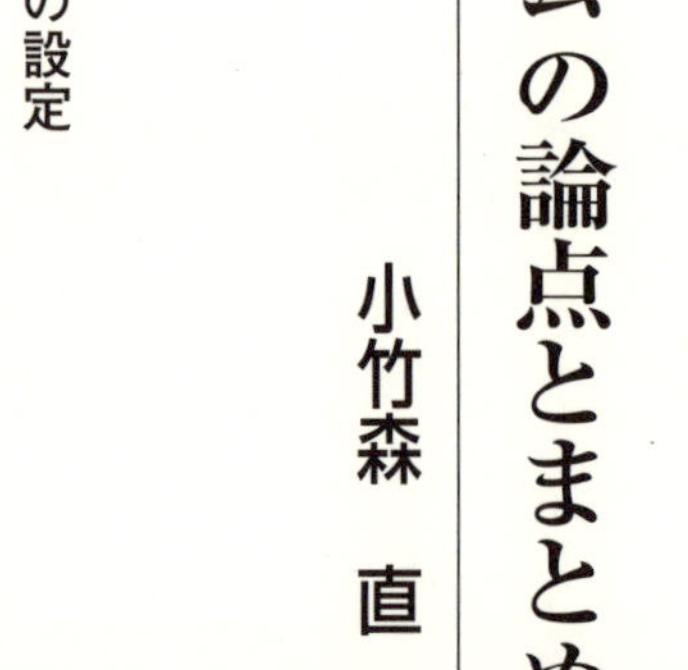

シンポジウムの論点・テーマの設定

シンポジウムでは、網谷克彦先生による基調講演と当協会瀬口眞司・中村健二両名による事例報告の後、三氏をパネラーとする討論を行いました。その内容については、ここで討論の経過と論点を整理してまとめることによって、紙上再現にかえたいと思います。

約一時間という短い時間の中での意見交換となることから、その論点を明確にして円滑に進行するために三つのテーマを設定しました。第一のテーマは、「丸木舟は、なぜ、どうして作られたのか?」です。ここでは、丸木舟が出現する背景や丸木舟を生み出した動機・契機と植生を主とする自然環境や丸木舟作りに必要な木工技術や石器などの木工具類の変化との間に関連性があるのか、ないのかを探ります。第二のテーマは、「丸木舟は、どう使われたのか?」です。これは、運ぶ道具である丸木舟の機能面から丸木舟を評価しようとするテーマです。そして、最後に「丸木舟の役割は何か?」ということで、縄文時代の社会や生産活動などのライフスタイルにおける丸木舟の果たした役割を探るテーマを設定し、討論を進めました。

丸木舟は、なぜ、どうして作られたのか

丸木舟作りには、その材料である丸太木材を入手することが必要ですが、どんな種類の木でも良い、というわけではなさそうです。全国から出土した丸木舟の内、樹種が判明しているものを見ると、東日本ではクリ、日本海沿岸地域ではスギ、琵琶湖周辺ではモミが丸木舟の材として多く選ばれています。琵琶湖周辺の遺跡での花粉分析結果からは、縄文時代早期後葉（約六三〇〇年前）には落葉樹林からスギが混じる照葉樹林へと代わり、丸木舟が増加する後期〜晩期（約三〇〇〇年前）にはスギが急増すると考えられていますが、モミの状況はあまり良くわかっていません。したがって、琵琶湖周辺の植生環境からは、なぜ、琵琶湖周辺の地域ではモミで丸木舟をつくるのか、といった疑問に対して納得できる説明はできません。ただ、今のところ花粉分析による植生復元が湖辺の低湿地にほぼ限定されていることから、モミの生育が可能な平野部や扇状地・丘陵地での植生環境の分析・研究が新たな成果をもたらす可能性があり、花粉が残りにくい場所では炭化材での樹種同定が有用な方法となることを中村が紹介しました。

次に、木工技術や木工具の変遷と丸木舟の出現との関連性については、中村からは、丸木舟の

出現・製作と石斧の形の変化には明確な連動性はないとの考えが示されました。網谷先生からは、世界的な民族例から見ても、丸木舟つくりの工程の中でも特に丸木を半分に割るのにはカケヤと楔を使うのが最も効率的なので、石斧への依存度をそれほど高く考える必要はないのかもしれない、との指摘がありました。その上で、立木を切り倒す伐採具としての石斧の出現は技術的な画期の目安となることから、縄文的な石斧が出揃う縄文時代早期以前の草創期に遡る丸木舟が発見される可能性は低いのではないかとの想定も示されました。また、ヨーロッパでの研究でも指摘されているように、日本でも技術的には後期旧石器には丸木舟が出現してもおかしくない状況にあり、丸木舟の材料として優先的に選材される樹木が繁茂する植生環境であったのに、なぜ縄文時代草創期以前には丸木舟が作られなかったのでしょうか。言い換えれば、縄文時代早期後葉〜前期において丸木舟を作り出す契機は何だったのか、ということです。自然環境や技術的な変革が契機であると言うよりは、水産資源・生産の場としての水環境への関心の高まりが、水産資源の活用と水辺・水面への移動手段としての丸木舟を出現させた、とする網谷先生の指摘は、第二・第三のテーマにも大きく関わっていきます。

丸木舟は、どう使われたのか

人や物資の運搬具＝乗り物としての丸木舟の最大の特徴は、水面を移動し、水で妨げられた地点を結ぶことができる道具であると言うことです。県内での縄文時代の主たる石材の産地を見ると、黒曜石では縄文時代前期初頭までは島根県隠岐産、前期中葉以降中期には長野や東京都神津島産、サヌカイトでは縄文時代後期前半までは大阪府と奈良県境に拡がる二上山産が主体ですが、後期後半以降香川県金山産が四割程度になるといった、海を隔てた地域との広範囲な物流について中村氏から説明しました。また、遺跡での石材の残り方を需要と供給の視点から分析した瀬口は、縄文時代中期中葉までは限られた資源を可能な限り利用したことを示す小さな石屑しか残っていなかったのが、丸木舟が普及する中期後葉以降、利用可能な大きな石屑が残っているという状況の変化を、供給量が少ない中での節約・倹約型の消費から大量物資の運搬を背景とした浪費型への転換を示す現象とし、物資供給量の増大と丸木舟の普及を関連付ける見解を述べました。

次に、丸木舟の形と機能との関連性については、「琵琶湖本湖と内湖、あるいは外洋と内水面とでは丸木舟の形に違いはあるのでしょうか?」との質問から始めることにしました。琵琶湖の丸木舟の形態的な特徴は、網谷先生からは縄文時代早期末葉〜晩期にいたる数千年間の長期間に亘り、舟底断面形が円弧状のままで箱形に変化しないこと、瀬口からは概ね舷側の立ち上がりが浅い点が揚げられました。網谷先生の三方湖・若狭湾周辺での分類によれば、「快速長距離軽量型」が作り続けられていたことになりますが、瀬口はこれらの丸木舟は基本的には内湖と河川を使った水辺のムラや生産活動の場と内陸部のムラとの移動＝日常的な通勤に使用された乗り合いバスのようなものであり、集落展開とも連動しているとしました。これに対し中村は、外洋仕様の丸木舟と比較すると琵琶湖の丸木舟は規模が小さく内湖中心で使用されていたことは間違いないだろうが、川を使った移動については疑問があるとの意見を出し、この評価の違いは、次の論点にも持ち越されます。丸木舟の形態・機能については、丸木舟が使用される水環境の変動と連動しており、この視点から琵琶湖の丸木舟を評価すると、水環境の変化が少ない本湖での使用が前提であるからこそ形態の変化がない、との網谷先生の見解が丸木舟の形と機能の関連性を考える上で、基本となる視点を示していると言えます。

派生した論点──丸木舟を持てるムラ・持てないムラ──

一つの遺跡から複数の丸木舟が出土するのは、琵琶湖周辺では珍しいことではありませんが、果たして同時期には何艘の丸木舟が使われていたのでしょうか。これは、会場からも多くあがっていた「出土した丸木舟は廃棄されたものなのか、使用状況をしめしているのか？」といった素朴な疑問が投げかけた、所有のあり方に対する深遠な問いかけです。三方湖周辺では、櫂六十数点に対して同時期の丸木舟は一艘であったことから、網谷先生は丸木舟は共同体、櫂は家族・個人に帰属するものとし、縄文時代では「一家族一丸木舟」といった所有形態は考えにくいとの見解が示されました。中村からも、縄文時代の琵琶湖周辺では漁業の専業化や大規模な水産資源の加工場があったとは考えにくいことから、丸木舟は家族所有＝マイカーではなく共同体所有だろう、との見解が示されました。瀬口からは、その問いの前に、共同体＝ムラの規模を明らかにする必要があり、現状で見る限り琵琶湖周辺では関東のような大規模な環状集落ではなく数家族の小規模なものなので、家族所有と共同体所有の差に大きな意味の違いは感じられないとの見解が示され、縄文時代・社会における丸木舟の評価に対する三氏の見解・考え方の違いが垣間見えた瞬間でもありました。

さて、縄文時代には工人的職能を生業とする集団が存在していたと考えられており、丸木舟つくりでも、網谷先生言うところの「渡り職人」が丸木舟を必要とするムラに呼ばれ製作に当たっていた可能性があります。ところで、瀬口の言うように丸木舟が湖辺と内陸との移動のための乗り合いバスであれば、内陸部のムラも丸木舟を必要とし、持っていたことになります。内陸部で丸木舟が出土しても良さそうなものですが、実際には県内では発見されていません。果たして、内陸部・平野部のムラの全てが丸木舟を必要としていたのでしょうか？　平野部には平野部の選地メリットがあり、川にも水産資源は豊富なわけであるから、丸木舟を持てないではなく、丸木舟を持たない＝持つ必要がないムラもあると考えるべきとの網谷先生の見解は、縄文時代の集落形成や展開を研究する上でも深い意味を持っています。

丸木舟の役割は何か？

講演・事例報告の中で、また、ここに至るまでの討論の中で、このテーマに対する各パネラーの見解については繰り返し明らかにされてきています。そこで、最後に縄文時代研究における丸木舟の役割をしめした網谷先生のこの発言をもって、このシンポジウム及び本文のまとめとします。

丸木舟そのもの＝形態や機能といった研究は極めて難しいです。しかし、縄文時代のライフスタイルの研究は、生活の手段・道具としての丸木舟のあり方を加味することでより新たな展開を迎えるであろうし、その意味で丸木舟の縄文時代研究における役割は極めて重要なのです。

コラム1

縄文丸木舟の復元

一九八九年の冬、竹生島や葛籠尾崎を望む湖北町尾上浜遺跡から一艘の丸木舟が出土しました。最初は大きな流木かな？と思いましたが、良く見ると斧で加工した痕があることがわかりました。慎重に砂を掘り進めると、ほぼ完全な形の丸木舟が私たちの目の前にその姿を現し、最初に見た部分が丸木舟の舳先部分だったこともわかりました。丸木舟が埋まっていた砂層に含まれる土器の年代観から、縄文時代後期の丸木舟であることは明らかでしたが、三〇〇〇年以上もの時を経たとは思えないほどの鮮やかな木の色や質感、削りたてのような鮮明な加工痕は、今も強烈な印象として残っています。

この丸木舟の最大の特徴は、多くの丸木舟が永年にわたり地中に埋もれていたことから、腐蝕して舷側がなくなったり、変形してしまっている中、ほぼ全形が良好な状態で残っていたことです。そこで、財団法人滋賀県文化財保護協会では、この尾上浜遺跡出土の丸木舟をモデルとして縄文時代の丸木舟を復元し、実験航海を行うことにしました。

丸木舟の復元では、材料となる丸太の確保が最初で最大の課題となります。尾上浜モデルには、長さ六メートル以上、直径六〇センチ以上の真っ直ぐな丸太が必要となります。当時は、まだ樹種鑑定がされていませんでしたが、針葉樹であることはわかっていましたから、スギを用いることになりました。しかし、国産スギは高価である上に、なかなかこれだけの立派な材を入手することは困難でした。そこで、輸入物のアメリカ杉でつくることにしました。

丸太材も無事に確保できて、いよいよ丸木舟つくりです。火を使って舟体内面を焦がして仕上げるなど、こだわりを見せましたが、実験航海に主眼をおいていたこともあり、実際にはチェーンソー等の現代工具を駆使しての製作になりました。一人が丸一日専従したとして実働約一週間要しましたが、縄文時代の石斧などの工具類の作業効率が現代工具の数分の一から十分の一程度だとすると、一～二ヶ月で完成させるためには二～三人の作り手が必要だったことになります。

（小竹森 直子）

復元縄文時代丸木舟の基礎データ

全長	5.56m
最大幅	0.55m
高さ	0.35m
中央部壁厚	5 cm
重量（乾燥）	169.9kg
重量（湿潤）	170.1kg
定員	2名
最大転覆角度（2名乗船時）	40度

第二部　びわ湖と古代人

一　よみがえる縄文時代の丸木舟

中川正人

はじめに

中川です。よろしくお願いします。本日は、梅雨がまだ明けないなか、ようこそ博物館においでいただきありがとうございます。まずは、今日の話の進め方を説明していきたいと思います。

今回は、木製品の保存処理ということにポイントを絞って話をしていきたいと思います。話の順序としては、まず最初に、ここ滋賀県立安土城考古博物館にある保存処理施設を含めた出土文化財の整理調査スペースを紹介します。その次に、木材が埋もれてからどういった経過、プロセスを辿るのか＝木材の劣化のメカニズムを、また、どんな木の種類でどうして木の種類がわかるのか＝木材の樹種鑑定について触れていきたいと思います。

タイトルにもしていますが、「よみがえる縄文時代の丸木舟」では、一九六四年の元水茎遺跡から発掘調査順に長命寺湖底遺跡・松原内湖遺跡・尾上浜遺跡、そして入江内湖遺跡で出土した丸木舟について、その取り上げから保存処理に至るまでの作業内容を説明していきたいと思います。最後に、保存処理の現状と課題ということで、たくさんの木製品を抱える滋賀県が、どのように保存し活用しているかということの専門的なお話になりますが、そういった内容で話を進めていきたいと思います。

保存処理施設の紹介

それでは最初に、保存処理施設の紹介です。ここ滋賀県立安土城考古博物館のなかに、どういった保存処理に関連する施設が用意されているのかをお話ししていきたいと思います。財団法人滋賀県文化財保護協会調査整理課が入っている整理室・製図室では、いろいろな遺跡から出てきた出土品を洗ったり、復元したり、図面を書いたり、写真に撮る準備をしたりして整理しています。室内の作業は、回廊のほうからご覧になれます。

第一収蔵庫は、ここは主に木製品の収蔵庫です。丸木舟が保存処理を待っている状態で並んでいます。丸木舟を保存処理する時には、ＰＥＧ含浸装置という名のステンレスの大きな機械の中に入れます。大きなもの、丸木舟を一艘丸ごと入れることができます。

本日のお話の中でたびたび出てくるＰＥＧとは、ポリエチレン・グリコールという薬品の頭文字からきた名前で、二十キロ入りのセメント袋みたいな袋に入った工業製品です。ＰＥＧを工業の分野では何に使うかといいますと、これを原料に洗剤やシャンプー、石けんなどを製造しています。PEGは水に溶けるロウみたいなもので、われわれの生活に切っても切り離せない商品や分野でたくさん使われています。こういった薬剤をステンレスのタンクのなかに入れ、六〇度ぐらいに加熱し、そして木製品をこのなかに入れ、半年から一年ぐらいかけてゆっくり木製品のなかに滲み込ませます。PEG含浸装置とはそういう機械です。原理的には難しい機械ではありませんが、とにかく時間がかかります。また、ここには真空凍結乾燥装置といった大がかりな機械もあります。

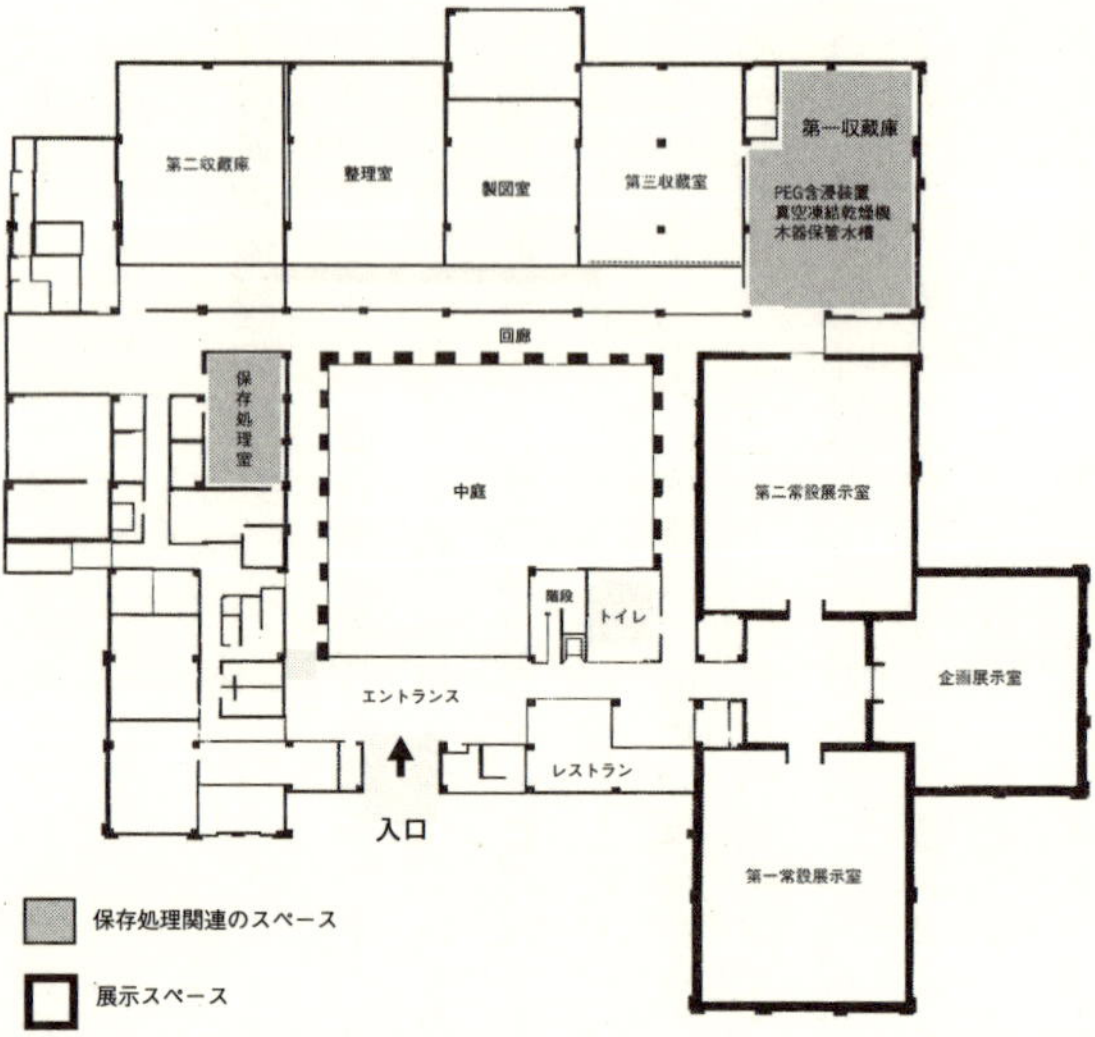

図1　滋賀県立安土城考古博物館の平面図

第二・三収蔵室には、整理調査を待つ遺物や整理調査が終わって報告書が刊行された遺物を収納したコンテナが保管されていますˇ。われわれは、このプラスチックの箱をコンテナと呼んでいます。保存処理の終わったものも、温度、湿度の環境のいいところで保管するというかたちが望ましいわけです。

写真１　第１収蔵室・保存処理前の丸木舟

保存処理室は、いろいろなものが散らかっていますけれども、私は日頃ここで作業しています。エアーブレイシブ装置といって、主に鉄などの金属製品のサビを取る機械や主に金属製品に使うX線写真撮影装置です。われわれも、調子が悪かったり定期的に胸の検査をするときはX線を当てて調べます。それと同じ原理で、剣や刀などサビたものにX線を当てます。下にフィルムを置いておいて、X線を出してフィルムに写し、現像します。サビのなかはどういった構造か、ひび割れが入っているかどうかなどを調べる装置です。

赤外線テレビカメラシステムでは、古代の木簡のように主に木製品で字が書いてあるものや墨書の土器など、墨で書いてある資料に赤外線を当てて、テレビモニターに写します。墨の跡などを鮮明に映し出し、観察し解読するという機械です。

また、写場＝写真スタジオもあります。ここでは報告書に掲載する遺物写真を撮ったり、展示のための図録用の写真を撮ったりしますし、フィルムを現像したり焼き付けたりする暗室もあります。

木材の劣化

次に、木材劣化のプロセスについて説明します。琵琶湖の周りに点在する遺跡から、木製品がたくさん出てきます。いろいろな種類の木材から木製品が作られてきたわけです。そういった木製品が、どうやって劣化し腐るのかということを簡単にお話ししていきたいと思います。

彦根城の北側にあった内湖に面した松原内湖遺跡を発掘すると古墳時代の琵琶湖の湖岸線が出てきました。古墳時代には琵琶湖の岸がだいぶ中にまで入っていて、当時の洪水などで流された木材が岸に着いたまま埋まった状態で、日用品なども出てきました。

こういった木材は、どうして残っているのか。腐植土といいまして、有機質の草や木の葉っぱなどいろいろなものが、腐植土と一緒に泥炭化する。真っ黒い泥となって、密封され木材を守ってくれています。でも、千年、二千年たつ間にゆっくりと木材は劣化していきます。

木材が劣化するのはどうしてか？　その原因と段階は概ね五つに分類されます。まず一番目は、使用中に生じる劣化です。これはあたりまえですけれども、木でできているため、例えばすりこぎのようなものをすり鉢ですっていると、削れて摩滅します。そういった摩滅した跡が、古代に使っていたものについても残っています。そうやって磨り減っていって捨てられます。つまり、人間が使って劣化したものです。

それから二番目は、埋蔵中に生じる劣化です。腐朽菌やバクテリアによって、木質成分であるセルロースやリグニンなどと呼ばれる成分が分解されます。木材の構成要素がだんだん抜けていくのです。抜けてはいくのですが、抜け殻のようにかたちはそのまま保っています。

三番目は、出土したあとの劣化です。われわれが発掘調査して空気にさらすと、急に乾燥したり酸化したり、新しいバクテリアが住みついて食べていったりということで、環境が急激に変わります。そして四番目は、われわれが発掘して取り上げ、大切に保管しています。そのあいだにも、徐々に腐りかけたり乾燥したりということになります。

そして五番目に、これも困ったものですが、われわれの保存処理の仕上がり具合と申しましょうか。いい処理がされたもの、そうでないもの、そして、その後の保管収蔵の状態。また、取り扱いによってさらに変化する場合もあります。木材の劣化には、だいたいこの五つの原因があります。

そのなかで、やはり発掘調査の時点で一番激しい変化が起こります。地下水がたくさん流れているなかに、木製品が埋もれているうちは水があって安泰なのですが、発掘しますと直射日光が当たり乾燥します。どうしても木製品をむき出しにした状態で一週間ぐらい、長いと二週間、三週間と置きます。これが一番悪く、どうしても木製品の内部の水が抜けていきます。

例えば、木製鍬先の表と裏で見てみましょう。表というのは、出土した状態が見える側＝埋もれたときの上側、裏は土に接した側＝下側の状態です。空気に触れる表側はしわが寄ってだいぶ表面が荒れるのに対して、あまり状態が変化していない裏側はまあまあいい状態です。

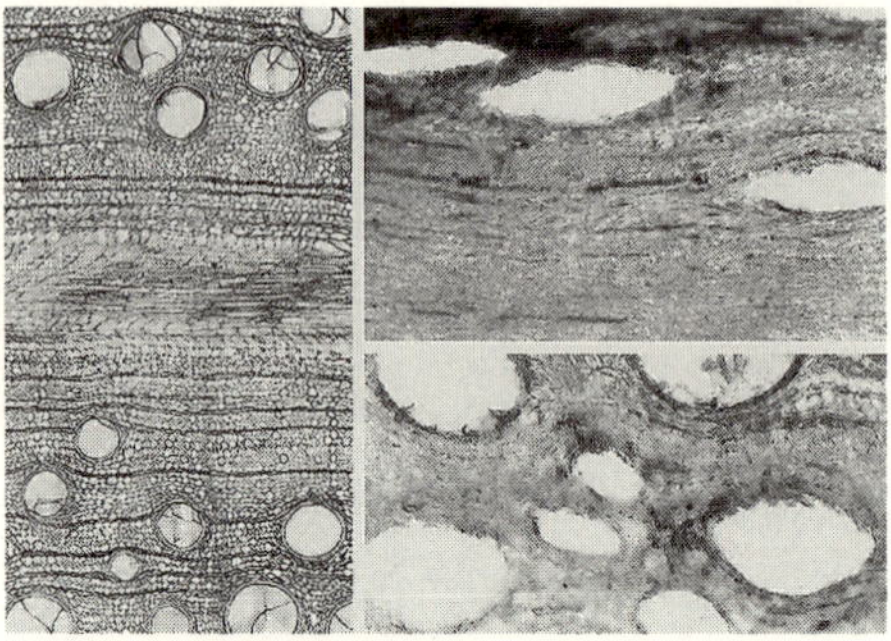

写真２　木材組織の顕微鏡写真
（左：内部　右上：鍬表　右下：鍬裏）

実際に、ここの部分のサンプルを取って薄くして顕微鏡で見てみます。アカガシ亜属という木ですが、出土状態を見ると、相当劣化しています。さらに、表側のほうはこれぐらい収縮して、ほとんど木の細胞がぺっちゃんこの状態になっています。それに比べて裏側のほうは、まだ道管と呼ぶ細胞の丸い穴が残っています。ほんの表面だけのことなのですが、このように激しい変化が見られます。

含水率が六百パーセントのアカガシ亜属の断面ですが、自分の重さよりも何十倍の量の水を吸っています。これを一週間乾燥したら、このように縮んでいきます。かつおぶしのようなものです。放っておいたら、一週間で収縮してしまうということです。そうならないように、発掘したあとは地下の水槽に水を入れて、木製品をなかに入れて日の当たらないところで保管します。

木材の樹種同定

木の種類は、例外はあるのですが、葉っぱの広いのが広葉樹、とんがっているのが針葉樹というように、葉っぱを見れば木の種類はある程度わかります。また、木の肌、樹皮を見ればわかります。しかしながら、遺跡から出てくるものは、加工した材しか出てきません。なおかつ、劣化して真っ黒になっていますから、見た目だけではなかなか木の種類がわかりません。

実際に木を切っていきますと、小口、柾目、板目というのがあり、小口には年輪があります。こういうところを顕微鏡でさらに細く見ていくと、木の種類ごとに細胞の形や配列にいろいろな構造の特徴があります。まず、こうした木のサンプルを取って、分類しておきます。試料をかみそりの刃で薄く薄く、髪の毛の太さよりも薄く、向こうが透けて見えるくらい薄く削っていって、顕微鏡で観察して、その特徴を見極め木の種類を特定する＝同定するのです。

滋賀県内から出土した木製品にどんな材が使用されているのかを統計的に調べると、スギが一番多いようです。半分以上がスギ材です。その次に多いのがヒノキ。スギやヒノキは、やはり古代より建築材としてよく使います。それに対して、農具や工具などの道具類は広葉樹、つまり固い木を使います。土を耕したりするのは、アカガシ亜属の木。もちをつく杵にはツバキなどが使われます。ちょっとした道具の柄などにはケヤキ、サクラ、クリの一種も使われています。このように樹種を調べていくと、その木の道具に応じて適切に使われていることがわかります。ですから、樹種同定するために出土木製品を顕微鏡で観察する必要性があるわけです。

出土木製品の保存処理

次に、本題にだんだん近づいていきます。出土木製品の保存処理工程ということで、出土したら応急処置をして、現場から取り上げて仮保管します。さらに事前調査として樹種同定をしたり、分類したりします。そして、出土木製品の大きさや木の種類、劣化状態、そういったものを総合的に判断して保存処理方針を立てます。そして実際に保存処理に入っていきます。保存処理が完了すれば保存処理機器から取り出し、乾燥、表面処理、保存修復へと進みます。それで最後に、保管・収蔵、あるいは展示・活用という一連の流れになるわけで、専門の職員がこの工程をずっと面倒みていくということになります。その作業内容は、次のようなものです。

まず、木製品は現地から取り上げてから保存処理が始まるまでの期間は、深さ一メートル程度のプールのような地下水槽にいれて仮保管します。丸木舟のような大きなものもあり、移動にはクレーンが威力を発揮します。

ＰＥＧ含浸処理法については、次の丸木舟のところで詳しくお話することとして、ＰＥＧ処理を完了すると機器から取り出す作業をします。取り出したあと、お湯で洗って表面の余分なＰＥＧを洗い流します。保存処理が済んだ直後の木製品は真っ黒ですが、乾燥したあと、漂白作業になります。木製品は、破片の状態でばらばらになっていることが多いので、破片をなくさないようにに処理をし、ザルのなかにあけて乾燥します。

次は保存修復で、ばらばらになったものをゆっくりと時間をかけて接合し、展示できる状態にします。

滋賀県立安土城考古博物館の第一常設展示室では、弥生時代から古墳時代にかけての、木でつくった剣や舟形木製品を展示していますが、こういった小さなものも展示できるように、確実に保存処理を行うことが保存科学の重要な役割の一つです。

よみがえる縄文時代の丸木舟

次に、丸木舟の保存処理という本題に入っていきます。縄文時代の丸木舟は、全国的には千葉県からたくさん出土しています。しかしながら、なかなか現在まで残っているものが少ないように聞いています。保存・展示されているものとしては、福井県鳥浜貝塚の一号丸木舟。舞鶴市の浦入遺跡から二年か三年ぐらい前に出土した丸木舟は、その後保存処理されて、展示されていま す。最近、山陰地方の鳥取や島根で、丸木舟がある程度出てきています。島根県の三田谷遺跡出土の丸木舟は、出土から五年後ぐらいに保存処理されて展示されています。去年は益田市から二艘の丸木舟が出土しています。鳥取県桂見遺跡の丸木舟は、いまから十年以上前に出土したものですが、これも保存処理されて展示されています。今の状況からはこんなところから舟が出るのは不思議に思われるかもしれませんが、東京都の中心部に近い中里遺跡からも丸木舟が出土しています。

滋賀県からは、いま、乾燥して現存しないものも一部入っていますが、二十艘以上の丸木舟が出土しています。実際、どうやって取り上げてきたのかを、古い順番に見ていきます。

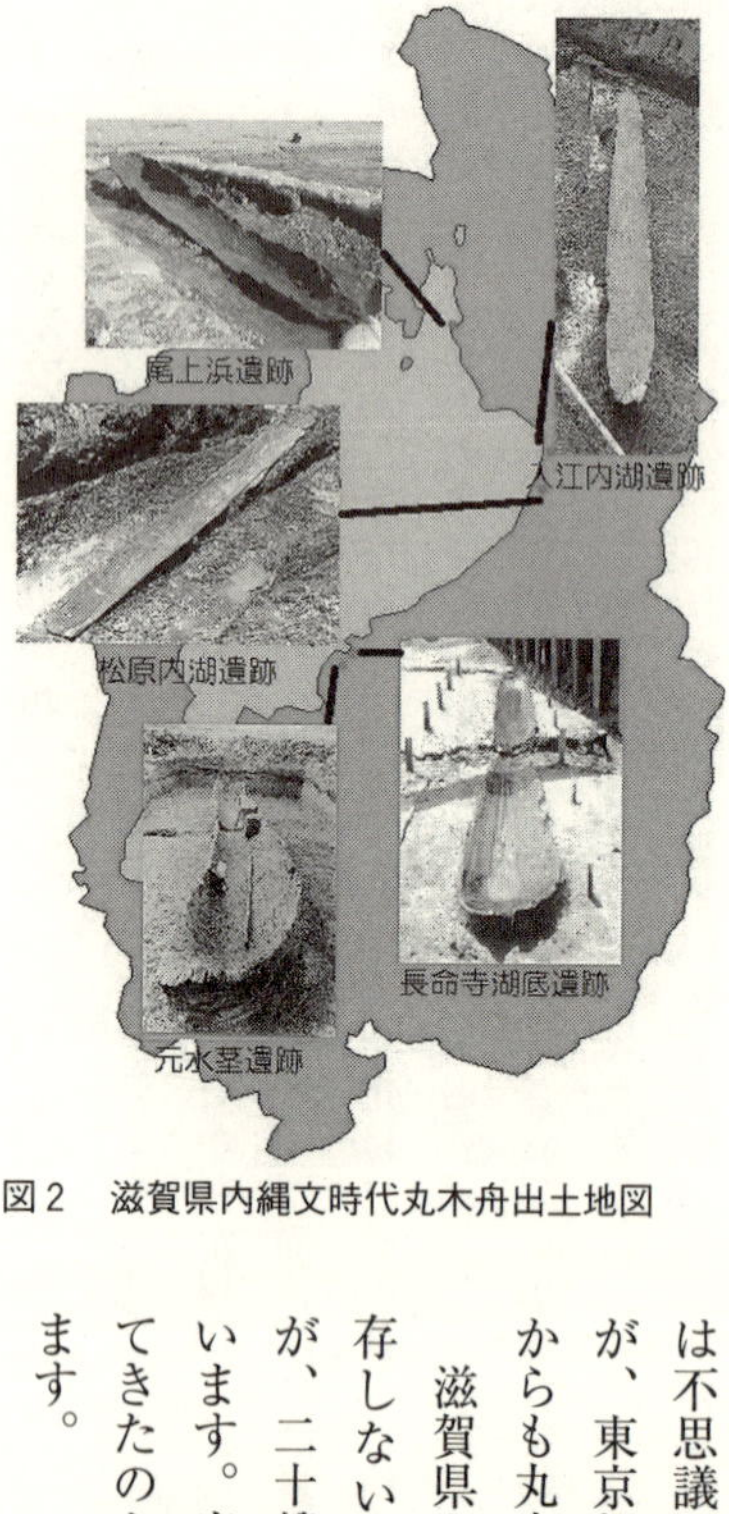

図２　滋賀県内縄文時代丸木舟出土地図

元水茎遺跡出土の丸木舟

一番古い丸木舟の出土例は、一九六四・六五年の水茎遺跡です。水路を掘るときに見つかり、緊急の調査が行われました。出土した七艘の丸木舟の大半は、中央部付近が断ち切られています。これは水田排水のための暗渠を掘ったときに、丸木舟の舟体を掘り抜いてしまったからです。

長命寺湖底遺跡出土の丸木舟

次は、昭和五七年度・五八年度に発掘調査が行われた長命寺湖底遺跡です。西国三十三所巡礼の三十一番札所の長命寺のお寺の手前に長命寺港という港があります。いまから二十年ぐらい前になりますが、琵琶湖総合開発という事業があって、琵琶湖の水位が将来下がると、こちらに出入りする船の底がつかえるということで、底にたまっていた土砂を浚渫するのです。それに先駆けて、ここに遺跡があるということで、鋼矢板を差し込んで囲み、中の水をポンプで外に出して陸化して発掘します。当時は、こういった調査が琵琶湖の周りのいたるところで、同時進行的に行われていました。

丸木舟が出土した当日は、暑くなりかけの六月末か七月です。私のところに担当者から「丸木舟が出た」と電話がかかってきました。すぐ取り上げる準備をしてほしいということで、現場に駆けつけました。大きなポンプでいつも水を吸い揚げていないと、調査区が水でいっぱいになるような状態で、丸木舟を取り上げる準備にとりかかりました。

それで、取り上げ準備。まず、養生のため、丸木舟全体にティッシュペーパーを張っていきます。それは、取り上げるときに発泡ウレタンという、発泡スチロールのような断熱材を膨らまして取り上げるのですが、そのときに使う薬品が、丸木舟に直接付くと汚れますので、汚れないようにするためです。紙を三、四枚ぐらい張り合わせて、拓本を採るように張っていきます。ていねいにしておかないと、薬剤が漏れてなかに入って汚れることになります。

丸木舟の周囲を掘ったあと、舟の下にトンネルを掘って、冷凍庫の断熱材になる発泡硬質ウレタンを膨らませてなかで支えながら、次々に穴を掘り、地面から切り離していきます。こういう

写真３　長命寺湖底遺跡出土丸木舟

取り上げ方法を当時は盛んにやりました。

地面から切り離せたら、舟の上と側面をすっぽり包む状態になるように樹脂を回します。そうすると、舟全体が保護されて丈夫になります。それで、ひっくり返しても大丈夫な状態になります。ひっくり返した丸木舟は周りを鉄骨で囲んでクレーンで吊って、当時は、ここに滋賀県立安土城考古博物館はまだありませんでしたので、瀬田にある滋賀県埋蔵文化財センターに運んでいきました。七月の中ごろだったかと思います。

そのあと、八年ぐらい水漬け保管したり、またウレタンのなかに置いたまま保管して、やっと処理できる施設が滋賀県立安土城考古博物館にできましたので、運んできました。処理前には、夏場でしたので水が蒸発して乾かないように、ときどき霧吹きで水をかけながら実測作業をしました。

処理直前には、ステンレスの枠のなかに丸木舟を入れて、ばらばらにならないように不織布という布で厳重にぐるぐる巻きにして、ＰＥＧタンクのなかに入れます。十カ月ぐらい含浸処理をして、春先ぐらいに取り上げました。そのときはＰＥＧの温度は摂氏六〇度以上で、わりと熱く、丸木舟の表面はべとべとの状態です。

ＰＥＧタンクからはクレーンで吊り上げて取り出し、お湯で洗って乾燥して、欠けた部分、なくなった部分を車などを傷つけたりへこませたりしたときにパテを盛りますが、ああいった合成樹脂で復元しました。復元した部分やなくなった部分、亀裂部分にはアクリル絵の具で下色を塗ってから、だんだん木の色に合わせていくという作業になります。この丸木舟は、現在、滋賀県立琵琶湖博物館に常設展示されています。このように取り上げた丸木舟が展示に至るまで、十年以上かかったわけです。大きいものですので、手間も時間もかかるのです。長命寺湖底遺跡での、取り上げから保存処理の実例をお話しいたしました。

松原内湖遺跡出土の丸木舟

出土した順番で見てみますと、次は松原内湖遺跡です。この松原内湖遺跡では、一九八六年に丸木舟が出土しました。いまは下水道の施設になっていますが、その下は本当に泥沼状態で、どろどろで、少しでも雨が降れば、次の日に来ると水浸しになっていて、なかがどうなっているのかわからない状態でした。腐植土層といいますか泥炭層といいますか、そういったところから突然舟が出てきたのです。この土壌は、ずぶずぶ足がめり込んでしまいそうな非常に軟弱な土なので、足が沈まないように足場板の上で作業しています。

丸木舟を取り上げるための現地での作業は、長命寺湖底遺跡と同じように、まずは現場のみなさんに手伝ってもらって、ティッシュペーパーを水で張り付けていきます。そして発泡硬質ウレタン樹脂を膨らましていって、ぐるぐる巻きにしています。この現場は、クレーンがあることはあるのですが、近くまで寄れなかったので、十人ぐらいの人力で担ぎ出しました。そういうことを、ちょっと思い出しました。

そのほか、同時に出た小さな破片も含めて、トラックに載せて、滋賀県埋蔵文化財センターに運びました。当時、大きな舟を処理できる施設が滋賀県埋蔵文化財センターにはありませんでしたので、長さ六メートル近くある四号丸木舟は、奈良にある元興寺文化財研究所で、約二年かけて保存処理をしてもらいました。

尾上湖底遺跡出土の丸木舟

その次が、尾上湖底遺跡です。現在、湖周道路といいますか、湖岸道路となっている所を調査しました。湖底面よりも低い場所での調査ですから、もちろん矢板を立てないと水が入ってくるようなところで、いつも湖水といいますか、地下水といいますか、常にこんこんとわき出ているような、足場の悪い発掘現場から丸木舟が出てきました。

この丸木舟も、大型の保存処理施設が滋賀県立安土城考古博物館にできるまで水漬けにして保管をしていました。ＰＥＧ含浸処理の手順はこれまでにお話ししましたので、ここでは復元について少し詳しく説明をしておきます。

なくなった部分、欠けた部分を復元するときの材料は、エポキシという接着剤、主剤と硬化剤を五対二の重さの割合で混ぜて作ります。重量比で混ぜるのですが、正確に量らずに少しでも間違うと、うまく固まってくれません。さらに、マイクロ・バルーン（増量剤）といったものを加えて、木材と同じような形状と質感、テクスチャーになるように、粘土より少し柔らかい感じにこねていきます。

大工用品売り場などでも小さなパテが売っていますが、ほんのひと握りで四百円も五百円もする、高価なものです。そういったものを使っていると非常にコストがかかりますので、このように原材料から作ります。何よりも、固さの具合を自分で調整できるということで、自家製の材料を調合しています。充填剤は、接着剤と粉とを混ぜたものです。細かい木の粉を混ぜてもよく、そのほうがより木材に近くなるかもしれません。でも、木の粉を混ぜると、どうしても粒子が粗いので、削るときにちょっとひっかかりがあります。ですから、だいたい合成樹脂のほうが使い勝手はいい感じがします。

何より、あとに色を塗るときに塗りやすい。滑らかな面もざらざらな面も作りやすいということで、細かい亀裂のあいだにも、竹串でなかに埋めて、なかが充填されるのと同時に、強度が出てきます。割れたままで放っておきますと、さらにそこから割れ目が広がっていきますので、割れないように止めるということにもなります。古い建造物の修理のときも、こういった樹脂が使われます。なくなったところや、虫食いの穴を埋める。それと同じです。

復元作業等をするときに一番大変なのは、大きいので一人ではひっくり返せないことです。尾上浜遺跡の場合はクレーンがありましたからひっくり返せますが、これはベニヤ板を細く切って、船底のカーブに合うような作業台、架台に載せて作業します。実は、このような作業をするときの台を作ることが一番手間がかかります。しかし、本物の舟を作るときなどは、きっちりした台を作っておかないと、正確で安全な舟を作れないのと同じように、修理するときも台をきっちり作っておかないと、作業性が劣ります。ですから、一番こういうところに手間がかかります。これは、あとでは見えない苦労をしたお話でした。

写真4　作業台に載った入江内湖遺跡2号丸木舟

丸木舟というのは非常に長く大きいのですが、厚みがありません。せいぜい厚みは二、三センチです。舳先と船尾のほうは非常に分厚いのですが、途中は非常に薄いものですから、バランスが悪いのです。支える台は丈夫なのを作りませんと、倒れたら困りますし、全体をちゃんと支えていないとすぐに壊れていきます。とくに、舟べりのほうからどんどん小さな破片になって、ばらばらになってきます。そうしないように、保管管理をしていくことが大事かなと思います。

入江内湖遺跡出土の丸木舟

この次は、入江内湖遺跡出土の丸木舟です。これがいま一番新しい保存処理の例ですので、ゆっくりお話をしていきたいと思います。

一号丸木舟は、現在の田んぼの耕作地の六十センチから七十センチぐらい下から、突然出てきました。この発掘調査の直前でも、本当に下に舟があるのかどうかわかりません。たぶん、お墓などの石があれば、ひっかかってわかるのですが、この場合は、木材のようなものがちょっとでもスコップなどに当たれば、そこでいったん調査をやめて、丁寧に発掘しないとわからなくなってしまう。丸木舟などの木材は非常に柔らかく、土と同じような柔らかさになっていますから、ここの場合でも、ふわふわの土の中から突然出てきたという感じです。

一号丸木舟は、二〇〇二年二月の冬の寒いときに取り上げをしました。まず、きれいに掃除をして、ティッシュペーパーを張り込んで周りに木枠を組んで発泡硬質ウレタンで取り上げました。

硬質発泡ウレタンは工業材料で、市販品としては小さなボンベのものもあります。発掘調査現場では一斗缶のセットで、二種類の薬剤を反応させて使用します。おおよそ一セットで丸木舟を一艘、充分取り上げることができます。膨らませると発泡スチロールのように膨らんで、軽くなります。それで周りを囲ってきて、これも田んぼの真ん中でしたので、クレーンが入りませんの

写真５　入江内湖遺跡出土１号丸木舟

写真６　入江内湖遺跡出土５号丸木舟

で、人力でみんなでかついで取り上げてきました（写真5）。

これが一番大変なのですが、台を作っておいて、そのウレタン樹脂をはずし、保存処理前の状態で実測をしました。表側は現地で図を取ったのですが、さらに細かく、表や底から見た図を、それぞれ図化しました。それから一年以上、準備を含めてかかりました。それが一号から五号丸木舟まで続いたわけです。

二号丸木舟の発掘調査。実は、二〇〇二年三月に試掘調査で出土したのですが、一旦はそのまま埋め戻し、本格的な発掘調査を実施した九月に再度発掘しています。表面にコゲ痕があります。丸木舟を作るとき、当時は縄文時代でしたので、鉄の斧はなく、石の斧でこつこつと削っていきます。ですから、削るのが大変です。内面に焦げ痕がありますが、火を燃やして削ったのではないかと言われています。いっぽう、舟の用材は一度乾燥させると、どうしても石斧が反発してなかなか削れない。ということで、水で濡らしながら削ったのではないかとも言われています。水で濡らしたら火はつけられないし、矛盾が起きてきます。ということで、滑らかにするために、一番最後の仕上げに木を焦がしたのではないかと、いまは考えられています。でも、実際のところ、本当はわからないというのが実情かなとも思います。

保存処理する前には実測をし、そのほか観察をするために台を作る。保存処理するにあたって、特に舟べりが反ったり壊れたりしないように、われわれが骨折したときに、骨が歪まないようにギブスを当てますが、霧吹きで水を当てるだけで固くなる材料で舟全体を補強していきます。そして、ぐるぐる巻きの状態にして、それが終わったあと、保存処理する準備段階では、水槽に浸けて保管しました。

ＰＥＧ処理する直前には変形しないように包帯でぐるぐる巻きにして、そしてクレーンで吊ってＰＥＧタンクのなかに入れます。約十カ月たったあと、ＰＥＧのタンクから出してお湯で洗って、さらに二〜三回アルコールで拭き、破片を組み立てる準備にはいります。亀裂部分などには、樹脂を入れて固定して修復完了ということになります。

五号丸木舟が、最も最近出土した丸木舟です。毎回舟が出てきていますので、このあたりを掘れば、舟が絶対に出てくるだろうということで、注意深く掘っているところ、舳先だけが見つかって、そのあと注意深く掘り進められました。

五号丸木舟の現地での取り上げ作業には、発泡ウレタンを使わずにポリ・エーテル・ポリオー

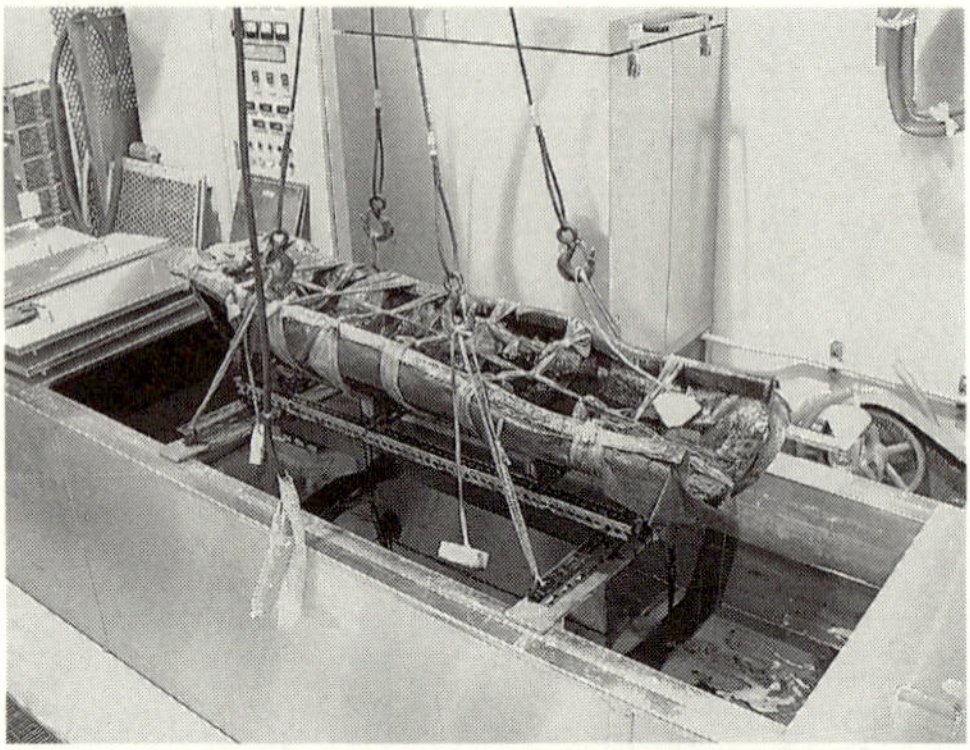

写真７　PEG含浸処理終了（入江内湖遺跡出土２号丸木舟）

ルという薬剤を使いました。一kgを八缶（四セット）だけで舟一艘取り上げることができます。これは、舟や風呂おけをつくる材料のＦＲＰ（繊維強化プラスチック）に近いもので、舟を補強してやって、木材をあててぐるぐる巻きにし、木枠を組んで丈夫にして、現場から人力で取り上げました。

五号丸木舟の舟べりの劣化した部分については、内部の細胞は脱落していて顕微鏡試料に水を一滴垂らすだけで、ばらばらになってしまうほど劣化しています。それに対して、舟のなかのほうは状態が良く残っています。ですから、こういうところで樹種の鑑定をします。五号丸木舟はヒノキという鑑定が出ました。鑑定するのは、非常に難しいのですが、すこしでも状況の良い部分からサンプルを取って調べていくわけです。

その五号丸木舟も、他の丸木舟と同様に、ひっくり返したり表向けたりを何度か繰り返しながら準備をして、十カ月ぐらいかけてＰＥＧ処理をおこないました。ＰＥＧタンクからは、濃度が百パーセントになってから上げ、乾燥させて復元し、今回展示しました。

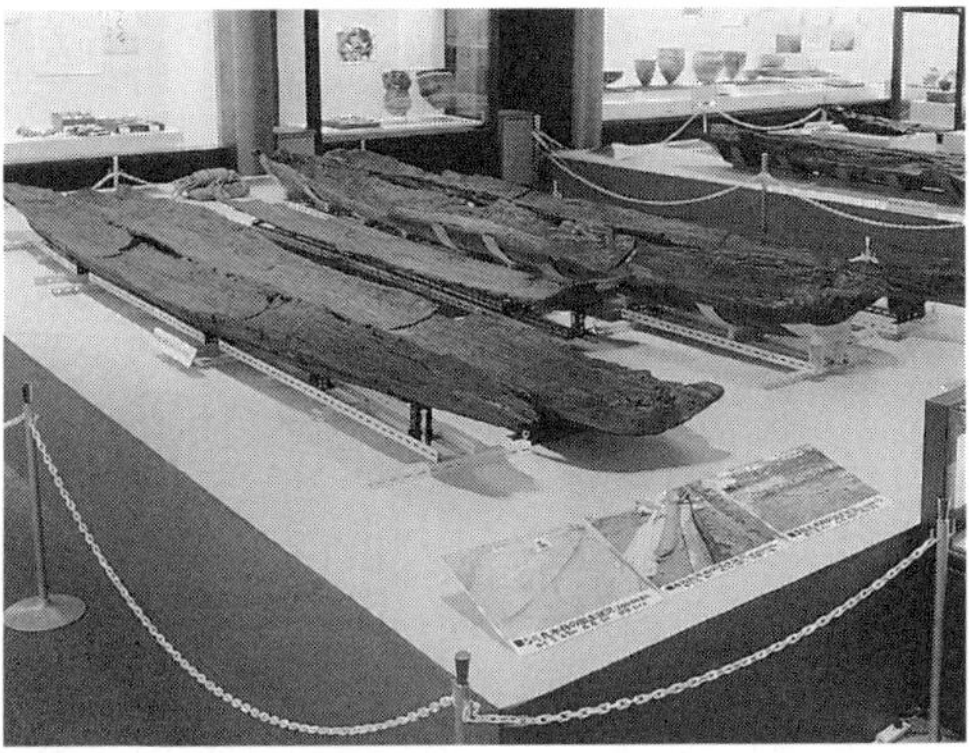
写真８　丸木舟の展示状況

もうみなさんはご覧になったかもしれませんが、これが今回の企画展での丸木舟の展示状況です。手前の一群が入江内湖遺跡の一号、二号、三号、四号、五号丸木舟になります。さらに奥には尾上浜遺跡、そして長命寺湖底遺跡、そして松原内湖遺跡というふうに、今日お話しした丸木舟が一堂に集まっています。これぐらいの大きい舟がたくさん博物館に並んだのは、たぶん日本で初めてだと思います。

保存処理の現状と課題

最後に、専門的なお話になるかと思いますけれど、保存処理の現状と課題ということで、現在どういった問題があるかをお話ししていきたいと思います。

滋賀県内からは丸木舟をはじめ、点数的には何万点もの木製品が出土しています。保存処理をやっていないものも、まだまだたくさんあります。主な木製品に対する保存処理の方法は、五つあります。

まず、一番目は、ロジンという天然樹脂を使用する溶剤樹脂含浸法。ロジンとは、野球をする投手が使う、ロジンバッグという滑り止めの松やにです。こういったものを材料にして処理する方法で、曲げ物などの処理に適しています。

二番目は、PEG（ポリ・エチレングリコール）含浸法です。この方法は、大型の木製品を処理できる、もっとも一般的な処理法で、丸木舟の例でも詳しくお話ししましたが、滋賀県では主にこの方法を採用しています。

三番目に真空凍結乾燥法。この真空凍結乾燥法で特別なのは、使う薬品はポリ・エチレングリコールで同じなのですが、それを六十パーセントまで浸み込ませておいて、マイナス四〇度に冷やして、すぐに資料を入れて凍結させます。そして真空にして、徐々に乾燥していって仕上げます。インスタントラーメンやインスタントコーヒーなどのフリーズドライ食品を作るのと同じような工程ですが、この処理の特徴は、資料の色が明るくなり字が読める状態に処理できるということで、字が書いてある木簡、人形《ひとがた》などに有効です。

四番目の糖アルコール法は、ラクチトールというダイエットなどに使われている砂糖を、木材のなかに浸み込ませて固めるという比較的新しいやり方です。お砂糖にくるんだ状態で固まらせるというのが一つの特徴で、実験的に私が試した経験では、ときどき余計な結晶が出てくる場合があり、なかなか取りづらいということがあります。これが一番やっかいなことだと私自身は思っています。でも、仕上がりが非常に乾いた状態になり、湿気に強いといった長所があります。

五番目は、高級アルコール法です。これも専門的な薬剤名ですが、高級アルコールの種類でステアリルアルコール、セチルアルコールといったものを浸み込ませて処理する方法です。この高級アルコール法は、特に金属が付随したものに適した方法です。持つところが木材で刃が鉄といった二つの異なる材質が組み合わさった包丁のような遺物の場合、高級アルコール法でやるほうが鉄もさびず、木材もうまく処理できるということで、複合の材料でできているものについては、いい方法だと、私自身は感じています。使用するのが全部アルコールですので、手袋をはめたり、はずしたり、特に火災には非常に注意が必要です。危険ですので、専門の施設のあるところでしか、こういった使い方はできないと思います。

このように主な五つの方法がありますけれども、それぞれ長所、短所があります。それをいかに使い分けるかが、これからの問題の一つになってきます。

これらの処理法の長所と短所を表1にまとめてみました。重さや色調、これは個人的な好みがあります。保存処理した木製品は、明るい感じがいいとか、また、やはり黒っぽいほうが出土品らしいのでいいと感じる人もいます。これらは主観的なものです。重さについても、べつに展示品ですので、人が持って使うものではないのですが、これも主観的なものかと思います。しかしながら、仕上がりとしては、主観も大事な要素の一つです。

課題としては、取り扱いに関する注意点があります。特に温度と湿度の管理。ポリ・エチレングリコールは水に溶けやすいので、梅雨が長引くころなどはべとべとになることがあり、それが一番困る、やっかいなことです。

真空凍結法は、処理したあとも非常に脆弱というか、か弱いものですので、取り扱いが難しい場合があります。糖アルコール法も、結晶化が不安定で、固まらせるのに特別なノウハウと乾燥の施設がいりますし、一つ間違うと変な結晶ができてしまうということで、やっかいな面もあります。でも、良い面としては温度や湿度に強い。これは非常に評価できます。

高級アルコール法では、メチルアルコールなど、有機溶剤をとにかく多量に使います。ですから、ちょっと飛び散っても非常に危険です。ものによっては収縮や変形の危険性もあります。

PEGがどれぐらい木に浸み込んでいるか。ちょっとわかりにくい、この顕微鏡写真は蜂の巣のようですけれども、これは六十パーセントのPEGを含んでいます。これは百パーセント、これは穴のなかにすっかりPEGが入っています。六十パーセントだと、こういうところどころ抜けているところがあって、軽く仕上がる。木簡などは、こういう穴があるから軽く、色も明るく仕上がることがわかっています。

では、問題点と対策について整理してお話いたします。PEG処理法では、吸湿性があるというのが、やはり悪い点として一番にあげられます。ぬれ色があり、色調が暗くなります。それに対して良いところは、温度・湿度を管理して、保管・展示してやれば長持ちします。また、PEGは安全な薬剤で、化粧品のなかにも大量に使われています。そういう意味で安全な薬剤ということで、私は一番これを評価しているところです。さらに、固まるプロセスが単純です。ただ冷やせば固まります。作業性がよい。ちょっと汚れてもお湯で洗えばすぐに流れてしまします。そ

表1　木製品の保存処理法の特徴（長所と短所）

	保存処理法	重量	色調	強度	溶剤	長所・短所
1	溶剤樹脂含浸法	軽い	明るい	やや弱	有機	曲物に有効、有機溶剤の使用
2	ＰＥＧ含浸法	重い	暗い	強い	水	大型材に有効、湿度対策が必要
3	真空凍結乾燥法	軽い	明るい	やや弱	水・他	木簡に有効、特別な設備が必要
4	糖アルコール法	重い	明るい	強い	水	湿気に強い、結晶化が不安定
5	高級アルコール法	やや重い	明るい	強い	有機	小型材に有効、収縮や変形の危険

＊これらの保存処理法のなかから、木製品の大きさや種類、材質、劣化状態などを考慮し選択する

の他の薬品は、糖アルコールは溶けやすいのですが、そのほかのものはなかなか溶けません。それが作業性にかかわってきます。

もう一つ、可逆性の材料ということ。保存処理をされるのは、十年、二十年後に変化があった場合、もう一度処理する可能性があります。そのときには、元の材料をすっかり抜いてやる必要があります。ですから、ＰＥＧの場合はよく抜けます。そしてなにより木材の細胞を痛めません。そういうことが評価できると思います。

最後に、いろいろな文化財の保存修復のことにかかわるのですが、まず、保存修復では元の形状や色調を変えてはいけません。また、必要十分な強度で処理すること。必要以上に頑丈に処理することはないのです。それから、資料としての価値を損なわせないこと、これは一番重要です。そして、いったん使ったらそれを溶かすことができる材料、すなわち可逆性のある材料を使用するということ。これらが、文化財の保存修復の大原則です。

保管環境変化に関することで、安定した薬剤の使用が今は難しい問題です。ＰＥＧもそうです。そのかわり、管理施設、保管施設、展示施設をきちんとしておけば、比較的安定した状態で保管できるということに

なります。そして、保存処理計画の全体を考えながら、もちろん予算も含めて計画を立てていくことが必要です。さらに、遺物の大きさ、材質、劣化状態に応じ、これまで述べてきた五つの処理方法がありますが、そのなかから最適な方法を選択していこうという時代に入ったのではないかと思います。

最後のほうはいくぶんか専門的なお話になったかと思いますが、いままで二十年以上やってきた保存処理のなかで、主に縄文時代の丸木舟を含めた保存処理方法についてお話いたしました。以上で私のお話を終わりたいと思います。

ご静聴ありがとうございました。

二　琵琶湖の漁撈習俗にみる漂泊漁民性

長谷川　嘉　和

ただいまご紹介をいただきました長谷川と申します。なにぶんこういう高い席でお話をすることに慣れておりませんので、ざっぱくなお話しかできないかもしれませんが、よろしくお願いいたします。

はじめに

今日は、「琵琶湖の漁撈習俗」というテーマをいただきましたので、琵琶湖の漁撈習俗にみる漂泊漁民性について話をしてみたいと思います。いままでは漁師と言うと、ちゃんとした家をかまえて、そこから魚を捕りに出かけるというイメージを持っておられるかもしれませんが、その前はかなり移動性があった、漂泊性があったということでございます。それが琵琶湖の漁師にも見られるのではないかということを、今日はお話したいと思っております。

というのは、琵琶湖で漁業をやっている人たちの祖先は、すべてとは申しませんが、海で漁業をやっていた人たちが、古代またはある時期に内陸へ入ってきて琵琶湖周辺に住みついたのではないかということを考えてみようというわけです。

琵琶湖総合開発により湖辺の漁撈習俗が大きく変貌する可能性がある。そのために、まだ古い習俗が残っている間に調査して記録にまとめることになり、昭和五三（一九七八）年度から湖辺の民俗調査を行うことになりました。そこで初めて琵琶湖の漁業、漁港、漁撈習俗といったものに接する機会がございました。私は滋賀県の出身ではありませんので、琵琶湖の漁業についてはまったく知らなかったわけです。

個人的なことになりますが、私は京都と大阪の間の淀川近くで生まれました。明治十七（一八八四）年生まれの祖父は、別に漁師ではございませんが、魚を捕るのがたいへん好きでした。「ジャコ捕り」と申しておりましたけれども、ジャコ捕りが無類に好きで、その時期になると魚を捕りに出かけます。それも淀川に行くのではなくて、溜池が大小たくさんありまして、そうした溜池で魚を捕っていたようでございます。アンコ（網もんどりのこと）とかウナギ針（延縄《はえなわ》式の漁）というもので、フナやウナギをつかんでいました。そのほか家には、竹を割って筒状に編んだ筌《うけ》、ガラス製のビン漬、ヤスなどの漁具がありました。

朝起きると、いっぱいフナやコイがいて、家にあるバケツから盥《たらい》から、すべての容器を動員しないと魚が入りきらないというほど捕ってきまして、それを隣近所や親戚へもらってもらわないと、バケツなどが使えないものですから、知り合いなどで川魚を食べる家へあちこちに配って歩くのがたいへんでした。また、朝からウナギの蒲焼きを食べて学校へ行くということもありました。

祖父が私にジャコ捕りを教えようとして、アンコ伏せと申しておりましたが、網もんどりを仕掛ける、もしくはウナギ針を池に張り渡すのに、夕方、私を連れて行ったことがあります。それでどのようにするのかというぐらいはわかりました。祖父は私が小学六年生のときに亡くなりましたので、残されていた漁具を自分なりに試してみましたが、魚は一尾も捕れませんでした。ただやり方だけをまねても、魚は捕れないことを学びました。

琵琶湖の漁撈習俗調査を始めるとき、それぐらいの知識しかありませんでした。五年間、琵琶湖漁撈の調査をして、それから四半世紀も経っております。今回、お話をすることになりまして、思い出し思い出しということになるかと思います。

古代の漁撈伝承と近江の地名

さて、琵琶湖周辺に海洋系の漁撈民が住みついたという痕跡を追い求めて、その研究をなさった方に、橋本鉄男先生がおられます。安曇川の河口付近、北船木というところにお住まいで、昭和五七年に『近江の海人』という本を出版されました。かなり前の話です。近江にアマ、海人がいたという説を唱えられたわけでございます。

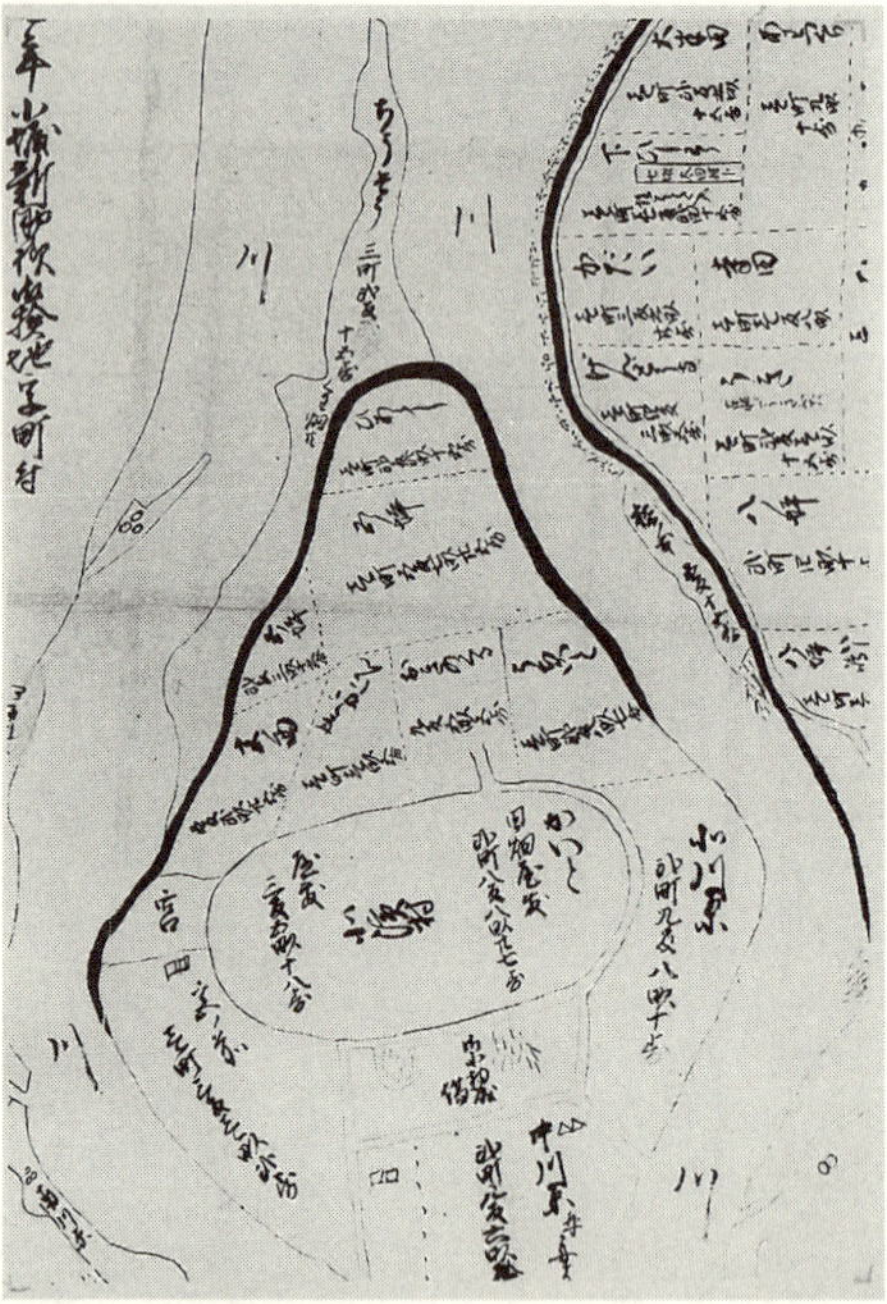

写真１　安曇川河口付近
慶長７年（1602）の北船木の図

それまでは、琵琶湖には漁師がたくさんいて、盛んに漁業を行っていることは知られておりましたけれど、「近江海人」がいたなどと言うものは誰もいなかったわけでございます。

　私もそれにたいへん関心を持ちましたが、なかなかそれを証明する資料が見つかりません。農民のように定住しておりますと、文字による記録が残るのですけれども、漂泊性がある人たちは、そういう記録を残さないものですから、その痕跡をたどるのが非常に難しいわけでございます。いつごろ海洋民が近江に来たかということについて、いまだに漠然として、はっきりとわからない。

　ここでちょっと話がそれますが、資料1というのがあります。これは海洋民と関係ないのですが、柳田国男が、大正十四年（一九二五）一月から八月まで『アサヒグラフ』に連載したのを、翌年『山の人生』として刊行したものです。その「二、人間必ずしも住家《すみか》を持たざる事」という題がついているところを少し読ませていただきます。

十二、三年前に、尾張瀬戸町にある感化院に、不思議な身元の少年が二人まで入っていた。その一人は例のサンカの児で、相州の足柄で親に棄てられ、甲州から木曾の山を通って、名古屋まで来て、警察の保護を受けることになった。

年はいくつかわかりませんが、神奈川県から山梨県を通って名古屋まで歩いてきた少年がいたということでございます。

今一人の少年は丸三年の間、父とただ二人で深山の中に住んでいた。どうして出て来たのかは、この話をした二宮徳君も知らなかったが、とにかく三年の間は、火というものを用いなかったと語ったそうである。食物はことごとく生で食べた。小さな弓を造って鳥や魚を射て捕えることを、父から教えられた。春が来ると、色々の樹の芽を摘んでそのまま食べ、冬は樹の根を掘って食べたが、その中には至って味の佳いものもあり、年中食べものにはいささかの不自由もしなかった。衣服は寒くなると小さな獣の皮に、木の葉などを綴って着たという。ただ一つ難儀であったのは、冬の雨雪の時であった。岩の窪みや大木のうつろの中に隠れていても、火がないために非常に辛かった。そこでこういう場合のために、川の岸にあるカワヤナギの類の、髯根の極めて多い樹木を抜いて来て、その根をよく水で洗い、それを寄せ集めて蒲団の代わりにしたそうである。

（柳田国男『山の人生』）

これを発表した十二、三年前というと、大正の初め（一九一〇年代）になります。二〇世紀のはじめごろ実際にあった話として、このように書かれてあるわけです。前半のサンカの少年はともかくも、あとのほうの少年は、三年ものあいだ父親と二人きりで山中で裸のまま、火を用いずまさに原始生活を営んでいたわけです。こんな暮らしをする人がまだ百年前にはいたということに驚かされますが、同時に一所に定住しないで漂泊する人が時代を遡ればもっと増えるのではないかということが容易に想像できます。資料1（180頁）はそういう意味で最初に提示したものです。

この父子の暮らしは日本の歴史で言うと何時代になるのか、土器を使った様子はありませんので縄文時代より前、木の芽を採ったり木の根を食べたり、弓矢で猟をしていることから採集経済、つまり石器時代にあたるかと思われます。大正初期、日本は西洋列強へ追いつくべく近代国家へ生まれかわろうとするときに、いまだに石器時代の暮らしを続けていた人が少なくともいた。それでも生きていけたということが、わかるわけでございます。三年ものあいだ食べ物も充分で困らなかった。今、山のなかに入ってみますと、何も食べるものがございません。

子どもの頃に何を食べて遊んでいましたかと、年配の方にお聞きすると、山には木イチゴとかアケビとか、口に入れてなめる木の葉があったとか、いろんなものがあったとおっしゃいますが、今、山のなかに入って行っても何もないです。食べるものがないから、山のなかの動物が里まで下りてきて、畑を荒らすことになります。

琵琶湖で漁師さんに、魚を捕ることを何と言うか尋ねてみますと、「魚つかみ」とおっしゃいます。魚捕りと言うかもしれませんが、もとは魚がつかめるくらいにいたわけです。草履《ぞうり》を履いて川とか琵琶湖に入りますと、足の裏と草履のあいだにアユなどの小魚が入って、踏みつけそうになるくらい魚がいたということもお聞きしました。そういうことで、湖も山も著しい変貌があったといえます。

古代の漁撈伝承と近江の地名

つぎに資料２（181頁）へまいります。『古事記』『日本書紀』と書いてあります。『古事記上』に、海幸、山幸の話があります。

　火照命《ほでりのみこと》は海幸彦として、鰭《はた》の広物《ひろもの》、鰭の狭物《さもの》を取り、火遠理命《ほおりのみこと》は、山幸彦として、毛の麁《あら》物《もの》、毛の柔物《にこもの》を取りたまいき。ここに火遠理命、その兄火照命に「各さちを相易えて用いん」と（以下略）　（『古事記』岩波文庫）

固辞する兄に何度も交換を乞い、やっと許しを得て釣りに出かけたところ、魚は釣れず釣り針を失ってしまったという、よくご存じの話です。

私が最初に申しあげたように、祖父がやっていたのと同じように、もんどりを仕掛けても、一尾も魚が入らなかったのと同じです。漁具があるからと言って、それをまねただけでは漁はできない。やはり独特のこつと言うか、技術と言うか、そういうものがなければ、山の猟も海の漁も簡単にできるものではない。

そういう漁撈伝承というのは、あちこちにございます。このレジュメでは、海幸山幸のあとに、事代主《ことしろぬし》の神、これは恵比寿大黒の恵比寿さんのことです。それから浦島子の話、これは浦島伝説で、京都府与謝郡伊根町本庄浜、つまり丹後半島に宇良《うら》神社というのがございます。

写真2　宇良神社の祭（太刀振り）

一方、本県のそういう伝承を見てみますと、次の資料3（182頁）に「近江の鯉と鰐《わに》と戦えること」というのがございます。これは『今昔物語集』にある説話の一つです。少し読みます。

今は昔、近江の国の志賀の郡、古市の郷――この古市の郷というのは、いまの膳所から石山のあたりとされています――の東南に心見《こころみ》の瀬あり。郷の南のほとりに勢多河あり。その河の瀬なり。その瀬に大海の鰐上りて、江の鯉と戦けり。しかる間、鰐戦い負けぬれば、返り下りて山背《やましろ》の国に石と成りて居ぬ。鯉は戦い勝ちぬれば、江に返り上りて、竹夫嶋を繞《しまき》て居ぬ。この故に心見の瀬というなりけり。（以下省略）

これは単なる説話、お話にすぎませんが、それが『今昔物語集』に採録されるには、当時としてはよく知られた伝説、もしくは何か別の意味が含まれている話かと思われます。実際には、海にいる鰐が淡水の川をさかのぼってくることなど起こり得ない話です。

ワニというのは、いろいろ説があります。大国主命の神話「因幡《いなば》のしろ（素）ウサギ」にも、ワニが登場します。ウサギはワニをあざむいて隠岐の島から因幡へ渡ってきたということになっています。あれはサメであります。瀬田川をさかのぼってきた鰐というのも、サメのことかもわかりませんが、コイやワニをシンボルとする海洋民と考えることもできます。

先ほどの山幸は、失った鉤を捜しに小船に乗って綿津見神《わたつみのかみ》の宮へ行き、海神の娘と結婚します。海神の娘、豊玉姫は出産するとき、「元の姿に戻って産むので見てはいけません」といって産殿《うぶや》に入ります。これは昔話でいうところの「見るなの部屋」で、ついのぞき見てしまいます。そこには八尋《ひろ》（約十二メートル）のワニがはっていた。元の姿を見られた姫は海神の国へ帰ってしまいます。生まれた御子は鸕葺草葺不合命《うがやふきあえずのみこと》といい、後の神武天皇の父になると『古事記』にはあります。ここでも海人はワニとされています。

近江に入ってきた海洋民族、海人というのは、いろんなところからやって来たと考えられます。一般的には瀬戸内海・大阪湾から淀川をさかのぼって、先ほどの鰐のように宇治川・瀬田川から入るコースですが、伊勢湾からも入ってくる、もしくは日本海の若狭や敦賀のほうから入ってくる。コースとしては、だいたい三通りくらい考えられます。

このワニを海人の一つの集団というふうに考えますと、それより先に琵琶湖の竹生島近辺の湖北に拠点を持っていた、海人系の人たちとのあいだで争いがあった歴史を伝説化したということになります。この説話では、大阪湾のほうから上がってきた後続の集団が撃退されて山城国で岩になったとありますので、おそらくそこで土着をしたのではないかと思われます。その地は確定できませんが、たとえば干拓された巨椋池《おぐらいけ》などが考えられます。巨椋池の漁撈は、琵琶湖とよく似た漁法が行われていたようです。また、旧滋賀郡（現、大津市）には和邇《わに》という地名もございます。ワニは、船を操るのにたけた一族を意味するといいます。

それから県内の海人伝説としては、「俵藤太《たわらとうた》の百足《むかで》退治」というのがございます。これもみなさんよくご存じの伝説で、俵藤太は藤原秀郷とされています。あるとき俵藤太が勢多の唐橋にさしかかったところ大蛇が横たわっていた。それを俵藤太がまたいだとか、踏みつけていったとか、いろいろ説がございます。『太平記』にも『近江輿地《よち》志略《しりやく》』にもその話が出ております。

十四世紀に成立した『太平記』では、大蛇の背を踏み越えていったとある。その後のことを概略申し上げますと、秀郷は振り返りもせずはるかに行くと、忽然として小男が現われ「私は二千余年前から橋の下に住んでいるが、あなたほど剛の人を見たことがない。できれば敵を討ってほしい」と懇請され、即座に承諾します。男について勢多の方へ帰ると、湖水の波を分けて水中に入っていきます。やがて楼門をくぐり金銀宝石で飾られた宮殿に入ると、みすぼらしい男はたちまち衣冠の正装になり、大勢の護衛と着飾った美女が並び酒宴となります。それが夜更けに及び、敵が攻めてくる時刻になるとあわてふためきます。秀郷は強弓に矢をつがえて待ちます。夜半過ぎ、雨風のあと、激しい雷光とともに比良の高嶺から大百足の化け物が竜宮城を指して攻めて来る。よく引き付けて、眉間に向かって矢を放つが跳ね返る。二の矢も眉間に当たるが刺さらない。

写真3　勢田橋龍宮秀郷社

矢先に唾をつけて三の矢を放ったところ、やっと射抜くことができ、百足は地響きを立てて倒れた。龍神は喜んで、のちに三井寺へ寄進することになる撞鐘や太刀など褒美を与えた、というものです。

『太平記』では、百足は比良山の方から来たことになっていますが、これが享保十九年（一七三四）の『近江輿地志略』になると「三上山を七巻き半巻ける百足」に変わっています。しかし両書とも勢多橋の下に竜宮があるとし、橋の東端には今も竜宮社があります。

竜宮城や龍神というのは、海底にあるとされますが、海を隔てたところにある海人社会を都鄙に住む人からはそうイメージされていたのかもしれません。

海人の勢力に対して百足というのは何を意味するか、これも諸説があるかもしれません。大きなムカデは山でよく見かけることから、山の民を象徴する、山で暮らしを立てる集団を指すともいわれます。たとえば、鉱山、鉱脈のことをムカデと言ったりします。三上山を七巻き半巻くというのは、そういう鉱脈がある。それが現在の三上山にあったかどうかわかりませんが、鉄や銅などの鉱山を支配する山の民の勢力と海の民の勢力の争いという解釈もできます。

ちょっと話が余談になりますが、九月一日に日野町中山で芋競べ祭りといって、その年にできた里芋の長さを競べあう祭りがあります。里芋を担いで野神山へ登る。東谷と西谷の人はそれぞれ別の道を通って山へ登ります。その道にクリの葉をずっと並べていく、それをムカデ道と言います。ムカデ道の意味はよくわかりませんが、東谷と西谷の一番序が持つ笏にはなぜかムカデが描かれています。中山という地名や里でとれた芋を山上へ持って上がって比較するなど山間の農民の習俗です。

先にお話した「因幡のしろウサギ」で、しろ（素）は白いという意味か裸の意味かははっきりしませんが、白兎を山の神のお使いまたは山の神が白兎になって姿を現したと伝承する地域は広く分布します。山の神に関係するとすれば、「因幡のしろウサギ」の話は、白兎に代表される山の民と鮫をシンボルとする海の民の抗争を象徴的に描いた神話ということになります。

俵藤太の百足退治伝説も相手の百足が比良山に勢力をもっていたか、三上山を根拠地にしていたかはともかく、海神すなわち海人たちのいたところは勢多橋近くに変わりありません。橋は瀬田川に架かるので瀬田唐橋と言われていますが、川は旧滋賀郡石山と旧栗太郡瀬田の間を流れていて、石山川とは言わずに瀬田川と呼ばれています。瀬田に比重がおかれています。竜宮社や秀郷社はいずれも橋の東端、つまり瀬田側で祭られています。

それからレジュメのところでは、お祭りのなかで船渡御をするお祭りのことを少し書いておきましたが、一番有名なのは、大津市坂本の日吉山王祭です。西本宮を出て下阪本のほうへ行き、七本柳のところから神輿を船に乗せ、湖上渡御をする。これに対して「粟津の御供」と呼ばれるように、粟津から神饌を船に積んで唐崎沖まで行き、湖上で神饌をお供えする。

写真4　日吉山王祭船渡御

普通、神饌をお供えするのに、わざわざ琵琶湖沖まで運んでいかなくても、神社に持っていってお供えすればいいわけですけれども、やはりこれは西本宮の鎮座伝説と関係する。大津市中庄の粟津神社で祭られている田中恒世という人が唐崎沖で魚釣りをしてところ、奈良の三輪明神が現れ、粟飯を奉ったという故事にちなんで、現在も琵琶湖上で神饌を供える行事を続けているわけです。米原市の筑摩と並んで粟津にも御厨があったことがこうした伝説を生む下敷きにあると考えられます。

それに瀬田神領の建部大社でも、八月十七日に船幸祭ということで、神輿を乗せて瀬田川を下り、供御瀬まで船渡御して、そこで田上太子町の別宮、上津神社と田上里町の新宮、毛知比《もちひ》神社から神饌をお供えする行事がございます。

次に「兵主《ひょうず》神社と亀・鹿」と書いてございます。琵琶湖の東岸の神社には、神様が琵琶湖を渡って来られた、流れ着かれた、木に引っかかっておられたなど、いろいろな鎮座伝説がございます。そういうのを漂着神と申しますが、これは一般に海岸にある神社でよく聞かれる伝説でして、それと同じ伝承が琵琶湖岸の神社にもございます。

兵主神の場合には、流れ着いたのではなく、最初は浦島太郎のように亀の背に乗って琵琶湖を渡ってこられた。上陸したところへ鹿が出迎え、その鹿に乗って、今の神社があるところへ鎮まったとされています。それぞれの地に亀塚とか鹿塚という石碑が、立てられています。鹿塚は、ほとんど神社の横にございます。それで兵主神社の神主は、鎮座伝説に基づき、十一月に湖水に入ってみそぎをするという八ツ崎神事を行います。簗《やな》という川を堰止めて魚を捕る漁法がございますが、兵主神社は、野洲川簗の漁業権を持っていて、その漁獲高の半分を兵主神社に納め、残りを二十四人の簗衆で分けたということです。

その上流に御上神社がございます。先ほどの百足退治で、ムカデが巻いていたとされる三上山をご神体とする神社です。御上神社の神紋は、違い釘抜き紋といって二つの枡形をずらせて一部を重ねたような神紋ですが、鉄、金属にかかわる紋であることから、先ほどのムカデの鉱脈と関係して山の勢力です。この御上神社も三上にあった野洲川簗を支配していました。

御上神社の春祭りは、すっかり変わってしまい、もとの姿がわからなくなったのですが、なぜかクジラのコロ（皮）を用いるしきたりになっていました。今ではそれもしなくなりましたが、近江で手に入りにくいクジラを料理に使わなければならないのはなぜか。

写真5　三上のずいき祭り（御輿の屋根に釘抜き紋がついている）

祭りというのは、昔の服装をして、昔食べていたものを食べ、昔を再現して追体験することだと言います。祭りですと、平生は洋服を着ている人も和服を着たり、裃を着たりします。かつて食べていた食べ物を神饌として供え、直会に食べて神と一体になることを考えますと、かつてはクジラを食べていた人たちが、そこに定住したことになるのではないかと考えられるわけです。

ですから御上神社の氏子というのは、山の民かどうかわかりませんが、秋祭りはソーモク（相撲）の祭りで、ズイキ御輿《みこし》を作って供えますので、畑作物の収穫祭でございますから、農耕民的なお祭りです。これは若宮のお祭りでして、本社のお祭りではありません。春祭りが本社の祭りで、そのときにクジラがでてきたことに、一つの意味があるのです。

近江の地名

つぎに、近江の地名というところに入りたいと思います。琵琶湖周辺に残っている、いろいろな海洋民的な地名などを探っているわけですが、滋賀県のことを、地名では近江と言います。近江というのは、「ちかつあわうみ」だと学校で習いました。遠江の「とおつあわうみ」よりも都に近い淡水の湖なので、それをつづめて近江と言う。一般に言われる説であります。しかし、「ちかつあわうみ」をつづめたら近江になるというのは、「ちかつ」を省略して「あわうみ」としても、そこから「おうみ」へは、続けて言っていても、だんだん縮めても、近江にはなりません。アをオに変えなければならないからです。

一方、漁師さんたちは、ふつう琵琶湖のことを「ウミ」と言います。もしくは「オオウミ（大海）」、そこに書いておきましたが、大きい海、大海と呼ぶのだというわけです。これは今の漁師が言うので、千年も、それ以上も前からそう呼んでいたかどうかはわかりません。しかし、大きな海、大海だと言うことになれば、近江に非常に近いのではないか。これは橋本鉄男先生がおっしゃったことなのですけれども、そういうふうな言い方が自然である。だから淡海とか近江と書いて「おうみ」と読ませるには、ふりがなを付けないと非常に読みづらいけれども、大きい海を「おうみ」というのは言いやすい。

あと県内の地名で海人に関係するものを探しますと、天野川もしくは天川があります。天野川というのは、今は米原市になりましたが、旧の米原町と近江町のあいだを流れている。七夕の天の川伝説も語られていますが、「あま」を海人と書くと「海人の川」、海人の住んでいる川となり、その上流に旧息長《おきなが》村があります。

それから高島市の旧今津町に天川という川があります。若狭に近いところ、やはり旧今津町ですが、天増《あます》川という川がございます。これらはすべて「あま」という名前が付いています。また、瀬田川を下りますと、天ヶ瀬ダムがあります。

その他に「あま」の付く地名は、甲良町には尼子というところがございますし、高月町には、雨森がございます。これは「あめの森」で「あまのもり」ではないということになりますが、この神社は天川命を祭っていて、これは海人系の神ということになります。

現在の漢字にまどわされると読み違えてしまいますが、もとのかたちで言えば、アメノモリではなくて、アマモリ、海人が集団でいたところという意味ではないかと思われます。

それから、安曇川。「あど」というのは、信州では同じ字を書いて「あづみ」と読ませ、安曇野というところがございます。「あづみ」と「あど」とは、音を重視するのであれば違うではないかということになります。水を汲む井戸と、水が湧いているところを泉と言うのを比べてみると、「いど」と「いづみ」、「あど」と「あづみ」は一緒だとなります。それの少しなまったものとして、安土とか阿閉《あつじ》とかを考えてもいいのではないかということです。

それから先ほどお話しした、「わに」です。旧志賀町に和邇という地名がございますし、今は米原市になりました旧近江町に息長というのがございます。みなさんよくご存じだと思いますけれども、息長というのは、神功皇后《じんぐう》（息長足姫命《おきながたらしひめのみこと》）を輩出したとされる一族です。字からもわかりますように、息が長いと書いてあります。息が長いとはどういうことか。深呼吸をするのか、そうではないですね。潜って息が続くということです。

だから、潜るのが得意な海人族であるからこそ、夫の仲哀天皇が亡くなっても、自らは妊娠している身をもって、「三韓征伐」をしたという神話ができる素地がある。半島へ遠征したと言っても神宮皇后であれば信じられる背景を持っていた。それが海で暮らしを立てている、船で暮らしている一族の出身、したがって海を渡ることもたやすい、そういう人たちが支えているからこそ、朝鮮半島へも攻めていける、という神話が生じるのではないかと思うわけです。

御厨と供御人

さて、ここで漁法についてみてみますと、「北方型漁法では銛《もり》と釣りが発達し、南方型漁法には潜水と網と筌が発達していると一般に言われてい」（中村勝『漁村と漁民の生活』）ます。もちろん北方でも氷の下へ網を入れたり、南方でも釣ることはします。琵琶湖でも冬に網を使いますと、水が一緒に上がってきて、つめたくて凍るときさえある。これを防ぐために浦島太郎のように腰蓑《こしみの》を着けるとなかまでしみこまない。それに比べると、釣りはそれほど水が上がることはない。

最初の資料、『古事記』の海幸・山幸でも、漁のほうは釣りでした。それから二番目の「古事記　仲哀」と書いたところ、息長足姫命が「三韓征伐」の前に筑紫に行ったときのこと、二行目に縦線を引いております。

御裳《も》の糸を抜き取り、飯粒《いいぼ》を餌にして、その河の年魚を釣りたまいき。

とあります。こうしたことは魚釣りの経験がなければできません。単に糸を抜いて飯粒を付けたら魚が釣れるわけではありません。そのあとに中略があって、「四月上旬《はじめ》のときに女人《おんな》、裳の糸を抜き」と同じことが書かれてあります。今に至るまで筑紫の女人が着ている裳の糸を抜いて、飯粒でアユを釣る習慣があることを説明するのに、息長足姫命がそれをして見せたことに由来するとされているのです。息長氏の出身であることが伏線にあって、容易に釣りができることになるのでしょう。

そのあとの『日本書紀』二神代のところも、線が引いてあるように、事代主神が魚釣りを楽しみとしている。『雄略紀』では、浦島太郎は大亀を釣ると、たちまち女になったので妻にし、一緒に海中に入ったという。やはり、釣りが一般的で多いようです。

しかし、『魏志倭人伝』では、倭の水人は潜って魚貝を捕っていた、また水中で大魚などから身を守るために入れ墨をしていたと記されています。

ですから琵琶湖に入ってきた海人の集団は、南方系の人たちもいたでしょうし、北方型の漁を

写真6　筑摩祭絵巻図（嘉永3年写）

する人が入ってきた可能性もあります。そういう人たちが互いに勢力を張り合ったことが、さきにご紹介した説話として残されているのではないでしょうか。

海洋民たちが琵琶湖周辺にたくさん定住して、ここが海と同じだ、そのうえ海辺よりはずっと平穏だということで長く住みつくことになる。そうした人たちは、漁業を得意とするので、そこに御厨《みくりや》が設置され、漁獲物が貢納される。筑摩などに御厨が作られていくことになる。『延喜式』には、筑摩御厨が醤鮒、鮨鮒、おのおの十石、味塩鮒三石四斗を造るとあります。みそ漬けのフナ、すしフナ、塩漬けのフナを貢納させたのでしょう。

筑摩には鍋冠祭り、または鍋釜祭りという春祭りがあります。八歳の少女が張りぼての鍋をかぶって行列に加わり、筑摩神社へ参ることで歴史的に知られています。これは非常に歴史のあるお祭りのようでして、平安時代から歌に詠まれています。昔は、少女でなくて成人女性が一年間に関係した男の数だけ、鍋をかぶって歩いた。ところが、鍋の数を偽ると鍋が割れたり、腹が痛くなったりした。それではあまりにも気の毒なので、少女にその代わりさせて張りぼての鍋をかぶらせたのが、今の姿だということになっております。

しかし筑摩神社というのは、御厨があった関係から御食津《みけつ》神を祭神としている神社であります。食物を司る神様をお祭りしているところに、そういうまったく関係のない伝承がついたのは、どうやら朝妻という、筑摩のとなりにある村と関係するのではないか。中世においては港で、そこにいわゆる一夜妻、舟に乗って春をひさぐ女性がいたことと関係があるのではないか。朝妻舟というのは、白拍子《しらびょうし》の姿で舟に乗った女性が日本画の題材としてよく描かれています。

本来は、女性が鍋をかぶって行列するのではなくて、頭上運搬して、頭の上に鍋を頂き、鍋のなかには神饌を入れて神社へ運ぶ。献饌《けんせん》の役を務めるのが、本来の姿ではなかったのかと私は思っております。それがかなり早い時代に、おそらく朝妻の一夜舟と話が混同して、女性の男関係の話に変わってしまったのではないかと推測されます。

御厨というのは、朝廷以外に、伊勢の御厨とか賀茂の御厨などがございまして、和邇、粟津、橋本のほかに、上賀茂社としては安曇川の船木、下鴨社としては堅田の御厨がありました。

それが荘園制になってまいりますと、そこの贄人《にえびと》は、関所をフリーパスで通る特権を持った供《く》御人《ごにん》になっていきます。やがては同業者が集まり、初期の座を形成していきます。供御人は、琵琶湖周辺に粟津・堅田・安曇川（船木）・菅浦といくつもいました。

また田上には網代《あじろ》というのがあって、これも『延喜式』に出てまいります。「山城国、近江国、氷魚《ひお》網代おのおの一処。その氷魚は九月より始め、十二月三十日までこれを貢ぐ」と定められています。山城国はおそらく宇治の網代であろうと思いますが、近江国の網代は田上の網代でないかと考えられます。

なぜ田上の網代かということになるのですが。大戸《だいど》川と合流している関係でかなり浅瀬になっていたようです。それ以外のところは急流で、網代をつくるだけの場所はない。大戸川が運んでくる土砂のために、南郷洗堰の付近が浅瀬になっていて、そこで網代が作りやすかったため、田上の網代が設けられた。

そこが「貢御《くご》の瀬」と呼ばれています。『近江輿地志略』によりますと、貢御の瀬というのは、「黒津村蛍堂より半町ばかり、北の方より南郷へ越す瀬なり」ということです。戦で、瀬田の唐橋を落としますと、どこを迂回するかと言うと、貢御の瀬のあたりを渡っていたようです。

そのほか田上で白いウが見つかった、それで川瀬の舎人《とねり》をおいたことが、『日本書紀』に出てきます。そういうことが正史に記録されるのは、報告をする人がいたからです。その後に網代が作られたのかもしれませんが、ウがいるところは魚がたくさんいるところです。古くから朝廷は、どこで琵琶湖の魚がたくさん捕れるか、ちゃんと把握していたに違いありません。

琵琶湖水系の漁撈の特徴

琵琶湖水系の漁撈について、特徴を四つほど簡単にまとめてみました。

写真7　四ツ手網漁

まず第一は、琵琶湖の漁法は「待ちの漁法」であることです。琵琶湖というのは、海のようにどこまでも続いているわけではなく、限られた水域、封鎖水域です。水産資源が限られていますので、捕りつくすとすぐに絶滅します。それで琵琶湖の漁法は、魚が入るのを待つ漁法であるといわれます。こちらから魚を捕りに行くのではなく、四ツ手網漁のように仕掛けに入ってきた魚だけを捕らえる。魚がかかるのを待つ漁法だというのです。

古文書によると、安土桃山時代すでに魚が捕れなくなったという訴えがあったり、堅田漁師の場合は、江戸時代をとおして領主への運上《うんじょう》（雑税）が減少し、湖辺の各地で摩擦を起こしていることは、魚が捕れなくなり、漁業が衰退していることを反映していると思われます（網野善彦「びわ湖をめぐる堅田のうつりかわり」『琵琶湖の専業漁撈』所収)。

つぎに、淡水漁業としては専業性が高いことです。海の漁業に比べると、内水面漁業つまり川漁をしている人のうち専業者は、全国的には非常に少ないですが、琵琶湖漁師の場合は専業漁民が多い。沖島などは、ほとんど九十数パーセントが漁師で生計を立ててきたわけです。昭和五十三年に調査したところは、漁師一人の年間漁獲高を一千万円以上揚げる人が何人かいて十分に生計が立てられた。ところが、二十一世紀になった今は完全に老人の漁業になってしまっています。漁に出ても油代にもならないと、ぼやきが聞かれるほど漁獲高が落ち込んでいます。

三番目には、専業漁業者が少なくないにもかかわらず、原始的な漁法がよく残されていること。竹筒や筌、四つ手網漁、漬け柴漁などがそれに当たると思われます。

そして四番目には、海の漁法をどんどん導入していることです。現在のエリは、網エリですが、あれも海の漁法を導入したものです。かつての網エリとは違います。

琵琶湖水系の漁撈と漂泊性

いよいよ今日お話したい本題に入ることにいたします。つい近年まで、琵琶湖で行われていた漁法の中に、かなり漂泊性を持っているものがあったことをお話しいたします。

最初は堅田の小番城《こばんぎ》というところにいた釣り漁師です。

堅田には、浮御堂のある西の切《きり》と呼ばれるところに網漁師がいまして、北の今堅田に釣り漁師がおりました。釣り漁師は一年間ずっと小さな船で暮らしていて、琵琶湖中あちこちに行って、ウナギを釣ったり、ビワマスを釣ったりしていました。結婚すると、親は釣り道具一式と船一艘とをあたえて、それが財産分けです。次の日から新婚生活は船で暮らし、祭りか盆のときでない限り家へは戻ってきません。子どもができると、子どもも一緒に船で暮らし、船上では履きものを履いていないので、上陸してもそのまま裸足で歩いていたといわれています。生活様式が異なるためでしょう、湖岸の人には異様なふるまいに映ったようです。

写真８　堅田の釣り漁師

いわゆる家船です。長崎県五島や瀬戸内海にもあったと言われていますが、船を家として生活する家船。それは香港など中国の沿岸地域にも、さらに南の東南アジアのほうにもあります。海の家船は規模の大きい船だと思いますが、内水面での家船は珍しいのではないでしょうか。

漁法は延縄《はえなわ》釣りで、ウナギなどを釣ったり、筌を延縄式にいくつも付けて魚を捕ります。釣りの餌にするミミズは、牛糞などが積んである肥えた土を掘って、三十センチくらいある大きいミミズを採取します。それをいくつかに切ったり、一匹そのまま使うのです。時期に合わせ、アユを餌にしたり、トンボの幼虫のヤゴを餌にする場合もあります。

琵琶湖の底に、トンボの幼虫のヤゴがたくさんいます。琵琶湖の漁法がどんどん変化するというので、私は昭和六十一年から五年間、映像で記録する仕事をしたことがあります。そのとき堅田の漁師に、「餌のヤゴをどうやって取るのか」たずねましたら、「ついてこい」ということになりまして、シジミ掻きのマンガ（馬鍬）というのがあるのですが、それを漁船の両舷に付けて、今のエンジンのついている船で琵琶湖の底を掻いて引き揚げますと、泥の中からヤゴがうようよ出てくるのです、それを餌にするのだということでした。

池とか川にヤゴがいるのは子供のころから見て知っていますが、琵琶湖の底にこんなにたくさんいるとは思いませんでした。連れて行ってもらったところは、野洲川の河口付近でしたけれども、漁師は琵琶湖の底まで知りつくしているのですね。

漁法はともかく、船に乗って漁をするのは漁業なら普通ですが、船で暮らしながら漁を続けるのは、漂泊性という点で最たるものです。琵琶湖のような封鎖水域でなければ、どこまでも移動が可能です。

二つ目に、草津市北山田に葭巻《よしま》き網漁というのがございます。葭巻き網漁というのは、ヨシが生えているところで網をつなぎ合わせて、ヨシを囲い込みます。網の長さは、総延長で約二百メートルになります。囲い込んだなかにいる魚を、囲いを狭めていって全部捕ろうという漁法です。だいたい四人から五人ぐらいでチームを組みまして、役割を分担します。網を入れる人（アミイキ）、網のすそを踏み込む人（スソフミ）、竹棒で水面を打ち魚を追い込む人（オイコまたはボウイキ）、網を上げてアミイキに渡す人（アミアゲ）です。この四人が連携して作業をします。ヨシを網で囲んだあと、その端から竹棒で水面をたたいて魚を追い、魚がいなくなったところで、なかへ仕切の網を入れる。外の網は上げていく。さらに網を縮め、だんだん魚を追いつめていって、最後に簀エリのツボのようなものを設置して、そこへ魚を追い込んで、たも網ですくい取るわけです。

みんな裸になって水に入りますから、身体がヨシなどにすれてけがなどをします。これが北山田で盛んに行われ、琵琶湖では北山田で最後まで残っていました。

調査記録によると、葭巻き網漁は、旧能登川町福堂および乙女浜（ともに東近江市）とか彦根市新海などでもあったと報告されています（滋賀県教育委員会『大正期の漁法』）。ほかに近江八幡市沖島、大津市堅田、湖北町尾上でも行われている（文化財保護課『琵琶湖民俗資料緊急調査報告書』）。さらに近江八幡市円山や白王でも古老からの聞き取りで葭巻き網漁を行った（橋本鉄男「草津市域のウミカセギ」『湖南の漁撈活動』所収）と、かつてはあちらこちらにあったことが知れます。白王というのは、明治十二年三月に白部《しらべ》と王ノ浜とが、一つになってできた大字ですが、集落は今も離れていて、それぞれに神社をもっています。白部というのは海の民ですし、王ノ浜というのはいわゆる木地屋伝承を持っている山の民で、惟喬《これたか》親王を祀っています。

葭巻き網漁は、七月までは産卵期で禁漁だったのですが、もっとも古い時代は暑くなるとやっていたようです。八月ぐらいから十月ぐらいまでが漁期でして、昭和五十三年ごろの北山田では、観光で来た人たちに葭巻き網漁を見せる漁業になってしまっていました。

しかし、注目すべきはそれよりも以前の漁撈習俗です。どうしたかというと、必要な道具を船に乗せ、暑い時期には徐々に北へ移動しながら漁を続け、遠くは旧びわ町（長浜市）あたりまで行って、ヨシバに地主がいる場合はヨシ代を払って、そこで葭巻き網漁をしたようです。九月になってだんだん寒くなってくると、ふたたび南のほうへ戻ってくるというふうに移動しながら葭巻き網漁をやっていた。そこに北山田漁師の漂泊性が見られるのです。

三つめは、瀬田橋本のシジミ掻き漁師です。瀬田川で採れるシジミだけがセタシジミかと思っておりましたら、琵琶湖中でセタシジミ採れるということです。もともとセタシジミは海のシジミだったようですが、琵琶湖が陸封されて真水になったときそのまま取り残され、淡水貝になったというわけです。

シジミは形状が三角形の二枚貝です。ヤマトシジミと見分ける方法は、貝の口を下にして並べたとき、上の角度が、鋭角なのがセタシジミ、ヤマトシジミは鈍角なのです。また、セタシジミは、殻高つまり厚みが殻長とほぼ同じというのが特徴です。

そのセタシジミを採りに行く話を橋本の漁師から聞きました。いつもは瀬田川で採っているのだけれども、冬になると大中の湖の奥まで櫓を漕いで、または帆かけしてシジミを採りに行ったというのです。今はエンジン、船外機を付ければよいのですが、手漕ぎの時代に泊まりがけで行ったというのです。シジミ掻きに大中の湖まで行って、船にいっぱいになるまで、何日でも泊まって操業した。どこに泊まったのかというと、船で寝ていた。漁のかっこうで、濡れた服を着たまま、真菰のようなものをかぶって、暖かくするために七輪の火をつけたままで寝た。一週間くらいすると、船が沈むほどにいっぱいシジミが採れ、瀬田に戻ってきて販売したということでした。

写真9　瀬田のシジミ掻き

大中の湖の伊庭で漁をしていたとき、だんだん地元の人とも仲良くなり、「うちに来て、風呂でも入れや」と言われて、風呂をもらいに行くと、どうして入ったらよいのかわからない風呂だった。あのあたりは桶風呂でなく、琵琶湖博物館に復元展示してあるような樽風呂です。上も下もふさがっていて、横の扉を開けてなかに入る形式です。カンテラかろうそくでも点けないと、なかは真っ暗というお風呂なのです。

瀬田の風呂の形式は聞きませんでしたが、自分たちの使っている風呂とは全然違うので、どこから入っていいのかわからなくて困ったと話してくれました。『東海道中膝栗毛』で江戸の弥次さん喜多さんが、関西の五右衛門風呂をわからないのは理解できますが、同じ県内で風呂がそんなにも違うというのには驚きました。

話が脱線したので本論に戻りますと、何日も泊まりがけでシジミ掻き漁に出かける漁撈には、やはり漂泊性を認めざるを得ないでしょう。瀬田の橋本に基地（家）を構えているから、漁を終えると帰ってきますが、そうでなければ漁獲物を求めてどこまでも移動する可能性があります。

また、刺網《さしあみ》というのがあります。魚の通り道を遮断するように網を仕掛け、魚が網の目に絡み捕らえられる漁法で、県内ではそれをコイト網と呼んでいます。櫓漕ぎをしていた時代には、やはり帰るのがたいへんなので、遠方まで行ったときには、二日、三日泊まって、そこで刺網を入れては揚げることをしていたとも聞きました。刺網は、琵琶湖でもっともよく行われている漁法ですが、それさえもやはり泊まりがけで行ったということを考えますと、そういう漂泊漁民性というものが、ついこのあいだまで、あちこちに残っていたということがわかります。おそらく琵琶湖周辺へ移住してきた頃の痕跡が、こうした漁法に残されているのではないかと推測するものです。

そのほか、滋賀県にも鵜飼いの伝承があります。たとえば高島市今津町の浜分江頭家文書に「鵜つかい衆」がでてきます。石田川での鵜飼はおそらく徒鵜飼《かちうかい》といって、漁師も川に入って鵜に魚を追わせるものであったと推測されますが、調査を進めれば県内各地にこうした鵜飼いはあったものと思われます。

ちょっと時間がオーバーいたしましたけれども、かなり琵琶湖の漁労習俗のなかには、かつての海洋民が移り住んだ痕跡ではないかと思われるような習俗が転々と残っています。ただ書いたものとしては何もないので、それを立証するというのは非常に難しいけれど、事例をたくさん挙げれば、そういうことが言えるのではないかなということで、非常にざっぱくなお話で申しわけございませんでした。

最後までご静聴ありがとうございました。

参考文献

石原道博・和田清編訳『魏志倭人伝』岩波文庫　一九六六　第二一刷
倉野憲司校注『古事記』岩波文庫　一九六七　第七刷
坂本太郎・家永三郎・井上光貞・大野晋校注『日本書紀』上　日本古典文学大系六七　一九六九　第三刷
黒板勝美編『新訂増補国史大系 延喜式』後編　吉川弘文館　一九九五、普及版第一二刷
山田孝雄・山田忠雄・山田英雄・山田俊雄校注『今昔物語集』五、日本古典文学大系二六　一九七二　第六二刷
後藤丹治・釜田喜三郎校注『太平記』2　日本古典文学大系三五　一九七二　第一二刷
小島捨市校定頭註『校定頭註近江輿地志略全』歴史図書社　一九六八
中村幸彦校注『東海道中膝栗毛』新編日本古典文学全集八一　小学館、一九九五

柳田国男『山の人生』定本柳田国男集第四巻、筑摩書房　一九六八
滋賀県教育委員会文化財保護課編『琵琶湖民俗資料緊急調査報告書』一九七一
中村 勝『漁村と漁民の生活』青森県の文化シリーズ一三　北方新社　一九七八
滋賀県教育委員会編『琵琶湖の専業漁撈習俗　琵琶湖総合開発地域民俗文化財特別調査報告書二』一九八〇
滋賀県教育委員会編『大正期の漁法　琵琶湖総合開発地域民俗文化財特別調査報告書資料編』一九八〇
橋本鉄男『近江の海人―ひとつの琵琶湖民俗論―』第一法規出版　一九八二
滋賀県教育委員会編『湖南の漁撈活動　琵琶湖総合開発地域民俗文化財特別調査報告書五』一九八三

資料1　柳田国男『山の人生』

二　人間必ずしも住家を持たざる事

默つて山へ入つて還つて來なかつた人間の數も、中々少ないものでは無いやうである。十二三年前に、尾張瀬戸町に在る感化院に、不思議な身元の少年が二人まで入つて居た。其一人は例のサンカの兒で、相州の足柄で親に棄てられ、甲州から木曾の山を通つて、名古屋まで來て警察の保護を受けることになつた。

今一人の少年は丸三年の間、父とたゞ二人で深山の中に住んで居た。どうして出て來たのかは、此話をした二宮徳君も知らなかつたが、兎に角に三年の間は、火と云ふものを用ゐなかつたと語つたさうである。食物は悉く生《なま》で食べた。小さな弓を造つて鳥や魚を射て捕へることを、父から敎へられた。

春が來ると、色々の樹の芽を摘んで其まゝ食べ、冬は草の根を掘つて食べたが、其中には至つて味の佳いものもあ

り、年中食物には聊かの不自由もしなかつた。衣服は寒くなると小さな獣の皮に、木の葉などを綴つて着たと云ふ。只一つ難儀であつたのは、冬の雨雪の時であつた。岩の窪みや大木のうつろの中に隠れて居ても、火が無い爲に非常に辛かつた。そこで斯う云ふ場合の爲に、川の岸にあるカハヤナギの類の、鬚根の極めて多い樹木を抜いて來て、其根をよく水で洗ひ、それを寄せ集めて蒲團の代りにしたさうである。

資料2　古事記・日本書紀

○古　事　記　上

火照命者為二海佐知毘古一而、取二鰭広物鰭狭物一、火遠理命者為二山佐知毘古一而、取二毛麤物毛柔物一爾火遠理命謂二其兄火照命一各相二易佐知一欲レ用、三度雖レ乞不レ許、然遂纔得二相易一、爾火遠理命以二海佐知一釣レ魚、都不レ得二一魚一、亦其鉤失レ海。

○古　事　記　中 仲哀

其大后息長帯日売命者、○中略 到二筑紫末羅県之玉島里一而、御二食其河辺一之時、当二四月之上旬一爾坐二其河中之磯一、抜二取御裳之糸一、以二飯粒一為レ餌釣二其河之年魚一○中略故四月上旬之時、女人抜二裳糸一以レ粒為レ餌、釣二年魚一至二于今一不レ絶也。

○日　本　書　紀　二 神代

是時其子、事代主神、遊行在二於出雲国三穂之碕一以二釣魚一為レ楽或日遊レ鳥為レ楽、故以二熊野諸手船一載二使者稲背脛一遣レ之、而致二高皇産霊勅於事代主神一、且問二将レ報之辞一、時事代主神、謂二使者一曰、今天神有二此借問之勅一我父宜当レ奉レ避、吾亦不レ可レ違、因於二海中一造二八重蒼柴籬一蹈船枻而避レ之。

○日本書紀 十四 雄略

二十二年七月、丹波国餘社郡管川人水江浦島子、乗レ舟而釣、遂得二大亀一、便化為レ女、於レ是浦島子感以為レ婦、相逐入レ海、到二蓬莱山一、歴二覩仙衆一、語在二別巻一。

資料3 今昔物語集巻31

近江ノ鯉ト鰐《ワニ》ト戦ヘル語第三十六

今ハ昔、近江《アフミ》ノ国志賀《シガ》ノ郡古市《フルイチ》ノ郷ノ東南《タツミ》ニ心見ノ瀬有リ。郷ノ南ノ辺《ホトリ》ニ勢多《セタ》河有リ。其ノ河ノ瀬也。

其《ソノ》瀬ニ大海ノ鰐上《ワニノボリ》テ[三]、江ノ鯉[四]ト戦《タタカヒ》ケリ[五]。而《シカ》ル間、鰐戦《タタカヒ》ヒ負《マケ》ヌレバ、返リ下《クダリ》テ山背《ヤマシロ》ノ国ニ石《イハ》ト成《ナリ》テ居《キ》ヌ。鯉ハ戦ヒ勝《カチ》ヌレバ、江ニ返リ上《ノボリ》テ、竹夫嶋《ツクブジマ》[六]ヲ繞《シマ》キテ[七]居ヌ[十]。此ノ故ニ心見ノ瀬ト云フ也《ナリ》ケリ。

彼《カ》ノ鰐《ワニ》ノ石《イハ》ニ成《ナリ》タリト云フハ、今山城《ヤマシロ》ノ国□[八]郡ノ□[九]ニ有ル、此レ也。彼《カ》ノ鯉ハ于今《イマニ》竹夫嶋ヲ繞《シマキ》テ有《アリ》トゾ語リ傳ヘタル。心見ノ瀬ト云《イフ》ハ、勢多河ノ□[一〇]ノ瀬也《ナリ》トナム語リ傳ヘタルトヤ。

コラム 2

縄文丸木舟、琵琶湖に漕ぎ出す
―復元丸木舟の実験航海―

尾上浜遺跡で丸木舟が発見された翌年の一九九〇年九月一日午前一〇時二〇分。復元丸木舟は、尾上浜から直線距離で約五キロメートル南東にある竹生島に向けて漕ぎ出しました。夏の間にテストと練習を重ねた男性二人が漕ぎ手となり、快晴無風の好条件の中、丸木舟は湖面を快調に進み、一時間四〇分後の正午に無事竹生島に到着しました。

この、実験航海からは、縄文時代の丸木舟の性能に関する実際的なデータを収集することができました。まず、丸木舟の運び方に関してです。復元丸木舟は、一七〇キロ程度の重量がある上に底が丸いことから、正位置では持ち運びが困難です。ところが、裏返す（舟底を上に）と、舟縁が持ち手となり、四人いれば簡単に持ち運びができます。実際、小型のボートや

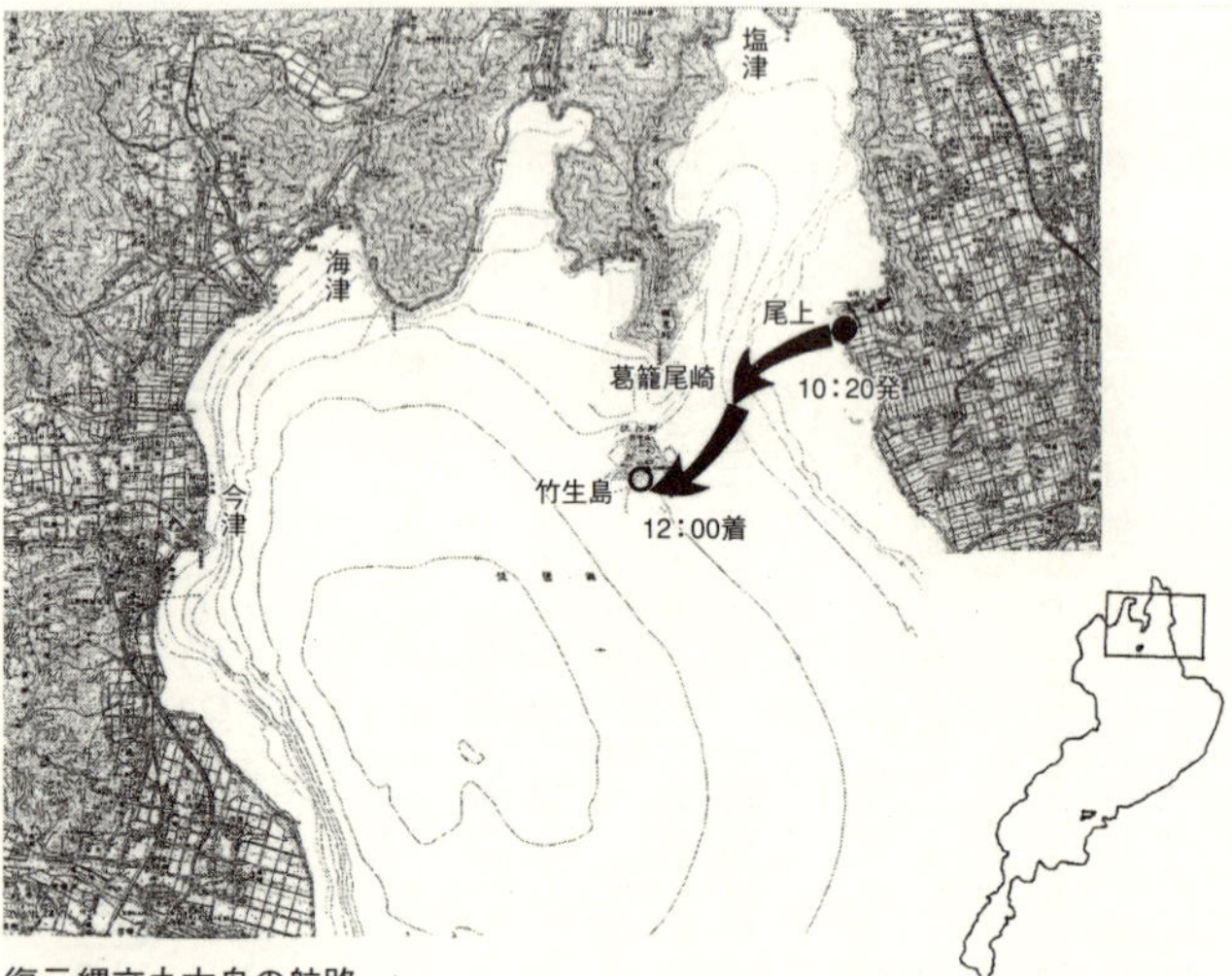

復元縄文丸木舟の航路

カヌーはこの方法で運んでいます。

　次に、積載量の問題です。この実験航海では、二人の男性が乗り込みましたから、積載量は、一人の体重が六五キロとして一三〇キロ。スペース的には三人乗ることは可能ですが、安定した航行がかなり難しくなることから、一八〇キロ前後がこの丸木舟の最大積載量となります。このことから、漕ぎ手が一人の場合、約一〇〇キロの物資を運搬することが可能であることになります。そして、湖流や風の影響には大きく左右されるとしても、塩津やマキノの湖岸経由で、あるいはもしかすると北湖を横断して対岸の今津への航海は可能であった、と考えるのに十分な航海であったと言えます。

　さて、二〇〇六年八月一〇日には、「丸木船の時代」展の関連行事としてこの復元丸木舟を使った試乗体験イベントを、長命寺湖底遺跡にも近い近江八幡市宮ヶ浜で開催しました。夏休みでもあり、多くの方が親子での参加となりました。浜から数十メートルまでを周回する一組数分程度のものでしたが、参加者からは驚きや感嘆の声が次々とあがりました。

イベント終了後、隣で開かれていたカヌー教室のインストラクターが、興味津々で「乗ってみてもいいです?」と、声をかけてこられました。こちらとしても、丸木舟の性能に関するプロのご意見が聞ける絶好のチャンス、とばかりに「是非、乗ってみてください!」ということになりました。試乗後、小回りも利く上、四〇度以上傾けても転覆することがない縄文丸木舟の性能の高さや使いやすい櫂には、驚嘆されていました。また、浜から見ていた私たちも、漕ぎ手一人で軽快に湖面を走る丸木舟を実際に目にすることができ、丸木舟の性能を熟知し、その操作法に熟練した縄文人であれば、物資の運搬だけではなく、舟上での動きが伴う漁業での活用も十分に可能であったであろう、との想いを一層深く抱かせてくれる一場面となりました。

(小竹森　直子)

三　琵琶湖周辺における「丸木舟の時代」の植生

佐々木尚子・高原　光

1　琵琶湖周辺の植生とその変化要因

現在の琵琶湖周辺では、南部を中心に市街化が進んでおり、一部には高層建物もみられる。北部では水田や畑が広がり、農山村の景観が残っている。丘陵地や山地に広がる森林の多くはスギ・ヒノキの人工林か、アカマツや落葉広葉樹を中心とした二次林であるが、琵琶湖西方に連なる比良山地では、上部にブナ・スギの天然林も分布している。

琵琶湖周辺に限らず、そこにどのような植物が生育するかには、気温や降水量といった気候、地形や土壌の性質、さらには薪炭の採取や火入れといった人間活動が影響している。植生の大きな枠組みを決めるもっとも大きな要因は気候である。現在、日本列島のおよそ七割は森林に覆われているが、それは日本列島が多雨な気候のもとにあることによっている。しかし気候はずっと一定なのではなく、数十万年ごとに繰り返す寒冷な氷期と温暖な間氷期の周期がある。この大きな気候変動の周期に対応して、琵琶湖周辺に生育する植物の種類も大きく変化してきた。ここでは、最も近い氷期（最終氷期）の後期の二万五千年前から、氷期が終わった後の温暖期（後氷期）である現在までの、琵琶湖周辺における植生の変化を概観し、縄文時代の人々が暮らした当時の植生を描いてみよう。

2　花粉分析による植生復元

花粉分析とは、過去の森林の姿を復元する有効な方法の一つである。多くの植物は、春になると子孫を残すため花をつけ花粉を飛ばすが、雌しべに到達できなかった花粉はそのまま落下する。これらのうち、湖底など酸素の少ない環境に落下した花粉は、分解されず何千年、何万年と堆積していく。湖や湿地の底には、このようにして溜まった花粉が泥や生物の遺骸などとともに積み重なっている。湖や湿地の堆積物には、下の層ほど古く、地表に近い層ほど新しく溜まった花粉が含まれているわけである。花粉分析では、この長期間かけて溜まった堆積物の中から花粉を抽出し、顕微鏡を用いて種類ごとに数を数え、それを基に過去の植生を復元するのである。

湖や湿原の底に堆積している花粉は、その場所に生えている植物に由来するものだけでなく、風に乗って飛んできたものや、川の流れに乗ってやってきたものもある。このため、堆積している花粉の親植物がすぐ近くに生えていたとは限らない。しかし、これまでの研究で、半径一キロメートル程度の湖の堆積物に含まれる花粉の組成は周囲二〇キロメートル程度の広い範囲の植生を反映しており、小さな湿原の堆積物に含まれる花粉の組成は、ごく近くの植生を反映していることが明らかになっている（杉田　一九九九）。また、同じ地域にある複数の地点の花粉分析結果を比較することで、その地域全体に共通して出てくる花粉（親植物が広く分布している）と、ある地点だけで出てくる花粉（親植物はごく近くに生えている）とを区別することができる（杉田　一九九九）。したがって、どのような範囲の植生を復元したいのかに応じて試料採取地点を選び、可能であれば複数地点の分析結果を組み合わせて考えることが望ましい。

3　琵琶湖周辺の植生変遷

琵琶湖周辺で花粉分析結果が報告されている主な地点を図1に示した。これらのデータをもとに、二万五千年前から現在までの琵琶湖周辺の植生変遷をあらわした模式図が図2である。琵琶湖周辺では、最終氷期から現在に至る連続した花粉分析の例は多くない。限られた分析地点のデータから琵琶湖周辺の広い範囲の植生を復元することは本来無理があるのだが、標高による温度差や、各々の樹種が現在生育する場所の気候条件などを考慮して描いたものである。日本海気候

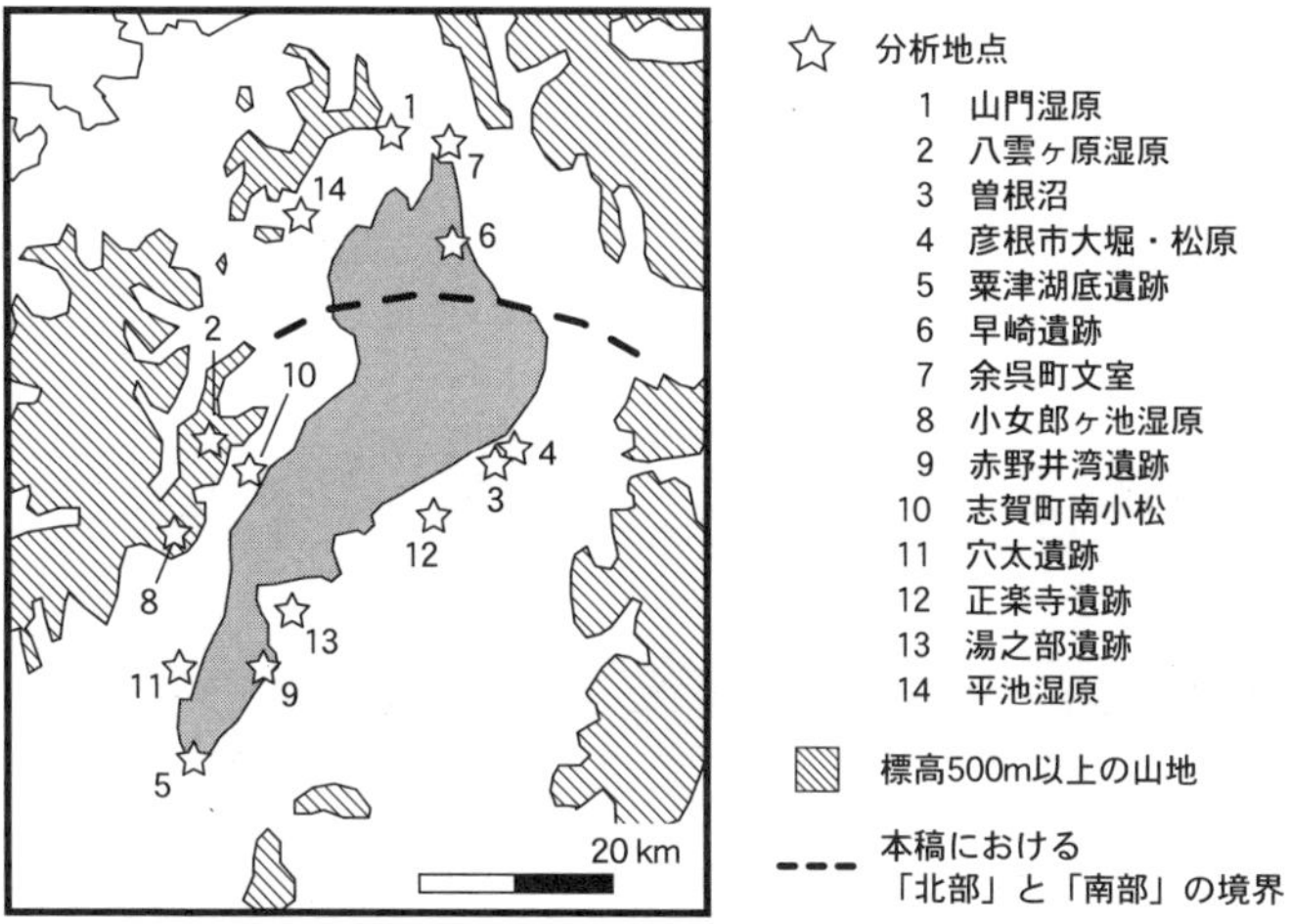

図1　本文で引用した花粉・大型植物遺体分析地点．出典は以下のとおり．地点番号1（高原1993），2（Takaharaほか1989），3（松下・前田1984），4（Ooi & Tsuji 1989），5（吉川1997；辻・後藤2000），6（鈴木2003），7（辻ほか1994），8（山口ほか1988），9（鈴木1998 a，b；吉川1998），10（浜端ほか1983），11（藤根1997），12（辻ほか1996），13（外山1989），14（山口ほか1989）．

の影響を受ける地域と内陸部とでは降水量（特に降雪量）や気温がかなり異なり、また、それまでの植生変化の履歴が異なるので、便宜上、「北部」と「南部」に分けている。なお、本文中の花粉出現率は樹木花粉の合計数を基数とした百分率で、また、年代値は一九五〇年を現在とした放射性炭素年代で示している。

二万五千年前から一万二千年前頃の植生

この時代は、最終氷期の中で最も寒冷な気候であった。西浅井町の山門湿原の分析結果では、モミ属（五―一〇%）、ツガ属（一〇

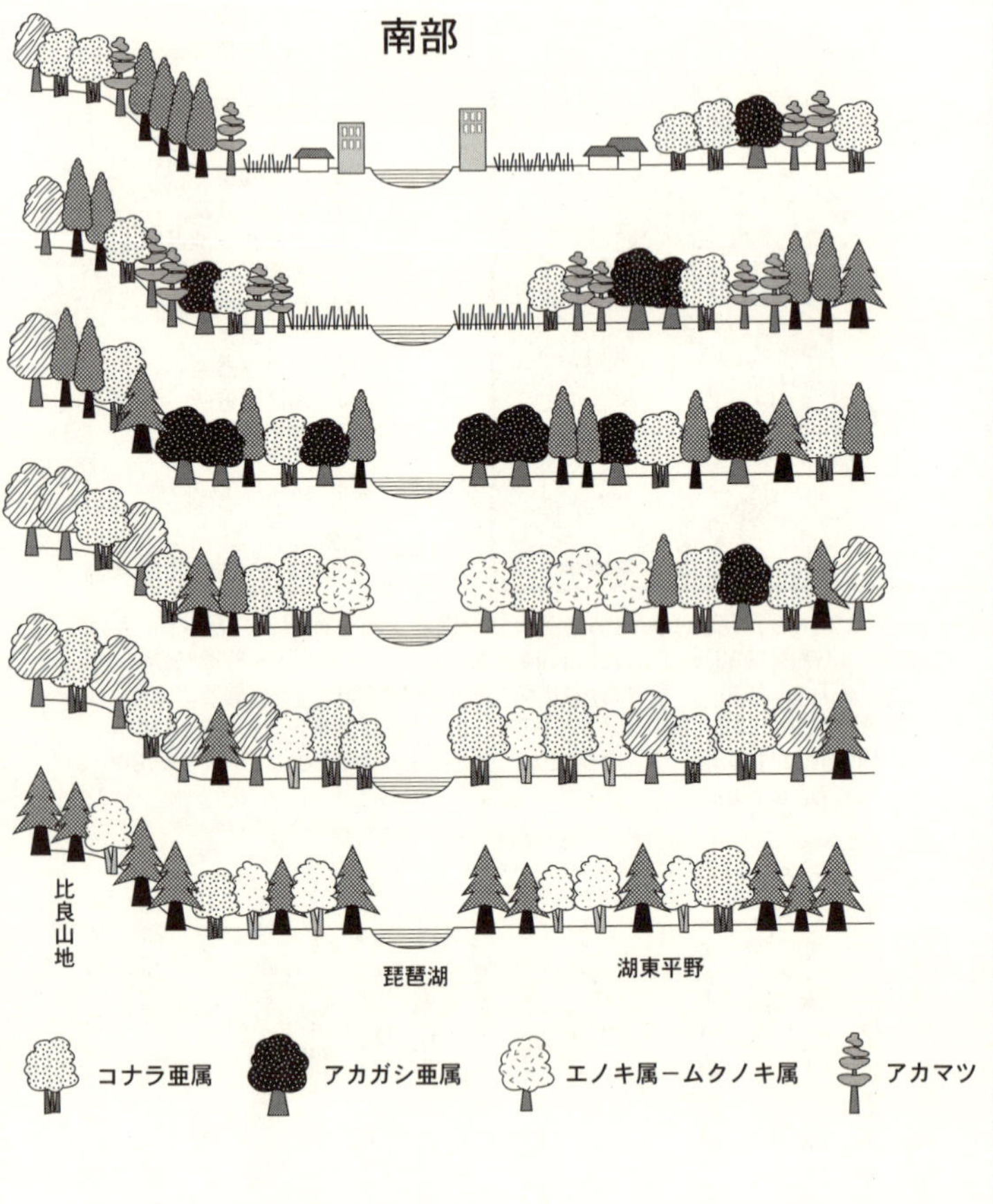

る比良山地の八雲ヶ原湿原（標高910m）、南部の低地は松下・前田（1984）の分析による彦根市の曽根沼（標高86m）のデータを基本に、その他の遺跡や湿原などから得られた分析結果を組み合わせて描いたものである。

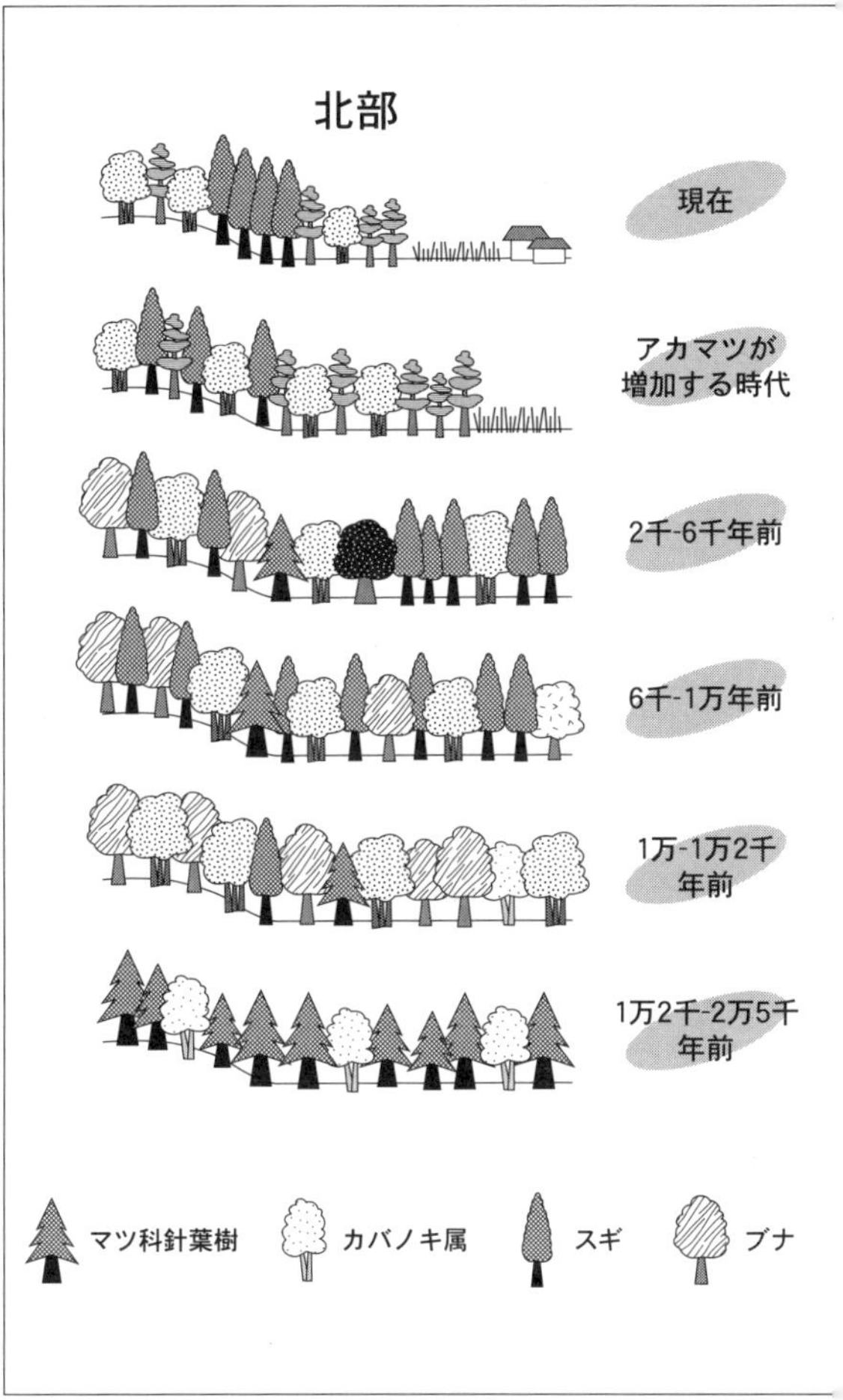

図２　琵琶湖周辺における最終氷期最盛期以降の植生変遷の模式図．北部は高原（1994）が分析をおこなった西浅井町の山門湿原（標高300ｍ）、南部の山地は高原ほか（1989）によ

—三五％）、トウヒ属（五％）、マツ属ゴヨウマツ亜属（一〇—二五％）などのマツ科針葉樹の花粉が多く、これに落葉広葉樹のカバノキ属（二〇％）花粉をともなう（高原　一九九三）。比良山地の八雲ヶ原湿原では、モミ属が一五—二〇％、ツガ属が二〇—二五％、トウヒ属が五％、マツ属が二〇—三〇％出現し、これらとカバノキ属（一〇—一五％）が主要な花粉であった

（Takahara ほか　1989）。彦根市の曽根沼の花粉分析では、マツ属が約二〇％、ツガ属が約一〇％、モミ属が五％、トウヒ属が二％出現したほか、落葉広葉樹のカバノキ属とコナラ属コナラ亜属が約五％出現した（松下・前田　一九八四）。彦根市大堀・松原の両地点でも、姶良―Tn火山灰（二万五千年前）層の直上から、マツ科針葉樹にカバノキ属やコナラ亜属をともなう花粉組成が得られている（Ooi & Tsuji 1989）。

これらの資料から、この時代には寒冷な気候の下で、琵琶湖の北部・南部のどちらにおいても、マツ科針葉樹やカバノキ属、コナラ亜属などからなる針広混交林が広がっていたと考えられる。

一万二千年前から一万年前頃の植生

縄文時代草創期に対応するこの時期は、最終氷期の末期（晩氷期）で、後氷期への温暖化が始まる時代である。山門湿原では、モミ属、ツガ属、トウヒ属、マツ属がやや減少する一方、温帯性針葉樹のスギや落葉広葉樹であるブナやコナラ亜属の花粉が増加する。この時代の北部では、前の時代まで優勢であったマツ科針葉樹が減少し、ブナやコナラ亜属の樹木を中心とする落葉広葉樹林が形成された。この広葉樹林にはスギも混生していた。

曽根沼でもマツ科針葉樹の花粉が急減し、コナラ亜属（二五―三五％）、カバノキ属（一五―二五％）、クマシデ属（一〇―二〇％）、ブナ属（五―一〇％）などの落葉広葉樹が増加する（松下・前田　一九八四）。また、粟津湖底遺跡の自然流路から得られた鬱陵―隠岐火山灰（九三〇〇年前）層より下の層準ではコナラ亜属が五〇％を占め、これに低率ではあるが温帯性針葉樹のスギやヒノキ科―イチイ科―イヌガヤ科、落葉広葉樹のクリ属をともなう花粉組成が得られている（辻・後藤　二〇〇〇）。このことから、南部ではカバノキ属、コナラ亜属やブナなどの落葉広葉樹が優勢であったと考えられる。

一万年前から六千年前頃の植生

縄文時代早期にあたるこの時代は、後氷期に入って気温が上昇し、降水量も増えたと考えられている。山門湿原ではスギ花粉が五〇％以上を占め、これにコナラ亜属（一〇％）、ブナ（五％）、クリ（一五％）などの落葉広葉樹をともなう花粉組成であった（高原　一九九三）。このことから、北部ではスギが優占し、コナラ亜属などの落葉広葉樹をともなう森林が発達したと考えられる。

一方、八雲ヶ原湿原では落葉広葉樹花粉が多い。ブナ花粉が三〇―四〇％を占め、これにコナラ亜属（二〇％）、クマシデ属（五―一〇％）やニレ属―ケヤキ属（五％）をともなう（Takahara ほか　1989）ことから、南部の山地にはブナやコナラ亜属が優勢な落葉広葉樹林が形成されていたと考えられる。曽根沼ではコナラ亜属花粉が四〇―五五％を占め、ブナ属やスギ（五％）などをともなう。また、徐々に常緑広葉樹であるアカガシ亜属の花粉が増加して、六千年前ごろには二〇％を占めるまでになる。この時期には、現在では河川の後背湿地などに多くみられる落葉広葉樹のニレ属―ケヤキ属やエノキ属―ムクノキ属の花粉も増加し、とくにエノキ属―ムクノキ属花粉は約三〇％にまで増加する（松下・前田　一九八四）。このことから、南部では、コナラ亜属などの落葉広葉樹が多い森林であったところに、アカガシ亜属などの常緑広葉樹が徐々に分布を広げていったと考えられる。河川周辺などではエノキ属・ムクノキ属、ケヤキなどを中心とする落葉広葉樹林が形成されていたが、スギは少なかった。

六千年前から二千年前頃の植生

縄文時代前期から晩期を含むこの時代には、山門湿原ではひきつづきスギが四〇―六〇％を占め、ブナ（一〇％）、コナラ亜属（一〇％）をともなう花粉組成であった（高原　一九九三）。また、湖北町の早崎遺跡では、縄文時代後期から弥生時代前期にかけての層準で、温帯性針葉樹のスギ属（一五―三五％）、イチイ科―イヌガヤ科―ヒノキ科（五―二五％）とアカガシ亜属（一〇―二〇％）を多く含む花粉組成が得られている（鈴木　二〇〇三）。余呉町文室の四五〇〇年前から三五〇〇年前の層準でも同様に、スギやイチイ科―イヌガヤ科―ヒノキ科花粉が優占し、これにコナラ亜属やアカガシ亜属をともなう花粉組成が得られている（辻ほか　一九九四）。この時期の北部では、スギの優勢な森林が低地から山地にわたって形成されたが、標高の低いところではアカガシ亜属などが優占する常緑広葉樹林が徐々に拡大した。

八雲ヶ原湿原ではスギ花粉が三〇―五〇％を占め、ブナが一〇％、コナラ亜属が一〇―二〇％

となる（Takahara ほか　1989）。比良山系の小女郎ヶ池ではスギ花粉が二〇％、コナラ亜属が一〇—二〇％、アカガシ亜属が一五—三〇％であった（山口ほか　一九八八）。これらより、南部の山地ではスギにブナ、コナラ亜属などの落葉広葉樹をともなう森林が成立しており、アカガシ亜属などの常緑広葉樹も標高の低いところに分布していたと考えられる。

一方曽根沼では、アカガシ亜属がさらに増加し、四〇—五〇％を占めるようになる。このほか、クリ属—シイ属が五—一〇％、スギが一〇—三〇％と高い率で出現し、モミ属が五％未満であるがわずかに増加する（松下・前田　一九八四）。また、大津市の粟津湖底遺跡第3貝塚における縄文時代中期の層準の花粉分析では、アカガシ亜属が三〇—五〇％を占め、モミ属、スギ、イチイ科—イヌガヤ科—ヒノキ科、コナラ亜属などをともなう花粉組成が得られている（吉川　一九九七）。守山市の赤野井湾遺跡における縄文後期—弥生前期の層準でも同様に、アカガシ亜属が優占し、スギ、イチイ科—イヌガヤ科—ヒノキ科、コナラ亜属をともなう花粉組成が得られている（吉川　一九九八、鈴木　一九九八a・b）。

このほか、志賀町（現大津市）南小松の水田から出土したスギの埋没林について、縄文時代後期にあたる三八三〇±六〇年前という年代が得られている（浜端ほか　一九八三）。大津市の穴太遺跡では縄文時代晩期の立ち株が検出され、常緑広葉樹のアカガシ亜属、クスノキ、ヤブツバキ、落葉広葉樹のトチノキ、常緑針葉樹のカヤなどの樹種が同定された（藤根　一九九七）。また、能登川町（現東近江市）の正楽寺遺跡における縄文後期の大型植物遺体（材や種実など）の分析では、モミ・アスナロ・ヒノキ・スギといった温帯性針葉樹が多くみつかり、これにイチイガシ・ウラジロガシ・シイ属といった常緑広葉樹とイヌブナ・ケヤキなどの落葉広葉樹をともなっていた（辻ほか　一九九六）。これらの資料から、南部ではアカガシ亜属などの常緑広葉樹林に、モミやスギ、ヒノキ科などの温帯性針葉樹が混じって生育していたと考えられる。

アカマツが増加する時代

弥生時代以降になると、年代はそれぞれ異なるものの、琵琶湖周辺の各地でマツ属花粉が増加し、多くの地点ではこれにイネ科花粉の増加をともなう。このような変化は、人間活動による自然林の破壊によって先駆樹種であるアカマツが分布を拡大し、イネ科を中心とする草原あるいは稲作が広がったことを示している（高原　一九九八）。この時代については、マツ属花粉の増加する年代や増加の過程、イネ科花粉の増加との関係など、地点によって異なる点が多く、まだ詳細な解明はされていない。

琵琶湖東岸の曽根沼では、約二二〇〇年前ごろからマツ属花粉とともに栽培イネと考えられる大粒（直径四〇マイクロメートル以上）のイネ科花粉が増加し、この時期に稲作がおこなわれていた可能性が指摘されている（松下・前田　一九八四）。中主町（現野洲市）の湯之部遺跡では、プラントオパール分析により、この付近では弥生時代中期には稲作が始まっていたことが明らかにされている（外山　一九八九）。

一方、山門湿原では、マツ属花粉が増加する年代は約三〇〇〇年前（高原　一九九三）、平池湿原では約七〇〇〇年前（山口ほか　一九八九）、八雲ヶ原湿原では約一〇〇〇年前（Takaharaほか 1989）という結果が得られている。北部や山地では、アカマツが増加するのは湖東低地に比べて遅く、約一〇〇〇年前以降であると考えられる。これらのアカマツ増加期の年代は、今後、さらに詳しく研究する必要がある。

4　琵琶湖周辺のスギとモミ──丸木舟の素材

琵琶湖周辺の遺跡で出土した丸木舟のうち、使われた木材の樹種が判明しているものではスギとモミが多い。スギやモミが丸木舟の製作に用いられた背景には、縄文前期から晩期の「丸木舟の時代」に、これらの温帯性針葉樹がアカガシ亜属などの常緑広葉樹とともに生育する森林が広がっていたことがあるだろう。

スギは、降水量の豊富な地域に多く分布し、水分の多い立地を好む樹種である。特に、多雪な環境に適応している。琵琶湖の北部では、縄文時代早期からスギの優勢な森林が広がった。南部でも縄文時代中期以降には広く分布し、大津市南小松の根株の例が示すように、湖に近い低地にも生育していた。

一方、モミは、立地的には斜面下部（の崖錐）から乾いた尾根までの幅広い範囲に分布する（野嵜　二〇〇五）。モミ属の花粉は、粒径が大きく飛散距離が短いため、数％であってもモミ属の花粉が出てくれば、近くに生育していた可能性が高いと考えられる。琵琶湖周辺の分析地点では、モミ属の花粉が低率ではあるが連続して出現していることから、分析地点の周辺にモミが生育していたものと考えてよいだろう。しかし根株のようなはっきりした証拠はみつかっていない。

モミやスギが縄文集落のごく近くに生えていたのか、あるいはやや離れた丘陵地に生えていたのかなど具体的な植生の配置を解明するためには、根株のような動かない証拠を集めること、また花粉分析地点を増やして地点間の比較をおこなうことが必要である。材や種実などの大型植物遺体も、人間が意図的に集めたものである場合も含まれるが、重要な証拠である。

現在の植生は、長期にわたる人間と自然との相互作用の結果、形成されたものである。花粉や大型植物遺体から復元される過去の植生の資料と丸木舟などの遺物から復元される過去の人間活動の資料を合わせてみることで、人間と自然の歴史をより立体的にとらえ、理解を深めることが可能になるはずである。

引用文献

藤根　久（一九九七）「穴太遺跡出土自然木の樹種同定」『一般国道一六一号（西大津バイパス）建設に伴う穴太遺跡発掘調査報告書Ⅱ』滋賀県教育委員会・財団法人滋賀県文化財保護協会

浜端悦治・栗林　実・須川　恒・和泉　剛（一九八三）「集水域の自然」『琵琶湖　その自然と社会』『琵琶湖』編集委員会編　サンブライト出版

松下まり子・前田保夫（一九八四）「曽根沼ボーリング　花粉組成」『彦根西部地域の地質』石田

志朗・河田清雄・宮村　学編　地質調査所
Ooi, N. and Tsuji, S. (1989) Palynological study of the peat sediments around the Last Glacial Maximum at Hikone, the east shore of Lake Biwa, Japan. The Journal of Phytogeography and Taxonomy Vol. 37, No. 1
杉田真哉（一九九九）「人間・環境系としての植生の復元と空間スケール—化石花粉はどこから飛んできたのか—」『環境と歴史』石　弘之・樺山紘一・安田喜憲・義江彰夫編　新世社
鈴木　茂（一九九八ａ）「花粉化石（北・法竜川・天神川1調査区）」『琵琶湖開発事業関連埋蔵文化財発掘調査報告書2　赤野井湾遺跡』第四分冊　滋賀県教育委員会・財団法人滋賀県文化財保護協会
鈴木　茂（一九九八ｂ）「花粉化石（新守山川4A調査区）」『琵琶湖開発事業関連埋蔵文化財発掘調査報告書2　赤野井湾遺跡』第四分冊（滋賀県教育委員会・財団法人滋賀県文化財保護協会）
鈴木　茂（二〇〇三）「早崎遺跡の分析結果—第9調査区の花粉分析結果」『琵琶湖開発事業関連埋蔵文化財発掘調査報告書7　琵琶湖北東部の湖底・湖岸遺跡』第一分冊（本文編）　滋賀県教育委員会・財団法人滋賀県文化財保護協会
高原　光（一九九三）「滋賀県山門湿原周辺における最終氷期以降の植生変遷」『日本花粉学会会誌』三九巻一号
高原　光（一九九八）「近畿地方の植生史」『図説日本列島植生史』安田喜憲・三好教夫編　朝倉書店
Takahara, H., Yamaguchi, H. and Takeoka, M. (1989) Forest changes since the Late Glacial Period in the Hira Mountains of the Kinki region, Japan. Journal of Japanese Forestry Society Vol. 71, No. 6

外山秀一（一九八九）「遺跡の立地環境の復原―滋賀、比留田法田遺跡・湯之部遺跡を例に―」『帝京大学山梨文化財研究所研究報告』第一集
辻　誠一郎・後藤香奈子（二〇〇〇）「縄文時代早期の花粉化石群」『琵琶湖開発事業関連埋蔵文化財発掘調査報告書3―2　粟津湖底遺跡　自然流路（粟津湖底遺跡Ⅲ）』滋賀県教育委員会・財団法人滋賀県文化財保護協会
辻　誠一郎・植田弥生・木村勝彦（一九九四）「余呉低地帯南部における完新世後半の木本泥炭と植生復元」『植生史研究』二巻一号
辻　誠一郎・植田弥生・南木睦彦（一九九六）「正楽寺遺跡の植物遺体群と古植生・堆積環境」『能登川町埋蔵文化財調査報告書　第四〇集　正楽寺遺跡―縄文後期集落の調査―』本文編　能登川町教育委員会
野嵜玲児（二〇〇五）「モミ・ツガ林」『図説日本の植生』（福嶋　司・岩瀬　徹編著　朝倉書店）
山口浩司・高原　光・竹岡政治（一九八八）「比良山地における森林変遷（2）―小女郎ヶ池湿原の花粉分析―」『京都府立大学農学部演習林報告』三二号
山口浩司・高原　光・竹岡政治（一九八九）「約一〇〇〇年前以降の琵琶湖北西部低山地における森林変遷」『京都府立大学農学部演習林報告』三三号
吉川昌伸（一九九七）「粟津湖底遺跡第3貝塚の花粉化石群」『琵琶湖開発事業関連埋蔵文化財発掘調査報告書1　粟津湖底遺跡第3貝塚（粟津湖底遺跡Ⅰ）』本文編　滋賀県教育委員会・財団法人滋賀県文化財保護協会
吉川昌伸（一九九八）「花粉化石（新守山川4B調査区）」『琵琶湖開発事業関連埋蔵文化財発掘調査報告書2　赤野井湾遺跡』第四分冊　滋賀県教育委員会・財団法人滋賀県文化財保護協会

四　丸木舟から準構造船へ

横田洋三

古墳時代、埴輪に表現された船は図2のような独特の形をしている。舷側板の前後の接合構造が大げさで、このような特徴的な形状をもたらしているのであるが、視点を転じて、船の下半部に移すとそこにはまだ刳り舟が存在していることに気が付く。この船は丸木舟を土台にして、上部に部材を組み上げて造られた船であることがわかる。古墳時代に活躍し、埴輪にも表現された古代船は単材丸木舟に部材を足して発展してきた船なのである。このように構造体として船底に刳り舟が残っている船を「準構造船」と呼んでいる。

準構造船は近年、実物船の出土例が増えてきておりその実像が見えつつある。なかでも一九八三年大阪府八尾市久宝寺遺跡において出土した古墳時代前期の準構造船は良好な資料で、舳先に組み合わせ加工が施された刳り舟と、これに組まれていた大きな竪板が出土しその構造を見ることができている。刳り舟の幅一・二五メートル以上、竪板の高さ一・八メートルで、長さは三メ

図１　準構造船復元図（古墳時代）
大阪久宝寺の船（後）と琵琶湖赤野井浜の船（手前）

ートルが残存し、おそらく復元すると二〇メートル級となる「竪板型準構造船」である。

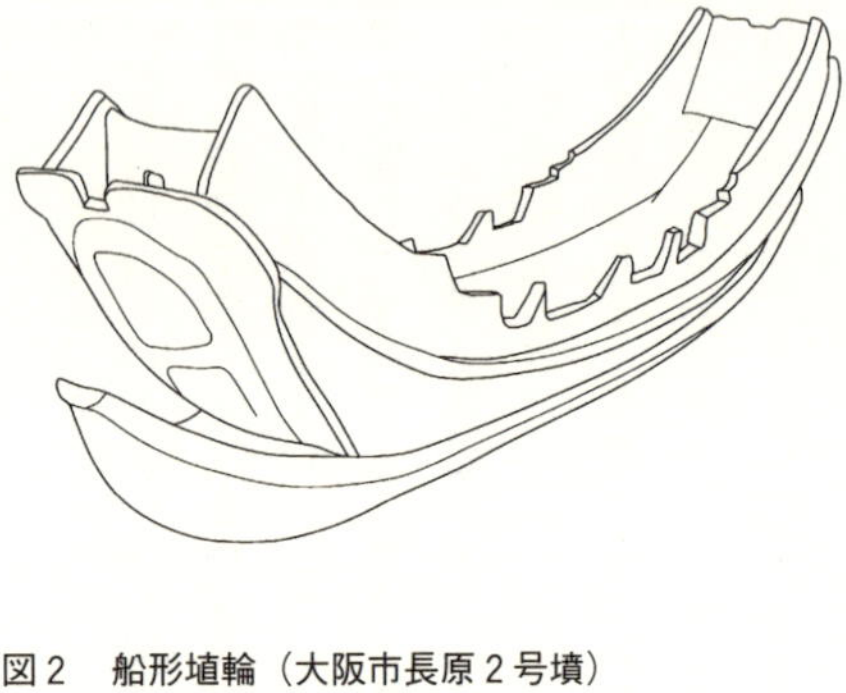

図２　船形埴輪（大阪市長原２号墳）

船の大きさ

単材丸木舟の時代に一人から二人乗りで、長さは七メートル級までであった丸木舟は、準構造船に構造を進化させると同時に大型化が可能になっている。しかし、実際にはどのような大きさの船が造られていたのかがわからない。久宝寺の船は単材丸木舟よりもはるかに大きいのであるが、当時の中型船であったのか、それとも埴輪にも表現された当時の最大級の船に匹敵するものであったのかがわからないのである。埴輪の船には、両舷にオールの支点であるピボットが数多く表現されていたり、竪や衣笠で満艦飾に飾られていたりしたものがあり、大勢の人で操船をした大型船と想定できるのである。船の大きさはそのまま航海性能として現れ、また大量の荷の運搬を前提とした交易を考えるにも船の大きさは大問題なのである。

常陸風土記に天智朝の世に造った長さ一五丈、幅一丈余の大船が浜辺に打ち上げられたとの記述がある。現在の度量衡で長さ四五メートル、幅三メートル余りの船である。そのフォルムは、長さに対して幅が極端に細く、刳り舟をベースとした準構造船の特徴的な姿を表していると考えられる。当時、百済への援軍として数百隻の船を朝鮮半島に送り、白村江で大敗を喫しているのであるが、このときの船団の中にこのような大型の準構造船が含まれていたと考えられるのである。

ただ、大きさは記録上の数値であり、にわかには信じがたい。実際の出土船で見ると、明治十一年（一八七八）に大阪の鼬川《いたち》の開削工事で古い大きな船が出たとニュースになった丸木舟がある。近代日本考古学の祖とされているE・S・モースも調査しスケッチを残しているが、このときの数値が全長一一メートル以上、幅一・四メートルである。さらにさかのぼること四〇年、天保九年（一八三八）にも、愛知県の諸桑で大きな丸木舟が出てきたと大騒ぎになっている。この船は長さ二〇メートル以上、幅一・六メートルである。確度のある資料ではこれが最大級の準構造船である。かなり大きな船であるが、常陸の船と較べると、幅・長さで半分、面積にすると四分の一、容積つまり積載量にすると八分の一しかない。

最近の出土例では、大阪府寝屋川市長保寺遺跡で幅一・四メートル、同じく蔀屋北遺跡で幅一・三メートルの準構造船の刳り舟部が井戸枠への転用材として検出されている。久宝寺の船も船首部分の出土であるため、実際の船体幅は一・五メートル程度になると考えられる。原木の大きさに規制される刳り舟部の大きさであるが、実際の出土品からは幅一・五メートル前後のサイズが一つの規格として存在していたようである。

長さはさらに資料が少なく推定の域を出ないが、諸桑の船の幅：長さ一：一二・五の数値が参考値となる。この数字からは幅一・五メートルの船が長さ二〇メートル級であったと想定できる。ただ、二〇メートルとなると単材ではほぼ不可能であり、刳り舟部は何材か縦方向に継ぐことになる。鼬川の船では印籠継ぎで二材が継がれており、諸桑の船は四材が継がれていた。

常陸の船は幅三メートル長さ四五メートルである。一：一五の比率は妥当な範囲で準構造船のフォルムとしては悪くない。しかし幅三メートルの刳り舟となると、直径三メートル以上の大木が必要となる。刳り舟を縦に裂いて材を足して幅を広くしたとも考えられるが、細長いフォルムを維持しているところからこの想定はするべきではないだろう。しかし直径三メートルの木となるとさすがに大きい。このような大径材となると、今ではいずれも日本の巨樹巨木に登録されるクラスである。しかも、直通し船材として適していると見られるスギで最大径がほとんど三メートルクラスである。逆に直径三メートルとはスギの健全な材としての最大径であることがわかる。クスノキでも同じことがいえる。このことから常陸の船のサイズは当時最大の船の船幅サイズとして実に妥当な数字なのである。実在したとすれば国内最大級の木を何本も伐り、縦方向に何材も繋ぎ合せて建造された当時最大、最新鋭の船であったはずである。

準構造船の構造

釘を使わない準構造船

刳り舟の上に舷側板などを取り付けていくのが準構造船であるが、その具体的な構造を見ていこう。

和船の舳先は船底から斜め前方に要となる材（ミヨシ）を立て、これに舷側板を船釘で固定して先端形状を作り出すのが代表的な構造である。先端部に向けて細く絞り上げるため舷側板は湾

図3　復元船の竪板の建て込み状況

曲させる必要がある。そこで、板の下で焚火をして熱を加えたり、テコや万力を使うなどして、ゆっくりと舷側板をしならせて固定しているのであるが、外側へ弾ける力はかなり強く、固定には、船釘を側方から縫い止めるように打ち込んでいる。

ところが、準構造船を見るとそこには釘を使っていないのである。五寸釘よりも、ずっと太くて長い船釘は、打ち込む前に先掘りをして穴を穿ち、そこに、釘頭が隠れるまで船釘を打ち込むため、釘が抜けたとしても、そこには大きな痕跡が残るものである。和船の廃船を解体して建物の外壁に利用しているものがあるが、そこには大きな釘跡が数多く残されているのがわかる。しかし、久宝寺の船や、他の準構造船の部材を見ても、釘が使用された痕跡が無いのである。

竪板形準構造船

準構造船に多く使われている接合方法は、釘ではなく長方形の穴を穿って樹皮で綴じる方法である。刳り舟と舷側板は樹皮で綴じられているだけなのである。ところが、舷側板の前後は先にも触れたように、外側に向けて弾けようとする力が大きいため、特に強固な接合が必要なのであるが、樹皮綴じだけではさすがに強度が不足する。そこで、釘無しでも強固な構造とするために採用されたのが「竪板」となる。

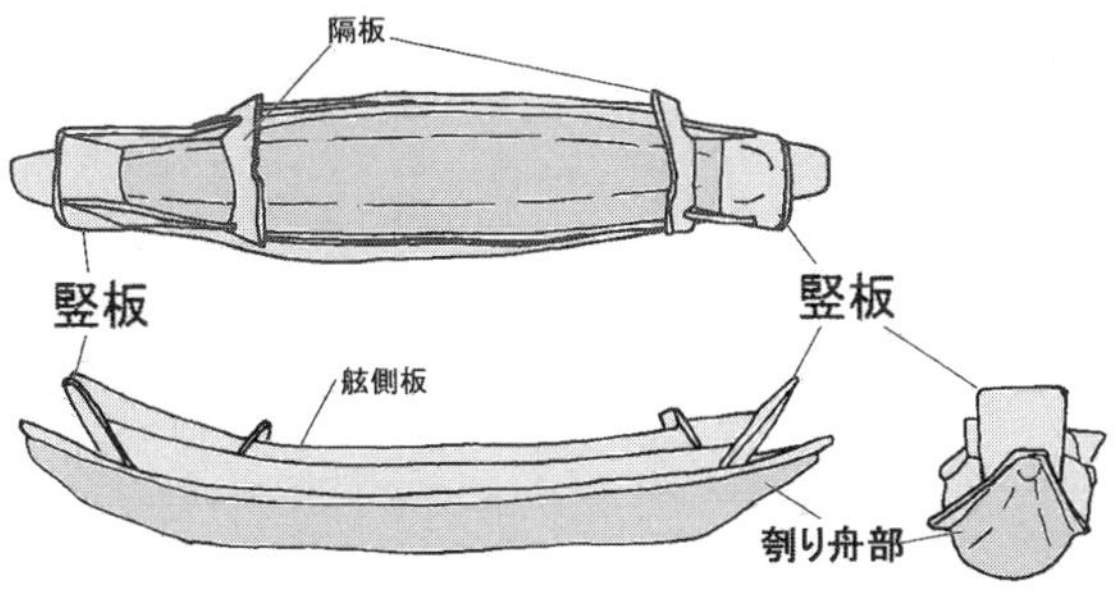

図4　竪板型の準備造船　船形埴輪（菩提池西3号墳）

　竪板は和船でのミヨシに相当する。竪板は刳り舟と組み合わせるため下半部は二股に加工され、また取り付け角度も正確に刻まれている。これらの形状のほかに、内面の両側面に必ず溝が彫られている。幅二センチメートル、深さも二センチメートルほどの溝である。刳り舟部の先端に竪板の取り付け角度を持って、竪板を建て、そして竪板に彫られた溝に湾曲させた舷側板の先端をバチンと嵌め込んだのである。

　実際に準構造船を復元して組み立ててみる。まずは、刳り舟部の溝に組み込んだ竪板であるが、これは両側から固定用木栓を打ち込むとガッチリと固定することができた。刳り舟の両端にミヨシが立ち上がった状態である。舷側板には厚さ二センチメートルのスギ板を用いたが弾ける力は相当に強く、竪板の溝に嵌め込むには相当苦労したのである。しかし、一旦組み上がると、緩みが生じることも無く、強固に組み上げることができたのである。また、舷側板を湾曲させ、張りを持たせることにより、強度を確保しているのは和船と同じである。薄さ二センチメートルで六メートルもあるとスギ板はベコベコなものであるが、組み込まれた状態では、十分な張りと強度を持つのである。

船型埴輪には左右の側板をつなぐ「隔壁」が表現されているものがある。実船を正確に表現していると仮定すると、隔壁とは船幅よりも広い板で、左右の側板を繋ぐように取り付けられたものである。外側に顎を出し、上方から差し込んで組み立てられていると観察される。ただ、隔壁にどんな木取りの板を使用しても顎の部分は欠損しやすく強度に劣る。また、使用上の利点も見出しにくく、構造的に優れた部材とは言いがたい。しかし、長さ一〇メートルを超えるような長い船の場合、特に準構造船のように直線部分の多い舟の場合、側板の湾曲を先端の絞込みからだけで作り出すことは困難となる。

そこで、側面の直線部が長い準構造船では隔壁を採用することとなる。

隔壁を入れて側板を外側に押し開いていたと考えられるのである。このことにより湾曲形状を作り出し、強度を生み出すことになる。さらに、船幅の拡大も図られることになる。実は、隔壁の重要な目的はこの船幅拡大であったとも考えられる。いずれにせよ、この想定の場合は、隔壁は外側に押し出す方向の力が期待される部材であり、外側にはみ出した顎には大きな力はかからない。よって先に指摘した欠点はいくらか解消され、部材の存在意味を理解することができるようになる。

貫型準構造船

図5の船形埴輪には竪板は見られず、シルエットも異なるのに気が付く。これは先に説明した竪板型に相当しない船である。では舷側板の接合はどうしたかというと、前後の接合構造箇所を見ると両舷を貫く「貫」が表現されている。この船は竪板を使わず、かつ船釘も使わず、貫で舷側板を組上げた「貫型準構造船」である。この形式の実船は出土しておらず、可能性のある部材が散見されるだけであるが、表現されている埴輪類は多く、竪板型と同じく多く採用されていた準構造船の基本構造である。ただ、貫構造では左右の舷側板を完全に閉じて合わせることはできず、前方が開放してしまう。このためか、船形埴輪で貫型のものは刳り舟部の両端が大きく反り上がって表現されているものが多い。

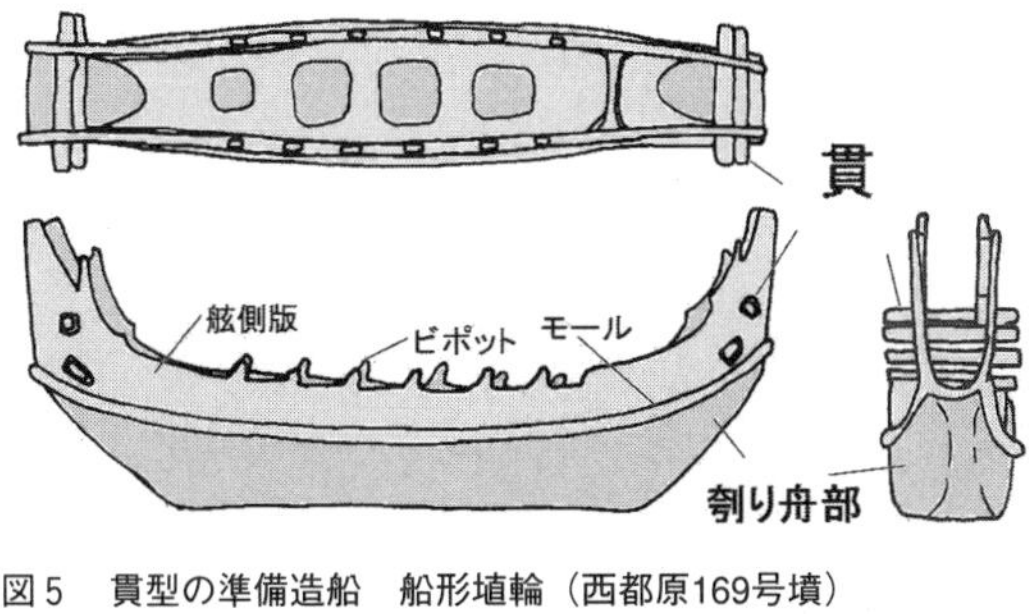

図5　貫型の準備造船　船形埴輪（西都原169号墳）

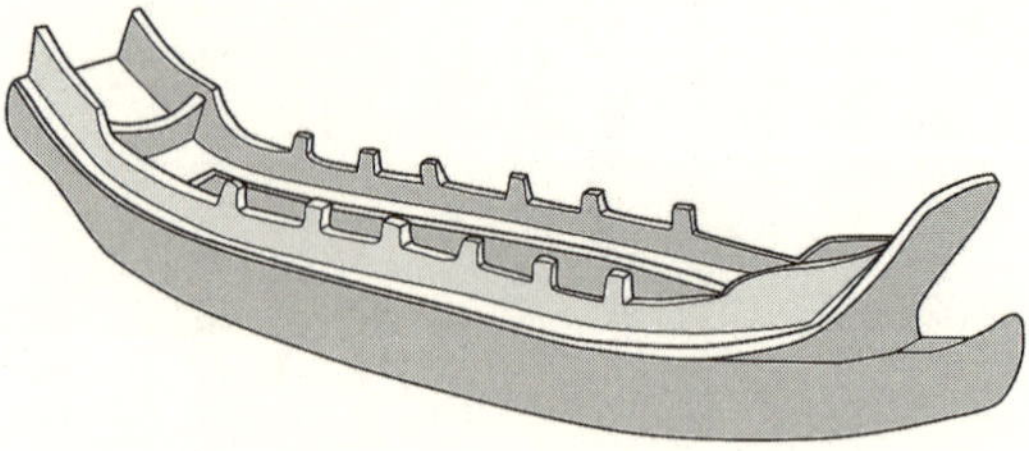
図6　ハイブリット船

竪板＋貫型準構造船

埴輪や絵画には、図6のように前は竪板形、後ろは貫型とした折衷型の準構造船も見られる。波切も兼ねていたと考えられる縦板を船首に採用し、さほど絞り込む必要がなく、有効船幅を広く取れる貫型を船尾にとしたハイブリット船である。

さらに、図6の船をもう一度見ると、これは刳り舟の上に竪板型の工法で下段の舷側板を組み、さらにその上に貫工法で舷側板を建て上げていたのがわかる。つまり、一階を縦板型、二階を貫型とした側板二段重ねの船である。

大型船であろうと考えられる船形埴輪にこの形式をとるものが多く、大型化の工法の一つとして確立していたと考えられる。

琵琶湖の準構造船

準構造船の実船の部材は琵琶湖周辺の松原内湖遺跡や入江内湖遺跡、赤野井浜遺跡などから多く出土しており、かつては多くの準構造船が琵琶湖に浮かんでいたことがわかってきている。ただ、出土している舳先や竪板は大阪の久宝寺遺跡の船に比べてかなり小さい。少し小さいのでは

彦根市松原内湖遺跡出土の
準構造船部材の竪板
（滋賀県立琵琶湖博物館提供）

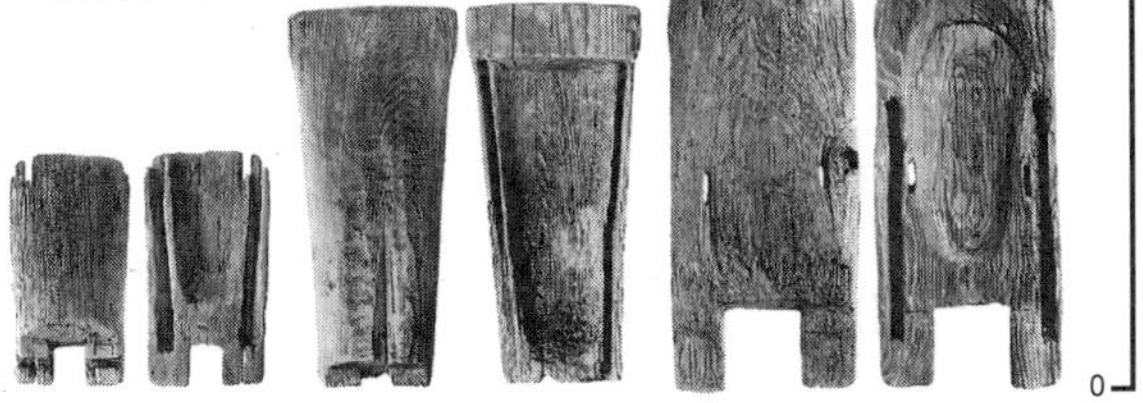

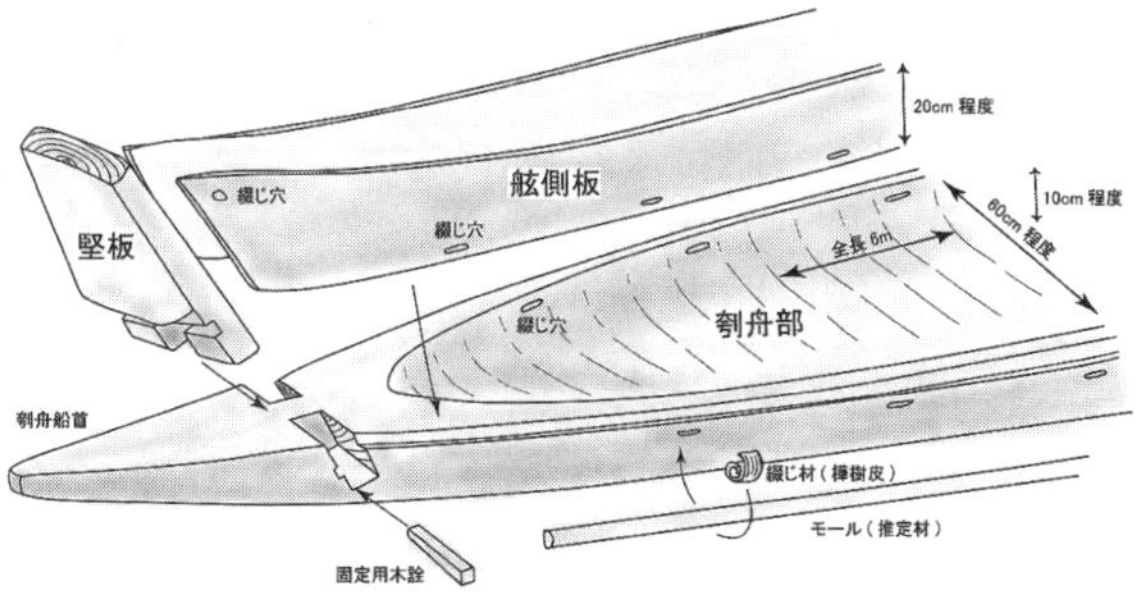

小型準構造船（竪板型）の基本構造

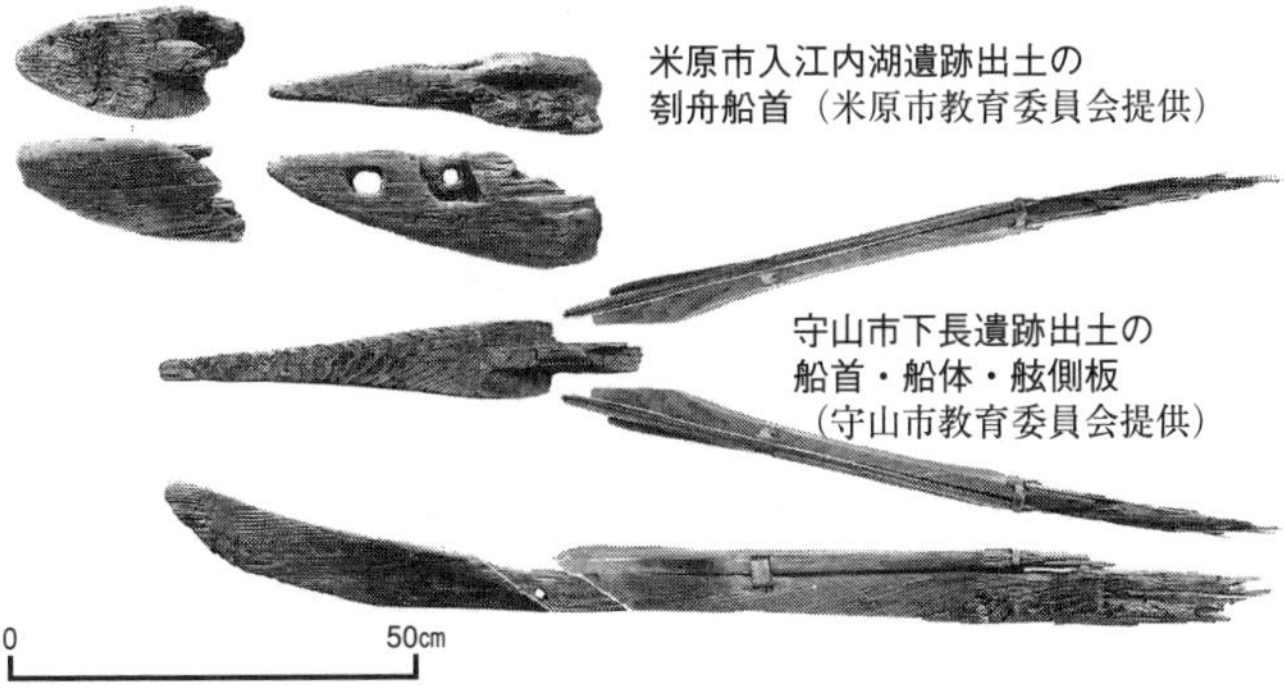

米原市入江内湖遺跡出土の
刳舟船首（米原市教育委員会提供）

守山市下長遺跡出土の
船首・船体・舷側板
（守山市教育委員会提供）

図7　琵琶湖出土の準構造船部材とその基本構造

なくずいぶんと小さいのである。中には竪板が高さ二二センチメートル、取り付け舷側板幅一四センチメートルという小さなものもある。これをもとに船を復元してみると幅五〇センチメートル、長さ六メートル程度と、丸木舟とほとんど変わらない大きさの船となるのである。一から二人乗りの小型船もまた弥生時代から古墳時代に、単材丸木舟から準構造船へと姿を変えていたのである。その軽便・軽快な走りと、十分な耐久性を誇って活躍していた小型準構造船の姿が見えてくるのである。

近年、守山市弘前遺跡で見つかった船は船幅七〇センチメートルの刳り舟で、長さ一〇メートル級が想定でき、琵琶湖周辺では比較的大きな船である。刳り舟部で深さが五〇センチメートルあり、あえて舷側板の付加を必要としないため、単材丸木舟とも考えられているが、ここでは古墳時代、琵琶湖に浮かんでいた大型船と評価したい。そしてその構造はやはり、準構造船がふさわしいと考える。湖岸周辺での漁労や軽便な搬送とは違い、大量の荷物の搬送を前提とした、つまり交易や集荷を目的とした船が琵琶湖を航行していたと考えられるからである。

丸木舟を土台にした船の時代は意外に長く、鎌倉時代に描かれた絵巻物に登場してくる船もよく見ると、まだその船底には刳り舟を抱えている。ただ、古墳時代に特徴的なシルエットを作っていた竪板は姿を消し、そこに船釘の登場による工法・構造の変化を見ることになる。

参考文献

石井謙治「和船Ⅰ・Ⅱ」『ものと人間の文化史』76—Ⅰ・Ⅱ　法政大学出版　一九九五
出口晶子「丸木舟」『ものと人間の文化史』98　法政大学出版局　二〇〇一
一瀬和夫「倭人船—久宝寺遺跡出土船材をめぐって」『文化財論叢』（上）　横田健一先生古希記念会　一九八七
田中勝弘「古墳時代における水運技術」『紀要』第6号　滋賀県立安土城考古博物館　一九九八
辻尾榮市「広東省化州県石寧村発見の後漢時代刳舟六隻」『郵政考古紀要』第37号通巻46冊　二〇〇五
辻尾榮市「中国上海市川沙県川揚河古代船と準構造船」『喜谷美宣先生古希記念論集』喜谷美宣先生古希記念論集刊行会　二〇〇六
横田洋三「準構造船ノート」『紀要』18号　財団法人滋賀県文化財保護協会　二〇〇四
展示図録『古代の船』福岡市立歴史資料館　一九八八
企画展図録『琵琶湖の船—丸木舟から蒸気船へ—』大津市歴史博物館　一九九三
『大田区の船大工—海苔の船を造る—』大田区立郷土博物館　一九九六

資料

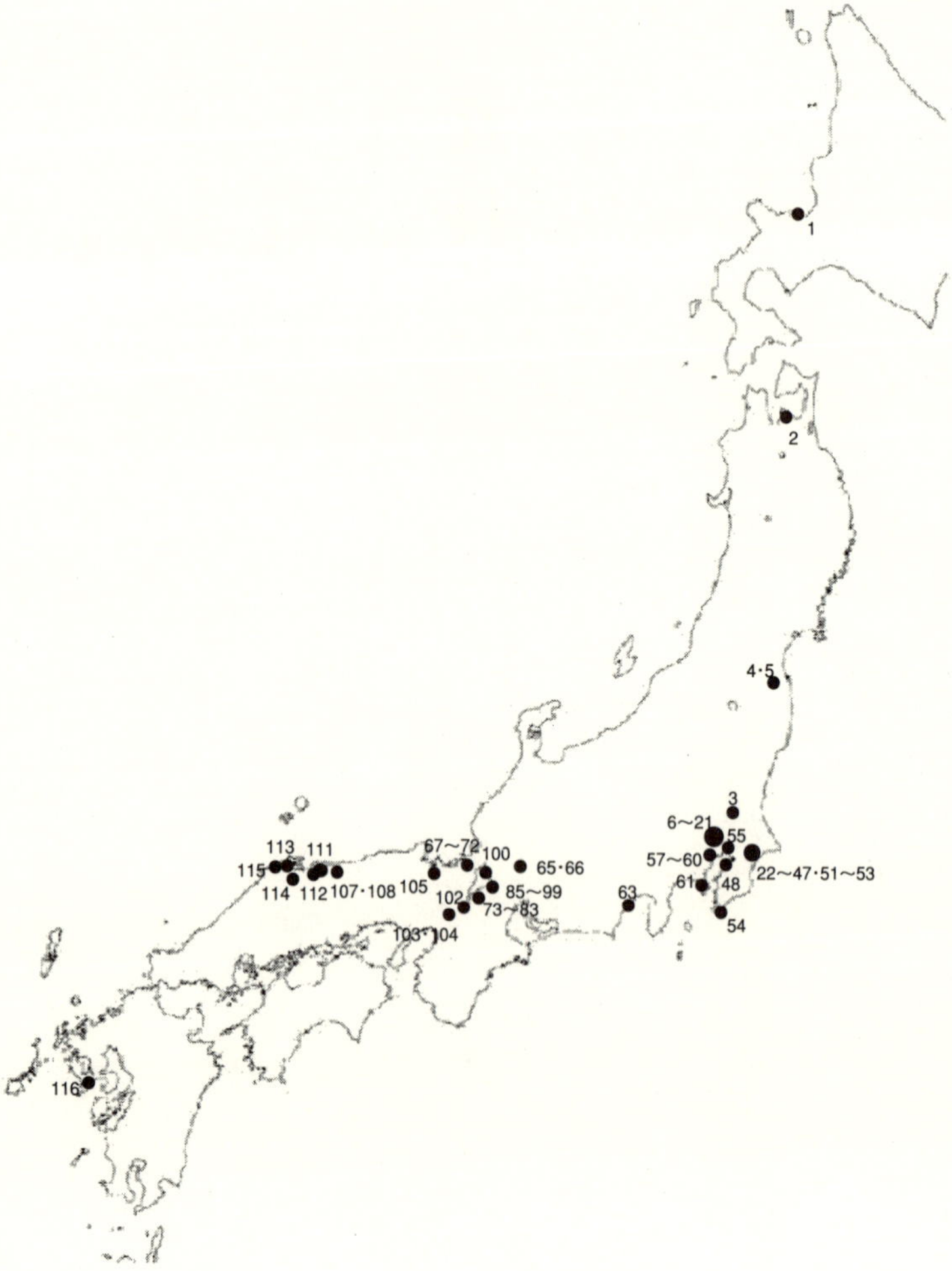

縄文時代の丸木舟出土地分布図　(番号は、出土地一覧表に対応)

全国の縄文時代の出土丸木舟

No.	所在地	遺跡名	時期	長さ(m)	幅(m)	深さ(m)	備考	材
1	北海道石狩町	紅葉山49号 1	中期後半	0.45	0.22		舳先	
2	青森県野辺地町	向田(18)(向井) 1	前期末～中期初頭	0.35	0.32		破片	ハリギリ
3	栃木県大平町	西山田 1		7.00	0.75	0.15	製作途中	ニレ属
4	福島県新地町	双子 1	後期	2.43	0.63			マツ
5	福島県新地町	双子 1	後期	3.70	0.30			マツ
6	埼玉県さいたま市	膝子 1	後期末～晩期初頭	7.00	0.50	0.25	ほぼ完形・鰹節形	クリ
7	埼玉県さいたま市	膝子 2	後期末～晩期初頭					クリ
8	埼玉県さいたま市	膝子 3	後期					クリ
9	埼玉県さいたま市	膝子 4	後期					クリ
10	埼玉県さいたま市	膝子 5	後期					クリ
11	埼玉県さいたま市	膝子 6	後期					クリ
12	埼玉県さいたま市	寿能 1	中期後半	2.35	0.45		破片	トネリコ
13	埼玉県伊奈町	伊奈屋敷跡 1	後期末～晩期前半	3.70	0.60	0.08		ケヤキ
14	埼玉県伊奈町	伊奈屋敷跡 1	後期末～晩期前半	4.85	0.55	0.20		カヤ
15	埼玉県伊奈町	伊奈屋敷跡 1	後期末～晩期前半					カヤ
16	埼玉県川越市	老袋（中追袋） 1	後期	5.49	0.54	0.35		カヤ
17	埼玉県川越市	蓮沼 1	後期					
18	埼玉県さいたま市	大道東 1	中期前半	4.50	0.80		完全なら5m以上	ムクノキ
19	埼玉県さいたま市	四本竹 1					破片1	
20	埼玉県川口市	赤山陣屋跡 1	後期～晩期					
21	埼玉県草加市	綾瀬川流域 1	前期	6.00	0.30		C14では5,300年前、3つの横帯	クリ
22	千葉県多古町	中城下泥炭 1	後期～晩期末	4.00	0.70			カヤ
23	千葉県多古町	島／栗山川流域 1	中期	7.45	0.70	0.15	内面焼け全体	ムクノキ
24	千葉県多古町	ゴーブケ沼 1	後期？	5.13	0.50	0.25	鰹節形	
25	千葉県多古町	南借当 1		4.90	0.78	0.39		クリ
26	千葉県多古町	南借当 2						クリ
27	千葉県多古町	島 1	後期	4.82	0.50			
28	千葉県多古町	船越丸山地先 1	後期	4.50	0.70			カヤ
29	千葉県多古町	船越丸山地先 1	後期	5.30	0.50			
30	千葉県八日市場市	矢摺泥炭 1	後期	3.17	0.45	0.18	半分欠損	クリ
31	千葉県八日市場市	宮田下泥炭 1	後期	3.99	0.43		2つ折れ、船首一部欠損	クリ
32	千葉県八日市場市	宮田下 1	後期	5.00	0.45			
33	千葉県八日市場市	多古田低地 1	後期～晩期	4.00			船首のみ	
34	千葉県八日市場市	七軒堀 1					(調査中)	
35	千葉県八日市場市	七軒堀 1					(調査中)	
36	千葉県八日市場市	旧新田下沼 1	後期	4.16	0.40			カヤ
37	千葉県八日市場市	旧新田下沼 1		3.45	0.58	0.20		カヤ
38	千葉県八日市場市	旧新田下沼 1						カヤ
39	千葉県八日市場市	旧新田下沼 1						カヤ
40	千葉県八日市場市	米倉大鏡 1		4.17	0.45	0.25	完形・鰹節形・横帯あり	
41	千葉県八日市場市	米倉大鏡 2		6.00				
42	千葉県八日市場市	米倉大鏡 3		3.47	0.42	0.21	鰹節形・横帯あり	
43	千葉県八日市場市	米倉大鏡 4						
44	千葉県八日市場市	米倉大鏡 5						
45	千葉県八日市場市	米倉長割 1		4.21	0.45	0.20	鰹節形・横帯あり	カヤ
46	千葉県八日市場市	安田 1	晩期					
47	千葉県八日市場市	亀田泥炭 1		0.55	0.22	0.44		カヤ
48	千葉県千葉市	焼見（落合／検見川畑町） 1	後期？	6.20	0.43			カヤ
49	千葉県千葉市	焼見（落合／検見川畑町） 1	後期？	5.80	0.48	0.44	ほぼ完形・鰹節形	カヤ
50	千葉県千葉市	焼見（落合／検見川畑町） 1	後期？	3.48	0.58			カヤ
51	千葉県横芝町	高谷川B 1	後期中葉	4.59	0.70	0.33	鰹節形	カヤ（クリ）
52	千葉県横芝町	高谷川G 1		2.60	0.45	0.22		カヤ
53	千葉県横芝町	古川 1	後期					
54	千葉県丸山町	加茂 1	前期（諸磯式期）	4.80	0.70	0.15		ムクノキ
55	千葉県八千代市	保品 1	晩期？	6.54	0.50		ほぼ完形	カヤ
56	千葉県松戸市	横須賀 1	後期	5.57	0.45			カヤ
57	東京都北区	中里 1	中期初頭	5.79	0.72	0.42	ほぼ完形・鰹節形	ムクノキ

全国の縄文時代の出土丸木舟

№	所在地	遺跡名		時期	長さ(m)	幅(m)	深さ(m)	備考	材
58	東京都北区	袋低地	1	後期				破片	トネリコ
59	東京都北区	袋低地	1	後期				破片	トネリコ
60	東京都北区	袋低地	1	後期				破片	ケヤキ
61	神奈川県横須賀市	伝福寺裏	1	前期後半	2.95	0.40		矢板による切断	イヌガヤ
62	新潟県加治川村	青田	1	晩期末	7.00	0.80	0.13		トチ
63	静岡県静岡市	太谷川	1	晩期	6.70	0.60		ほぼ完形	
64	愛知県佐織村		1	晩期				複材刳舟	
65	岐阜県谷汲村	末福	1	後期	2.59	0.45	0.18	ほぼ完形・鰹節形	クス
66	岐阜県谷汲村	末福	2	後期	3.50	0.43	0.23	ほぼ完形	
67	福井県三方町	鳥浜	1	前期	6.08	0.63	0.26	ほぼ完形	スギ
68	福井県三方町	鳥浜	2	後期	3.47	0.48		船首半分欠損・横帯あり	スギ
69	福井県三方町	ユリ遺跡	1	後期前半	5.22	0.56	0.10	完形・横帯あり	スギ
70	福井県三方町	ユリ遺跡	2	後期	4.90	0.48	0.08	ほぼ完形	スギ
71	福井県三方町	ユリ遺跡	3	（中期以降）後期	5.80	0.30		舷側欠損	スギ
72	福井県三方町	ユリ遺跡	4	晩期	5.87	0.45		舷側欠損・鰹節形	スギ
73	滋賀県近江八幡市	水茎B・C（二次調査）	1	後期（彦崎KII式期）	7.90	0.75	0.30	横帯あり・内面一部焼き	
74	滋賀県近江八幡市	水茎B・C（二次調査）	2	後期（彦崎KII式期）	8.35	0.59	0.15	横帯あり・内面一部焼き	
75	滋賀県近江八幡市	水茎B・C（二次調査）	3	後期（彦崎KII式期）	5.60	0.45	0.13	船首・舷側欠損	
76	滋賀県近江八幡市	水茎B・C（二次調査）	4	後期（彦崎KII式期）	5.60	0.54		横帯あり	
77	滋賀県近江八幡市	水茎B・C（二次調査）	5	後期（彦崎KII式期）	1.75				
78	滋賀県近江八幡市	水茎B・C（一次調査）	1		7.00				
79	滋賀県近江八幡市	水茎B・C（一次調査）	2		6.90	0.56			
80	滋賀県近江八幡市	長命寺湖底	1	晩期後半	6.20	0.60	0.15		スギ
81	滋賀県近江八幡市	長命寺湖底	2	晩期後半	6.00			横帯あり	
82	滋賀県近江八幡市	長命寺湖底	3						
83	滋賀県近江八幡市	長命寺湖底	4						
84	滋賀県彦根市	松原内湖	1	後期	5.00	0.45	0.07	ほぼ完形	スギ
85	滋賀県彦根市	松原内湖	2	晩期	4.90	0.50	0.18	ほぼ完形	スギ
86	滋賀県彦根市	松原内湖	3	後期〜晩期	3.35	0.36	0.05	半分欠損	スギ
87	滋賀県彦根市	松原内湖	4	晩期	5.87	0.48	0.16	ほぼ完形	モミ
88	滋賀県彦根市	松原内湖	5	後期	1.61	0.37	0.04	後半部のみ	ヒノキ
89	滋賀県彦根市	松原内湖	6	後期〜晩期	1.87	0.41	0.11	前半部のみ	アカガシ
90	滋賀県彦根市	松原内湖	7	後期〜晩期	1.74	0.38	0.11	板状	
91	滋賀県彦根市	松原内湖	8	後期	3.00	0.30		破片	
92	滋賀県彦根市	松原内湖	9	後期〜晩期				破片	
93	滋賀県彦根市	松原内湖	10	後期〜晩期				破片	
94	滋賀県彦根市	松原内湖	11	後期〜晩期	5.48	0.45		完形	
95	滋賀県米原市	入江内湖	1	中期末〜後期初頭	4.00	0.50	0.20	一部欠損	モミ
96	滋賀県米原市	入江内湖	2	中期末	5.27	0.51	0.21	完形	モミ
97	滋賀県米原市	入江内湖	3	中期末	3.59	0.48	0.10		スギ
98	滋賀県米原市	入江内湖	4	後期前葉	5.70	0.50	0.20	完形	モミ
99	滋賀県米原市	入江内湖	5	前期前半	5.47	0.50	0.30	完形	ヒノキ
100	滋賀県湖北町	尾上浜	1	後期	5.15	0.55	0.30	ほぼ完形	モミ属
101	滋賀県大津市	錦織	1	晩期					カシ
102	京都府向日市	森本	1	後期					
103	京都府向日市	東土川西	1	晩期	3.70				
104	京都府	和束川床	1	後期	3.70				
105	京都府舞鶴市	浦入	1	前期中葉	5.00	1.00		C14ではBP5250年	スギ
106	兵庫県東浦町	佃	1	前期中葉					クス
107	鳥取県鳥取市	桂見	1	後期中葉	7.24	0.74	0.35	完形・鰹節形	スギ
108	鳥取県鳥取市	桂見	2	後期中葉	6.41	0.70	0.10	ほぼ完形	スギ
109	鳥取県鳥取市	東桂見	1	後期	1.05	0.50			スギ
110	鳥取県福部村	栗谷	1	後期	3.00	0.90			
111	鳥取県北条市	島	1	後期	0.66	0.55	0.20	破片	
112	鳥取県淀江町	井出跨	1	後期〜晩期	1.24	0.14		破片	
113	島根県松江市	島大構内	1	早期末〜前期初頭				転用	スギ
114	島根県出雲市	三田谷Ⅰ	1	後期	5.40	0.46	0.14	厚さ6〜10cm	スギ
115	島根県鹿島町	佐太講武	1	晩期	1.15			破片	マツ
116	長崎県多良見町	伊木力	1	早期末〜前期初頭	6.50	0.76		船底のみ	広葉樹
117	沖縄県萱野座村	前原							ハリギリ

※松田真一氏の成果（「物流をうながした縄文時代の丸木舟」『初期古墳と大和の考古学』学生社　2003）をもとに、岡村道雄氏のご教示を加えて作成。

13

◆縄文時代の出土丸木舟実測図
（番号は、P32～33の一覧表に対応）

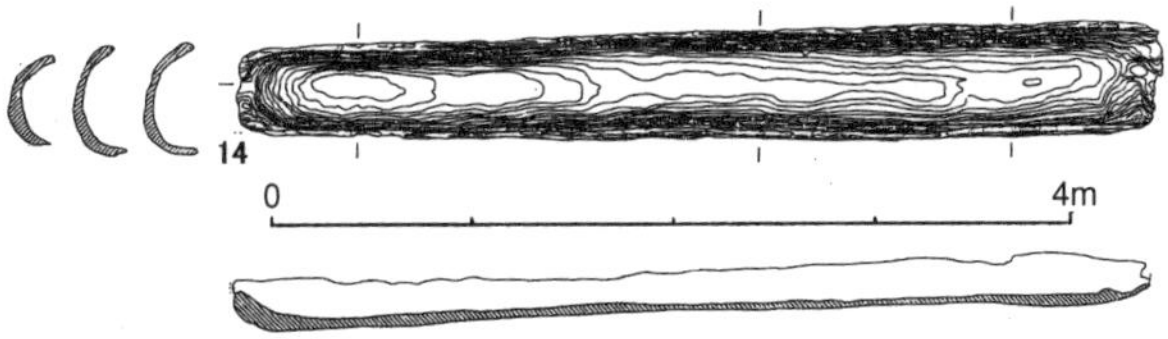

埼玉県伊奈氏屋敷跡出土（後期末～晩期前半）

「埼玉県埋蔵文化財調査事業団報告書　第31集
東北新幹線関係埋蔵文化財発掘調査報告書Ⅱ」
（1984）より

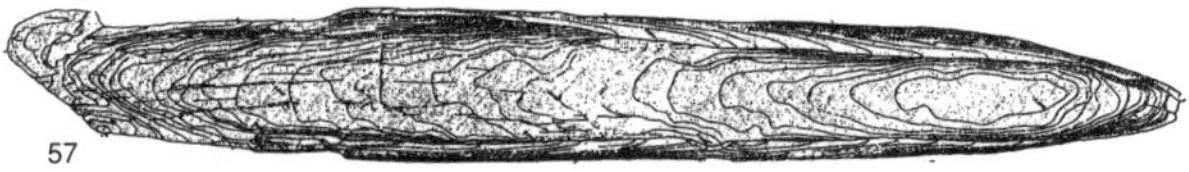

57

東京都中里遺跡（中期初頭）

「中里遺跡　発掘調査の概要Ⅱ」（1985）より

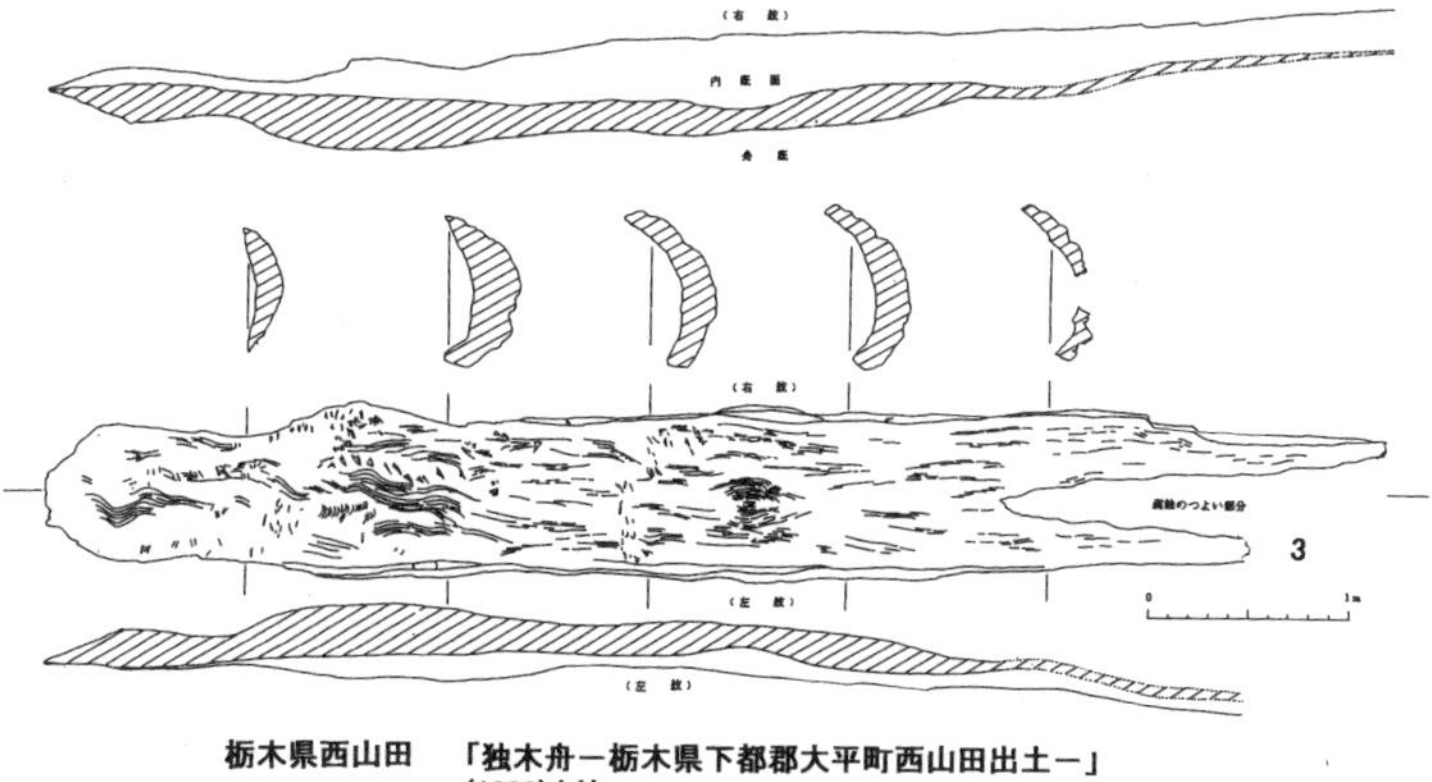

栃木県西山田　「独木舟－栃木県下都郡大平町西山田出土－」
（1983）より

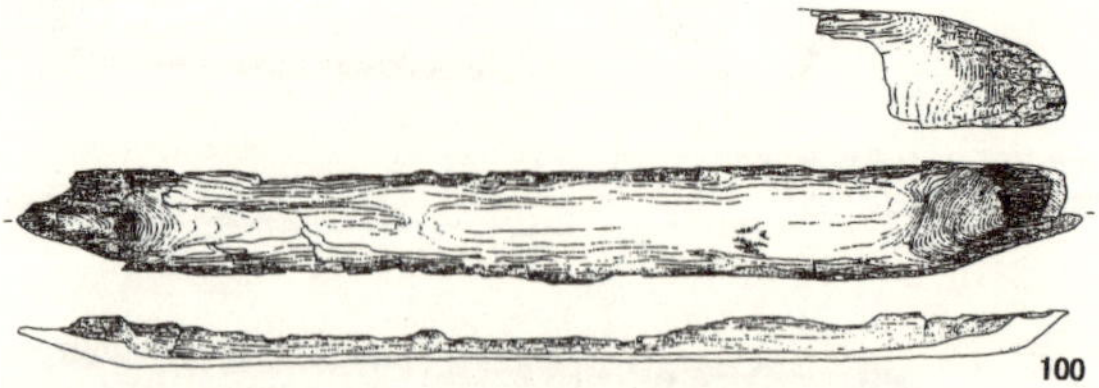

100

滋賀県尾上浜遺跡（後期～晩期）　「琵琶湖開発事業関連埋蔵文化財発掘調査報告書7琵琶湖北東部の湖底・湖岸遺跡」(2003)より

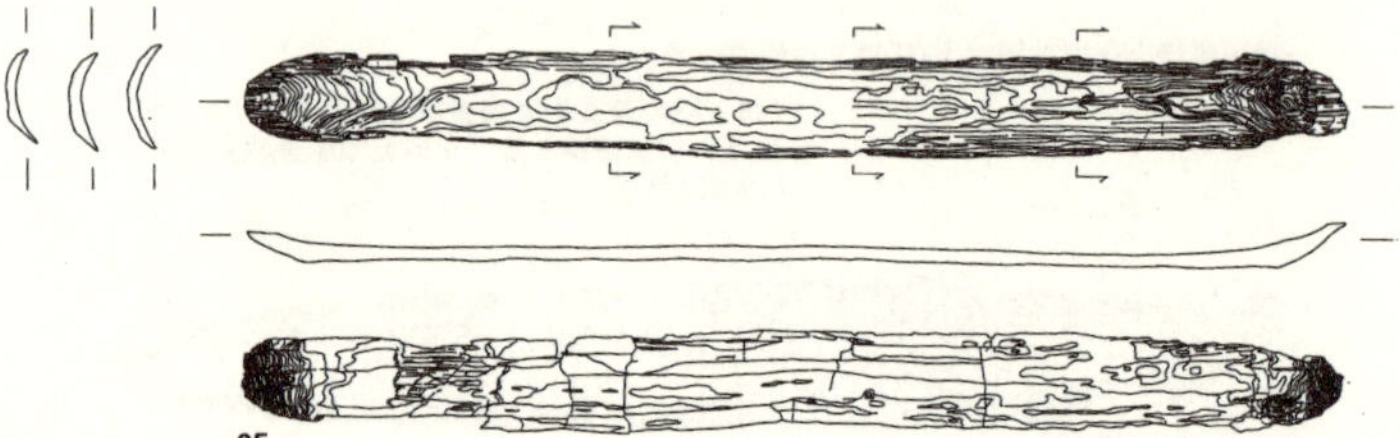

95

1号丸木舟（中期末～後期初頭）

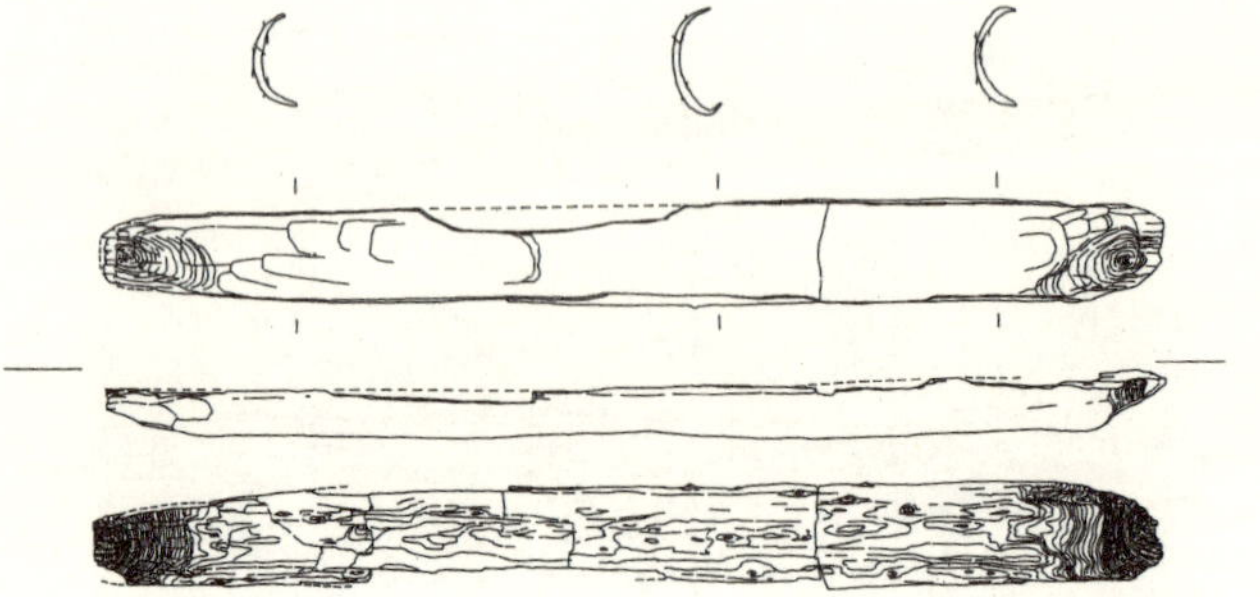

96　2号丸木舟（中期末～後期初頭）

滋賀県入江内湖遺跡（中期～後期）　（整理調査実施中）

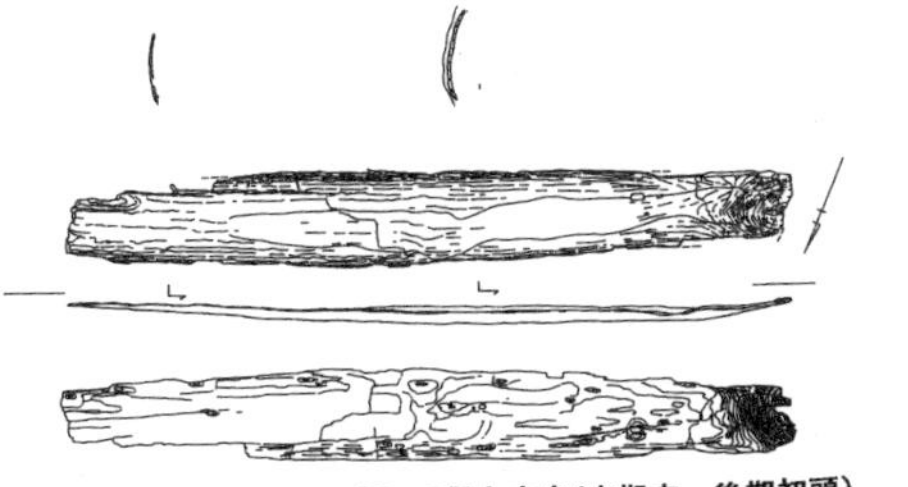

97　3号丸木舟(中期末～後期初頭)

0　4m

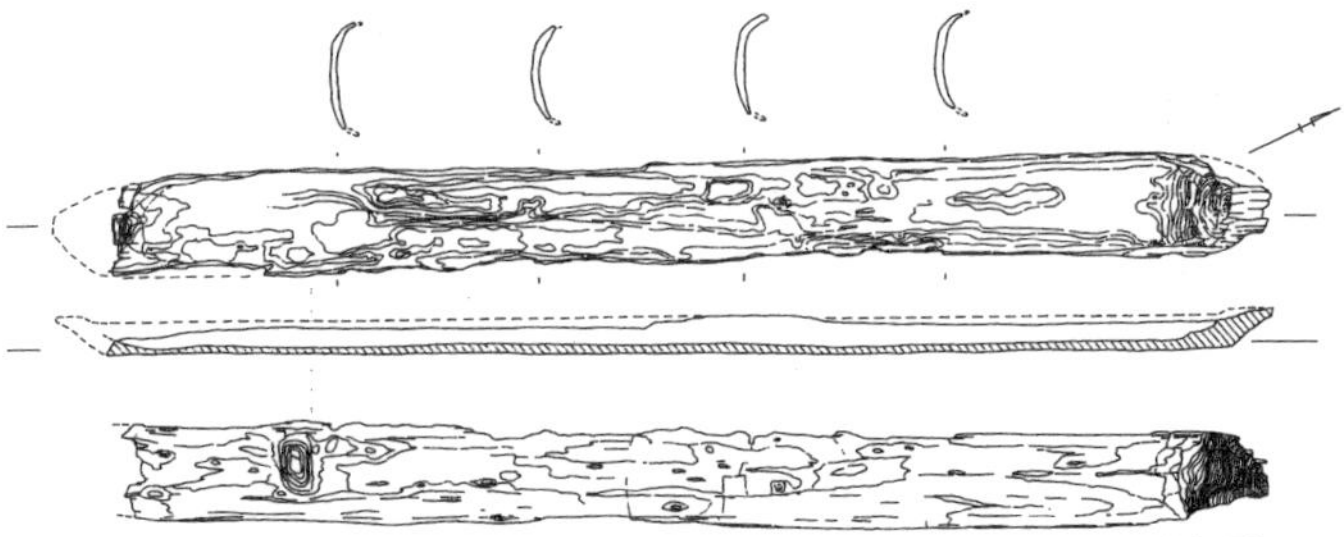

98　4号丸木舟(中期末～後期初頭)

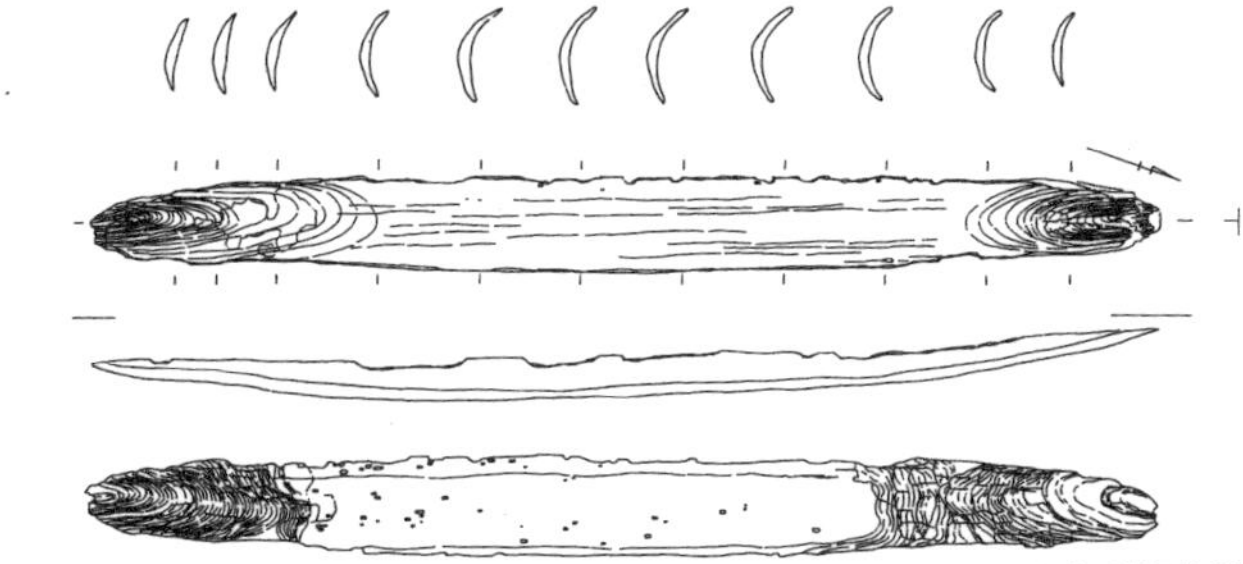

99　5号丸木舟(前期前半)

滋賀県入江内湖遺跡(前期～後期)(整理調査実施中)

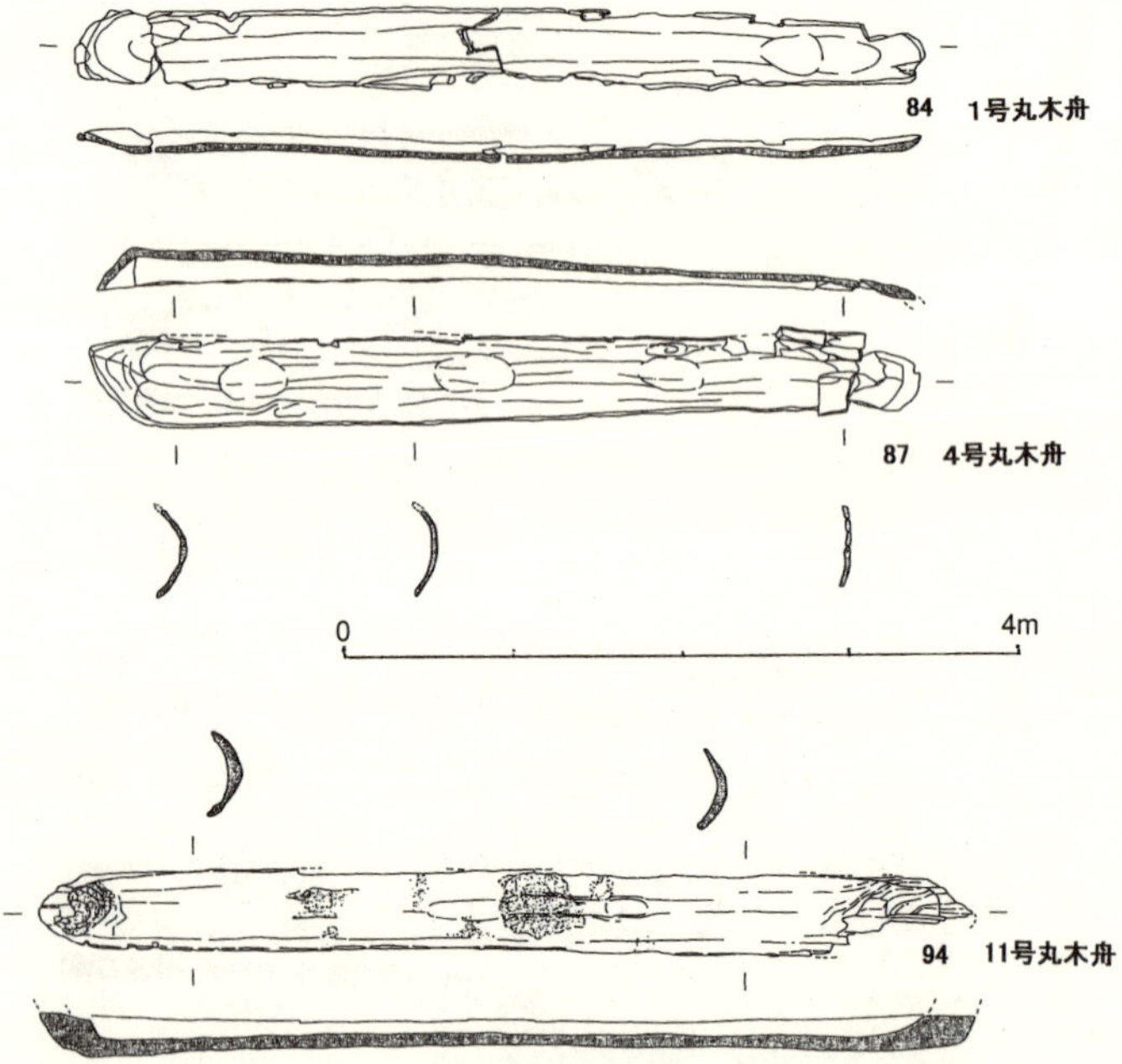

滋賀県松原内湖遺跡（後期～晩期）「琵琶湖流域下水道彦根長浜処理区東北部浄化センター建設に伴う松原内湖遺跡発掘調査報告書Ⅰ」より

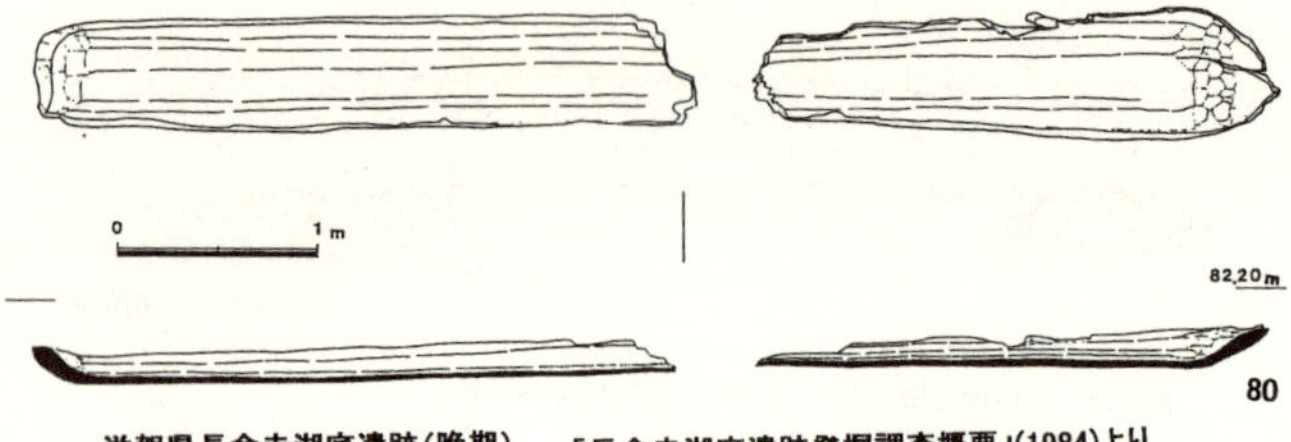

滋賀県長命寺湖底遺跡（晩期）「長命寺湖底遺跡発掘調査概要」(1984)より

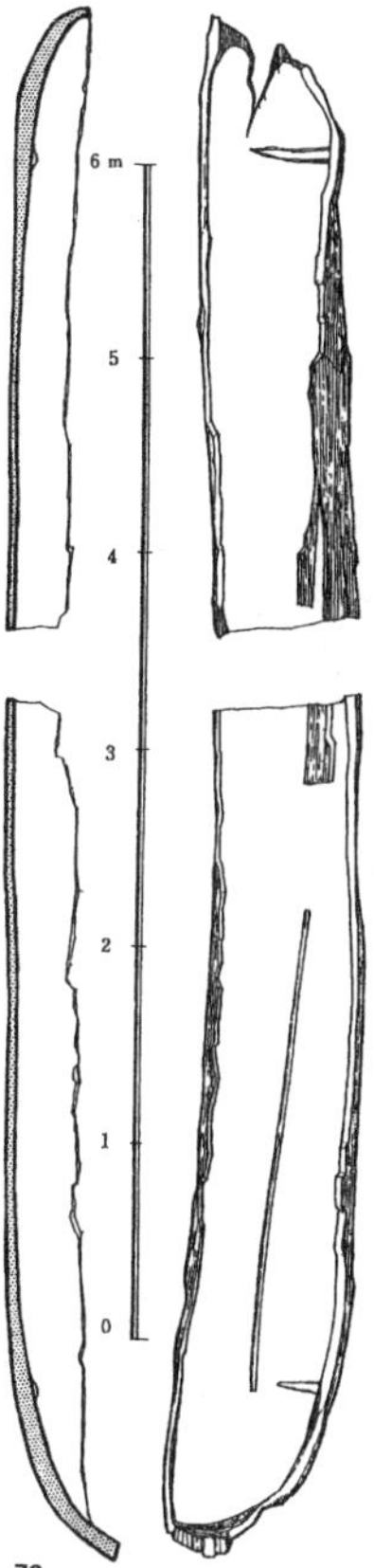

73
1号丸木舟

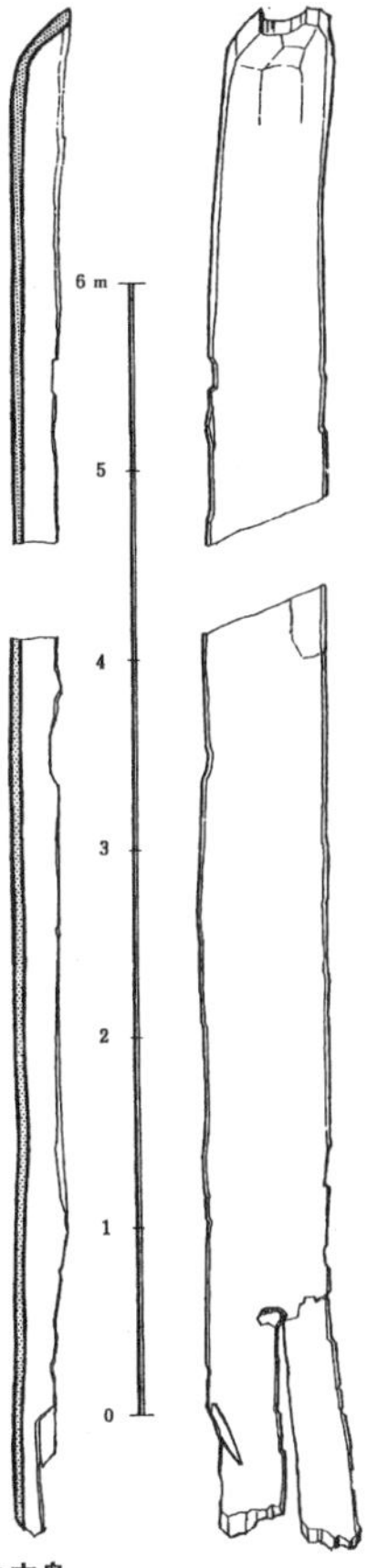

74
2号丸木舟

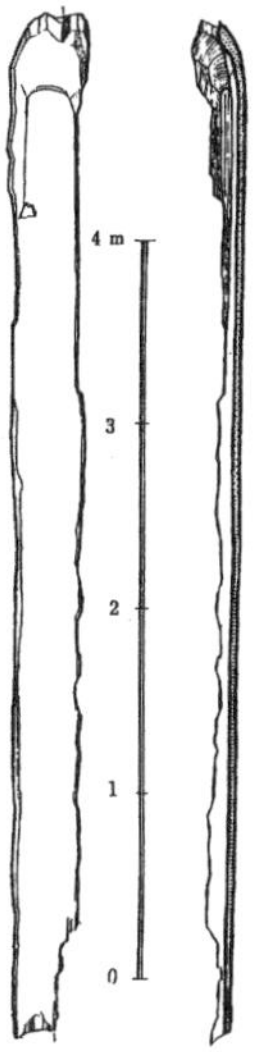

75
3号丸木舟

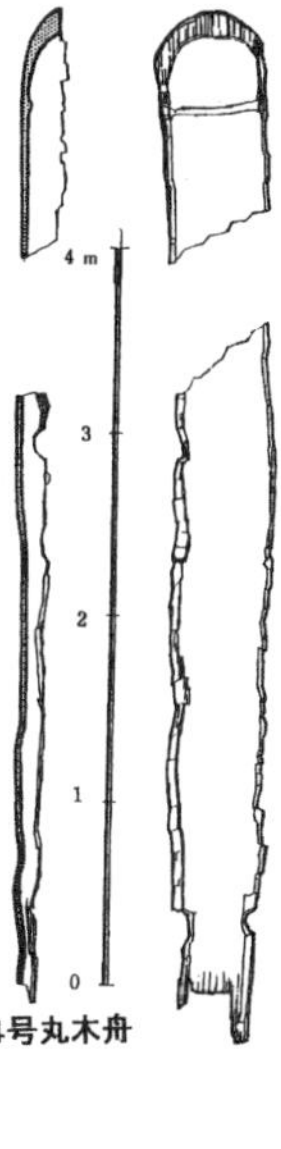

76
4号丸木舟

滋賀県水茎Ｂ・Ｃ遺跡（第２次調査）（後期）

「近江八幡市元・水茎町遺跡調査概要」(1966)より

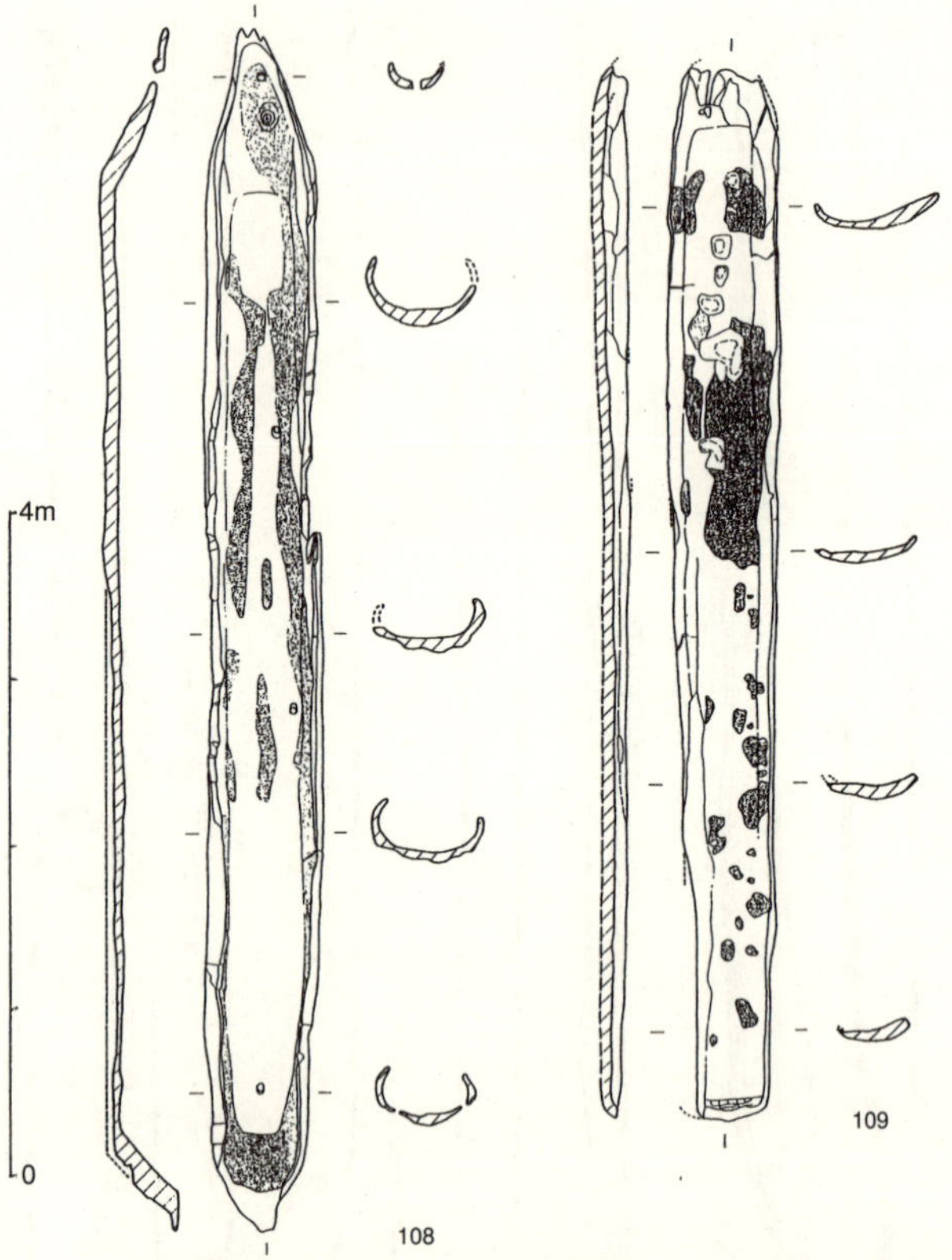

鳥取県桂見遺跡(後期中葉)　「鳥取県教育文化財団調査報告書45　主要地方道鳥取鹿野倉吉線道路整備事業に伴う埋蔵文化財発掘調査報告書Ⅰ　桂見遺跡」(1996)より

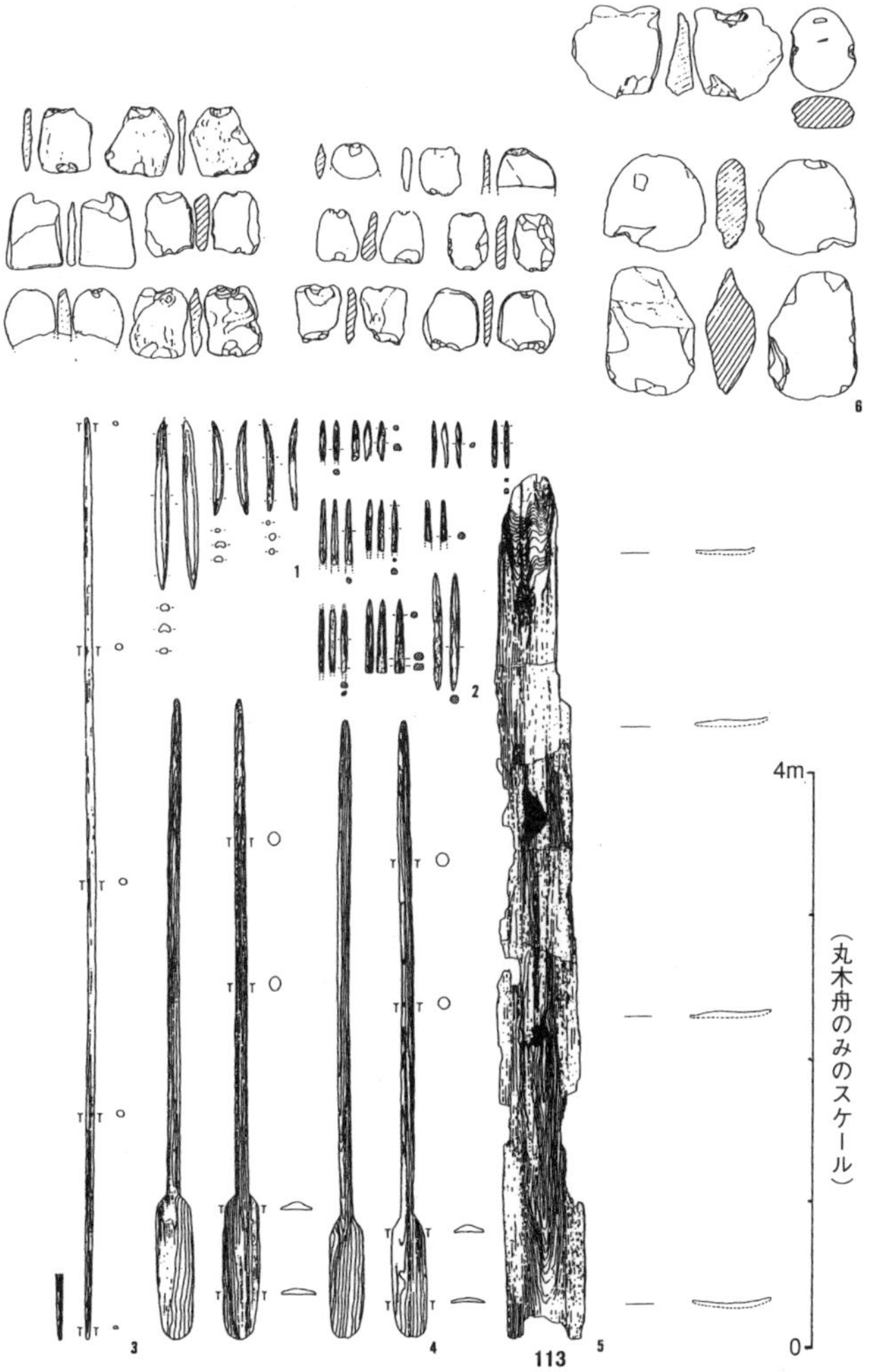

縄文海進期の古宍道湾における漁撈活動生産用具

1：ヤス（佐太講武貝塚）、2：ヤス（西川津遺跡・海崎地区）、3：棒状木製品（本遺跡）
4：櫂（本遺跡）、5：丸木舟（本遺跡・橋縄手地区）、6：石錘（西川津遺跡・海崎地区）

島根県島根大学構内遺跡（早期末～前期初）　「島根大学埋蔵文化財調査研究報告第2冊　島根大学構内遺跡大3次調査」（1998）より

■執筆者紹介

水野　正好（みずの　まさよし）

一九三四（昭和九）年生まれ

大阪学芸大学卒業　考古学・文化財学

奈良大学名誉教授・財団法人大阪府文化財センター理事長

著書・論文

『日本原始美術大系3　土偶・埴輪』講談社　一九七七年

『古代を考える　河内・飛鳥』（共編共著）吉川弘文館　一九八九年

『日本の文明史2　島国の原像』角川書店　一九九〇年

『古代を考える　近江』（共著）吉川弘文館　一九九二年

網谷　克彦（あみたに　かつひこ）

一九五五（昭和三〇）年生まれ

京都大学文学部史学科考古学専攻卒業　考古学（日本先史学）

敦賀短期大学教授

著書・論文

「鳥浜貝塚出土縄文時代前期土器の研究（1）」『鳥浜貝塚一九八〇年度調査概報』福井県教育委員会　一九八一年

「北白川下層式土器」『縄文文化の研究3』雄山閣　一九八二年

「北白川式土器様式」『縄文土器大観Ⅰ』小学館　一九八九年

「鳥浜貝塚―自然科学者といかにつきあうか―」『環境考古学マニュアル』同成社　二〇〇三年

「縄文時代の木の利用」『木の文化と科学Ⅴ―先人に学ぶ木の利用』京都大学生存圏研究所　二〇〇六年

長谷川　嘉和（はせがわ　よしかず）

一九四六（昭和二一）年生まれ

同志社大学大学院文学研究科博士課程単位取得　日本民俗学（民俗芸能・民具学）

滋賀県教育委員会事務局文化財保護課参事

著書・論文

『近江の民具―滋賀県立琵琶湖博物館の収蔵品から―』サンライズ出版　二〇〇六年

『都道府県別祭礼行事・滋賀県』（共編共著）桜楓社　一九九一年

『工芸の博物誌―手わざを支える人ともの―』（共

著）淡交社　二〇〇一年
「近江における太鼓踊りの分布」『民俗文化分布圏論』名著出版　一九九三年
「毀棄される祇園祭のハナガサとハナ—奪い取られるハナの行事—」『民具研究』第一二四号　日本民具学会　二〇〇一年

高原　光（たかはら　ひかる）

一九五四（昭和二九）年生まれ
京都府立大学大学院農学研究科修士課程林学専攻修了
博士（農学）　林学
京都府立大学大学院農学研究科教授

著書・論文

『花粉学辞典』（共著）朝倉書店　一九九四年
「近畿地方の植生史」『図説　日本列島植生史』朝倉書店　一九九八年
「丹後半島大フケ湿原周辺における最終氷期以降における植生変遷」（共著）『日本花粉学会会誌』四五巻二号　日本花粉学会　一九九九年
「花粉分析法と炭化片分析法」『刊行考古学ハンドブック』朝倉書店　二〇〇〇年
『生態学事典』（共著）共立出版　二〇〇三年

佐々木　尚子（ささき　なおこ）

一九七四（昭和四九）年生まれ
京都府立大学大学院農学研究科博士後期課程林学専攻修了博士（農学）　林学（森林科学）
大学共同利用機関法人　人間文化研究機構
総合地球環境学研究所プロジェクト研究員

著書・論文

「瓶ヶ森氷見二千石原における過去七〇〇年間の植生景観と人間活動」（共著）『日本生態学会誌』五三巻三号　日本生態学会　二〇〇三年
「植物珪酸体から明らかになった石鎚山系瓶ヶ森における過去七〇〇年間のササ草原の歴史」『植生史研究』一三巻一号　二〇〇四年

瀬口　眞司（せぐち　しんじ）

一九六八（昭和四三）年生まれ
奈良大学文学部文化財学科卒業　考古学（日本先史学）
財団法人滋賀県文化財保護協会　調査普及課主任

著書・論文

「関西縄文社会とその生業—居住形態の推移とそれに伴う諸変化—」『考古学研究』第四九巻第四号

考古学研究会　二〇〇三年
「関西縄文社会における集団規模の推移―人口と居住集団の数量的変化をめぐる検討―」『関西縄文時代の集落・墓地と生業』（関西縄文論集一）関西縄文文化研究会　二〇〇三年
「植物質食料の利用強化と地域的差異」『関西縄文時代における石器・集落の諸様相』（関西縄文論集二）関西縄文文化研究会二〇〇五年
「湖東平野の狩猟採集社会から農耕社会への変化」『愛知川町史近江愛知川町の歴史』第一巻古代・中世編　滋賀県愛知川町史編集委員会　二〇〇五年
「居住システムの変化―琵琶湖周辺地域―」『縄文の考古学第Ⅷ巻　生活空間―集落と遺跡群―』同成社　二〇〇七年

中村　健二（なかむら　けんじ）

一九六六（昭和四一）年生まれ
関西大学文学部史学地理学科卒業　日本考古学
財団法人滋賀県文化財保護協会　調査整理課主任

著書・論文

「近畿地方における縄文時代晩期の墓制について」『古代文化』第四三巻第一号　財団法人古代協会　一九九一年
「滋賀県における縄文住居の変遷について」『人間文化』第一号　滋賀県立大学　一九九六年
「本州西半と四国の墓地」『考古学ジャーナル』第四四二号　ニューサイエンス社　一九九七年
「近畿地方における縄文時代後期土偶の成立と展開」『土偶研究の地平』第四巻　勉誠出版　二〇〇〇年
「播磨系突帯文について」『突帯文と遠賀川』土器持寄会　二〇〇〇年

小竹森　直子（こたけもり　なおこ）

一九六一（昭和三六）年生まれ
岡山大学文学部史学科考古学履修コース卒業　日本考古学
財団法人滋賀県文化財保護協会　調査整理課主任

著書・論文

「近江における縄文時代晩期から弥生時代前・中期の遺跡立地に関しての予察」『〈条痕文系土器〉文化をめぐる諸問題』資料編Ⅱ・研究編　愛知考古学談話会　一九八八年
「近江における縄文時代晩期から弥生時代前期」『滋賀考古』第一号　滋賀考古学研究会　一九八九年
「地域を考える―弥生時代の近江の場合」『人間文

化』第二号　滋賀県立大学　一九九七年
「滋賀県の石器組成」（共著）『国立歴史民俗博物館資料調査報告7　農耕開始期の石器組成4』国立歴史民俗博物館　一九九七年
「近江における縄文弥生移行期変容壺研究ノート」『紀要』第二〇号　財団法人滋賀県文化財保護協会　二〇〇七年

中川　正人（なかがわ　まさと）

一九五四（昭和二九）年生まれ
東京芸術大学大学院美術研究科修了　文化財保存科学
財団法人滋賀県文化財保護協会　調査整理課技術主任

著書・論文

「縄文時代丸木舟の保存と活用（三）—入江内湖遺跡出土例より—」文化財保存修復学会　二〇〇四年
「南郷大東遺跡出土黒漆塗り木盾の材質調査」『奈良県立橿原考古学研究所調査報告第七四冊　南郷遺跡群Ⅲ』奈良県立橿原考古学研究所　二〇〇四年
「よみがえる古代の木製品と遺構保存」『守山市誌考古編』守山市誌編さん委員会　二〇〇五年
「出土木材の保存技術」『木の文化と科学Ⅴ—先人に学ぶ木の利用』京都大学生存圏研究所　二〇〇六年
「丸木舟の保存処理　大型木製品の保存から展示まで」『東アジアの文化財保存修復事情』東アジアの文化財保存修復国際会議　二〇〇六年

横田　洋三（よこた　ようぞう）

一九五六（昭和三一）年生まれ
日本考古学
財団法人滋賀県文化財保護協会　調査普及課技術主任

著書・論文

「縄文時代復元丸木舟（さざなみの浮舟）の実験航海」『紀要』第四号　財団法人滋賀県文化財保護協会　一九九〇年
「縄文時代の丸木舟」『考古学ジャーナル』第三四三号　ニューサイエンス社　一九九二年
「準構造船ノート」『紀要』第一八号　財団法人滋賀県文化財保護協会　二〇〇五年

丸木舟の時代ーびわ湖と古代人ー

2007年 3 月30日　初版第 1 刷発行

編　集　財団法人滋賀県文化財保護協会
　　　　滋賀県立安土城考古博物館

発　行　財団法人滋賀県文化財保護協会
　　　　滋賀県大津市瀬田南大萱町1732-2
　　　　TEL077-548-9780　〒520-2122

制作・発売　サンライズ出版株式会社
　　　　滋賀県彦根市鳥居本町655-1
　　　　TEL0749-22-0627　〒522-0004

ISBN978-4-88325-323-4 C0021